한국인의 갈등의식의 지형과 변화

한국인의 갈등의식의 지형과 변화

2007년과 2010년 한국인의 갈등의식 조사결과 비교분석

윤인진 윤상우 이소영
김선업 조윤경 송영호

고려대학교출판부
KOREA UNIVERSITY PRESS

서문

한국인은 '다이내믹 코리아'를 국가 브랜드 이미지로 삼을 만큼 한국의 역동성을 자랑스럽게 생각한다. 서구 국가들이 수백 년에 걸쳐 이룩한 산업화를 불과 수십 년 내에 이룬 데에는 한국인의 민첩성과 추진력이 한몫을 했다. 하지만 급속한 성장에 매진한 나머지 성장에 따른 이익을 분배하고 집단 간 이익갈등을 조정·해결할 수 있는 의식과 제도를 정착시키지 못했다. 사회갈등을 사전에 예방했다거나 사후라도 합리적이고 민주적으로 해결했더라면 바람직했겠지만, 그렇게 하지 못함으로써 엄청난 사회비용을 부담하고 있고 사회발전의 원동력이 소모적인 대립으로 고갈되고 있다. 따라서 선진적인 갈등관리와 갈등해결의 문화정착 및 제도를 갖추는 것은 한국이 선진국에 진입하기 위해 반드시 달성해야 할 과제가 된다.

한국사회에서는 1980년대 후반 이후 민주화를 거치면서 공공영역과 시민사회 영역에서 다양한 형태의 사회갈등이 활화산처럼 분출했다. 그러나 그 후 20년이 넘는 기간 동안 한국인은 값비싼 대가를 치르는 시행착오를 거쳐 갈등을 예방하고 해결할 수 있는 능력을 길러 왔다. 갈등상황이 발생했을 때, 예전에는 정부와 기업이 일방적으로 결정하고 통보하고 방어하는 방식이었지만 최근에는 이해당사자들이 참여하고 합의하는 방식이 일반화되어 가고 있다. 시화호 개발사업을 둘러싼 갈등이 '시화지구지속가능발전협의회'라는 민관협의기구의 구성과 이해당사자들의 적극적 참여와 협의를 통해 해결된 것이 대표적인 성공 사례에 속한다. 이렇게 한국인의 갈등관리·해결능력의 집단학습은 사회갈등 수준을 전반적으로 끌어내리는 데 기여했다.

이러한 성과에도 불구하고 한국사회는 여전히 국론분열을 가져오는 심각한 갈등으로 몸살을 앓고 있다. 대표적인 사례가 제주도 해군기지 건설을 둘러싼 갈등이다. 2007년 제주도 지사가 부실한 여론조사를 거쳐 강정마을을 해군기지 최우선 대상지로 발표하면서 시작된 갈등은 6년째 해결의 실마리를 찾지 못하고 중앙정부 대 지방정부, 진보 대 보수, 개발주의자 대 환경주의자 간의 복잡한 갈등으로 확대되고 있다. 이런 사태는 이전의 성공적인 갈등해결 사례들에서 발견되는 절차적 합리성, 참여적 거버넌스, 분배의 공정성과 같은 공공갈등 해결의 기본원칙들이 지켜지지 않았기 때문에 발생했다. 따라서 이번 사태는 한국사회의 갈등해결능력을 검증하는 리트머스 시험지와 같다. 만일 평화적인 방식으로 해결하면 차제에 사회갈등 해결을 제도화할 수 있는 귀중한 전기를 마련하겠지만 물리적 강행과 저항, 폭력과 불신이 난무한다면 선진적인 갈등해결의 문화와 제도정착은 요원해질 것이다.

제주 해군기지 갈등 외에도 현재 한국사회는 여러 가지 축으로 균열된 '격차 사회'의 양상을 보이고 있다. '고용 없는 성장', '양극화', '88만원 세대' 등의 표현이 세간에 유행하듯 사회계층 간 격차가 커지고 있다. 또한 사회불평등은 남성과 여성 간의 문제만이 아니라 여성 내부에서도 심화되고 있고, 이것이 계층, 문화, 세대의 문제와 중첩되어 새로운 젠더 이슈를 양산하고 있다.

국제이주의 증가로 가시화되고 있는 한국사회의 다인종 · 다민족 · 다문화화는 한국사회가 이전에 경험하지 못했던 새로운 형태의 사회갈등의 씨앗을 키우고 있다. 아직은 아동 · 청소년이지만 10년 후 성인이 되어 사회에 진출할 다문화가족 자녀들의 문제는 다문화 한국이 풀어야 할 어려운 과제가 될 것이다. 그리고 정주형 외국인들이 내국인들과 동등한 권리를 주장하고, 희소자원을 놓고 내국인들과 경쟁하고, 자신들의 고유한 문화와 정체성을 지키려고 고집할 때 어떻게 개인의 인권과 행복추구권을 보장하면서 사회통합을 이룰 수 있을 것인가는 지금부터 고민하고 해법을 찾아야 할 과제이다. 이렇게 한국사회가 당면한 사회갈등의 양상은 과거보다 더욱 다양하고 복잡해져서 이에 대응하는 우리의 접근법과 전략 역시 보다 새롭고 정교해질 필요가 있다.

이런 문세의식을 갖고 고려대학교 사회학과 'BK21갈등사회인재양성교육연구단'은 고려대학교 '한국사회연구소'와 공동으로 2007년에 시행한 제1차 한국인의 갈등의식조사에 이어 2010년에 제2차 한국인의 갈등의식조사를 시행하여 사회갈등의 지형과 변화 양상을 분석했다. 2007년 제1차 조사는 당해 11월에 사회조사 전문회사인 '리서치21'에 의뢰하여 시행되었다. 설문조사는 전국 15개 시도에서 20~59세의 성인 남녀 1,500명을 대상으로 면접조사 방식으로 시행되었다. 2010년 제2차 조사는 당해 12월에 한국의 대표적인 사회조사 전문회사인 '한국리서치'에 의뢰하여 시행되었다. 설문조사는 전국 15개 시도에서 20~59세의 성인 남녀 1,027명을 대상으로 면접원에 의한 1:1 면접조사 방식으로 시행되었다. 이 책에서는 두 차례의 설문조사결과에 기초하여 사회갈등의 수준과 원인, 그 해법에 관한 한국인의 의식과 그 변화를 분석하고 그 결과에 기초하여 사회갈등의 해결 및 조율에 기여할 수 있는 실제적인 정책 대안을 모색하고자 했다.

이 책은 다음과 같은 순서로 구성되어 있다.

제1장에서 윤인진은 한국인의 갈등의식의 특성과 변화를 조사했다. 필자는 한국에서 사회갈등이 사회발전 수준에 따라 억압형, 잠재형, 표출형, 확산형으로 진행되었다고 보고 단국대학교 분쟁해결연구센터의 1990~2008년 공공분쟁자료, 경찰청의 시위 및 집회자료, 2007년과 2010년의 한국인의 갈등의식조사자료를 사용해서 확산기 이후 한국사회의 갈등의 양상을 진단했다. 공공분쟁과 집회 및 시위자료를 분석한 결과 분쟁과 집회·시위가 2004년과 2008년에 가장 빈번하게 발생했고 그 이후로는 감소 추세에 있다는 것을 확인했다. 한국인의 갈등의식을 조사한 결과 한국인은 현재 한국사회의 사회갈등을 여전히 심각한 수준으로 인식하고 있지만 과거와 비교해 더 이상 악화되는 것으로는 인식하지 않는다는 것을 발견했다. 특히 계층갈등, 노사갈등, 지역갈등과 같은 이해갈등은 2007년과 비교해 2010년에 그 심각성이 완화된 것으로 인식되었다. 이러한 연구결과에 기초해서 필자는 한국에서의 사회갈등이 최근 10년 동안 확산기에서 점차 점감기로 접어드는 것은 아닌가 조심스럽게 진단했다.

제2장에서 윤상우는 경제갈등의 실태, 갈등당사자, 경제갈등과 관련된 정부정책에 대한 한국인의 인식을 조사했다. 필자는 한국에서 경제갈등이 핵심적인 사회갈등으로 지속되는 역사적·제도적 맥락을 검토하고, 계층갈등과 노사갈등을 중심으로 한 경제갈등의 실태와 지형을 공공분쟁 추이를 통한 객관적 측면과 갈등의식조사를 통한 주관적 측면을 통해 살펴보았다. 공공분쟁자료와 한국인의 갈등의식조사를 분석한 결과 노사갈등과 계층갈등이 가장 빈번했고, 최근에는 정규직-비정규직갈등이 심각하게 대두되었다는 점이 밝혀졌다. 그리고 한국에서

경제갈등이 심화되고 해결되지 못하는 중요한 원인은 한국에서 경제성장이 산업, 계급 및 계층, 지역별로 불균등하게 이뤄졌기 때문이며, 경제적 이익을 배분하고 이익갈등을 조정·중재할 수 있는 제도를 정착하지 못한 것 때문이라고 진단했다.

제3장에서 이소영은 한국인의 환경갈등과 4대강사업에 대한 인식을 조사했다. 필자는 한국에서 환경갈등이 계속해서 발생하는 원인을 정부가 지역주민과 환경단체들의 의사를 반영하지 않고 일방적으로 국책사업을 추진한 것에서 찾았다. 특히 이명박 정부가 4대강사업, 제주 해군기지 건설 등과 같은 대규모 토목사업들을 국민 상당수의 반대에도 불구하고 강행하면서 심각한 환경갈등이 재현되었다고 진단했다. 1, 2차 조사결과 환경갈등은 심각한 사회갈등으로 인식되고 있고, 중앙정부가 갈등을 유발한 책임이 큰 것으로 인식되고 있다. 4대강사업에 대해서는 응답자의 절반 정도가 국민여론을 무시하고 예산을 낭비한다는 비판적인 의견을 갖고 있으면서도, 동시에 4대강사업이 녹색성장사업의 일환으로 국내 환경문제 해결에 도움이 된다고 생각하는 모순적인 태도를 갖고 있는 것으로 밝혀졌다.

제4장에서 김선업은 일상생활 영역의 갈등과 소통에 대해서 분석했다. 필자는 일상적 사회관계는 거시적 사회구조의 반영인 동시에 거시적 사회구조를 재생산하는 토대라는 시각을 견지하며 일상생활의 갈등양상을 연구했다. 연구결과, 한국인은 가족, 직장, 이웃 순으로 갈등을 빈번하게 경험하는 것으로 밝혀졌다. 그리고 가족갈등에서는 언어적 누적표출형, 직장갈등에서는 겉으로 표출되지 않고 속으로 쌓아두는 잠재형, 이웃갈등에서는 물리적 표출형과 돌발 표출형이 두드러졌다.

제5장에서 조윤경은 젠더질서의 변동에 따른 가족갈등과 아버지의 자녀양육 담론의 특성과 한계에 대해서 연구했다. 연구 결과, 여성의 경

제활동 참여의 증가에도 불구하고 '남성=직장, 여성=가정'이라는 사회규범이 유지되고 있고, 이로 인해 여성은 가족갈등을, 남성을 직장갈등을 더 빈번하게 경험하는 것으로 밝혀졌다. 그리고 과거에 비해 남성이 가사노동과 자녀양육에 참여하는 정도가 높아졌으나 그 증가 폭은 여전히 미미한 수준이다. 그리고 아버지의 자녀양육을 돕기 위한 교육활동과 양육서들은 새로운 양성평등적 젠더질서를 만들어 내지 못하고 기존의 남성성을 재현하는 데 그치고 있다고 분석했다.

제6장에서 윤인진 · 송영호는 한국인의 다문화적 소수자집단과 다문화사회에 대한 인식에 대해서 조사했다. 필자들은 2003년과 2010년 한국종합사회조사(KGSS), 동아시아연구원의 2005년과 2010년 한국인의 정체성 조사, 2007년과 2010년 한국인의 갈등의식조사, 한국여성정책연구원의 2007년 한국인의 다민족 · 다문화 지향성 조사, 2008년 아시아인권센터의 외국인 이주노동자와 다문화사회에 대한 한국인 의식조사 등 다양한 시점에 시행된 설문조사 자료들을 종합적으로 분석하여 한국인의 다문화사회와 다문화적 소수자집단에 대한 인식의 변화를 분석했다. 분석결과, 2000년대 초반에 보였던 온정주의가 후반에 들어와서는 냉담주의로 변하는 경향을 발견했다. 이런 변화는 내국인과 외국인 간의 접촉과 교류가 증가하면서 외국인 이주자들을 현실적인 경쟁자이자 사회문화적 문제의 원인이라 인식하게 된 것에 기인한다고 해석했다.

끝으로 제7장에서 윤인진은 이 책의 주요 연구 내용과 결과를 요약 · 정리했고 갈등해결을 위한 정책 제언을 했다.

제1차 한국인의 갈등의식조사 결과에 기초하여 《한국인의 갈등의식》이 2009년 2월에 출판됐을 당시는 이명박 정부가 출범 1주년을 맞이했을 때였다. 그때 필자는 '서문'에서 대통령과 정부가 국민과의 의

사소통을 단절한 채 일방적으로 국정을 운영하면 국민으로부터 심각한 도전을 받게 되고 국론이 분열될 것이라고 지적했다. 그 후 3년이 지난 현 시점에서 정부의 공공갈등 관리시스템과 국민과의 의사소통 방식을 살펴보면 실망스러운 면들이 많다. 사회통합위원회가 갈등조정을 해 대학교 시간강사들의 처우가 개선되는 가시적인 성과가 있기는 했으나 제주 해군기지 건설을 둘러싼 갈등은 그간 힘들여 축적해 온 갈등해결 역량의 성과를 한순간에 허물 수 있는 위험요소로 남아 있다. 이런 측면에서 현재 한국사회는 사회갈등의 해결단계에 있어서 중요한 분수령에 있다고 본다. 현재의 갈등을 민주적인 방식으로 해결한다면 갈등이 더 이상 확산되는 것을 막고 제도화할 수 있는 계기를 마련할 것이다. 문제의 해결은 문제의 정확한 진단에서 출발한다. 이런 이유로 1, 2차 한국인의 갈등의식조사에 기초하여 사회갈등의 지형과 그 변화를 분석한 이 책이 갈등연구와 교육, 그리고 갈등해결과 관리를 위한 정책개발에 유용하게 활용되기를 기대한다.

2012년 2월

필진 대표 윤인진

차례

제1장

한국인의 갈등의식의 특성과 변화*

윤인진

1. 머리말

한국사회가 1960년대 이후 '압축성장'을 하는 동안 억압되었던 다양한 이해와 가치들은 1980년대 후반 이후 민주화를 거치며 분출되었고, 사회갈등은 공공영역뿐만 아니라 시민사회 영역에서도 보편화되고 일상화되었다. 한국사회에서의 사회갈등은 상당히 빈번하고, 끈질기고 오래가며, 집단행동 형태로 나타나고, 과격한 형태를 띠는 것으로 알려졌다(한국여성개발원, 2005: 27). 또한 사회갈등을 효율적으로 조정하고 관리할 수 있는 체제를 갖추지 못해 갈등으로 인한 사회비용이 과다하게 지출되고 있다. 삼성경제연구소(2009: 11)는 2007년 27개의 OECD국가들을 대상으로 각국의 사회갈등지수를 계산했는데, 한국의 갈등지수

* 이 글은 단국대학교 분쟁해결센터의 《분쟁해결》 9(2): 135-166에 게재된 논문과, 2011년 12월 2일 대한상공회의소에서 개최된 국제학술대회(International Conference on Social Sciences for Conflict Resolution and Cohesion)에서 필자가 발표했던 논문을 결합하고 수정 · 보완하여 집필하였음을 밝힌다.

는 0.77로 OECD 평균값인 0.44보다 높았고 27개국 중에서 네 번째로 사회갈등이 심했다. 한국의 갈등수준이 높은 이유는 구조적 갈등요인이 적음에도 불구하고 한국의 민주주의와 정부 효과성지수가 낮기 때문인 것으로 밝혀졌다.[1)]

한국사회의 갈등 양상은 '압축갈등'으로 표현되기도 하는데, 서구사회는 이익갈등에서 가치갈등으로 서서히 이행해 온 반면 한국은 상대적으로 짧은 기간에 다양한 종류의 갈등이 집중적으로 발생하고 있다(박길성, 2009: 17). 또한 사회갈등의 두 축이라고 할 수 있는 이익갈등(계층, 지역갈등)과 가치갈등(이념, 환경, 세대갈등)이 동시에 분출하는 '복합갈등'의 양상을 띠기도 한다. 갈등관리 인프라가 극히 미비하고 대화와 타협을 통해 갈등을 해결하려는 성숙한 시민의식이 부족한 현 상황에서 한국사회가 경험하는 압축적이고 복합적인 사회갈등의 문제는 심각한 도전이며 한국사회가 선진사회로 발전하기 위해 반드시 극복해야만 하는 과제이다.

한국에서 사회갈등은 시기별로 그 종류와 심각성의 수준이 변해 왔기 때문에 단계론적 접근이 유용하다고 생각한다. 한국에서 사회갈등, 특히 이념갈등은 1950년 한국전쟁 이후 장기간 지속된 남북한 간의 냉전적 대립구도와 이로부터 빚어진 냉전문화에 기인하는 바가 크다. 냉전문화 속에서 한국사회는 배제와 강요를 내용으로 하는 강제적 동질화의 과정을 겪었고, 이로 인해 사회 내의 차이와 다양성들이 대화와 협

---

1) 사회갈등지수는 하버드대 경제학과 교수 Dani Rodrik(1998)이 갈등의 경제적 모형을 바탕으로 개발한 것으로 소득불균형 지니계수를 민주주의 지수와 정부효과성 지수의 평균값으로 나눈 것이다. 이 지수는 0부터 1사이의 값을 가지며 이 값이 클수록 사회갈등이 심하다는 것을 의미한다. 그러나 이 지수는 갈등이 발생할 수 있는 조건 또는 갈등 잠재력을 측정한 것이지 실제로 갈등이 발생한 빈도나 갈등의 심각성을 측정한 것은 아니다. 따라서 향후 갈등연구에서는 실제 사회갈등의 빈도와 수준을 측정할 수 있는 경험적인 지수를 개발하는 것이 중요한 과제이다.

력의 과정을 거쳐 발전적으로 해소되는 것이 아니라 갈등적 상황을 야기하였다. 한반도의 냉전구도는 친미주의와 반공주의를 형성하여 장기간 진보성향의 정치세력 형성을 억제하였다. 이로 인해 다원주의와 민주주의 요구가 억제되었다. 친미 · 반공에 대한 반작용으로 반미 · 민족주의가 강화되었고, 권위주의 정권하에서 반미 · 민족주의는 억압을 받고 저항적 성격을 띠고 비공식적 과정을 통해 확산되었다. 따라서 한국에서 친미 · 반공문화와 반미 · 민족주의적 반문화의 대립구도는 대화와 타협의 관계가 아닌 구조적인 갈등관계를 형성하게 된 것이다(손호철, 2004; 조한범, 2005).

1960년대 이후의 권위주의 정권하에서의 압축적 산업화와 근대화 정책은 경제성장 이외의 다른 가치들과 목표들은 도외시하고 반대 의견들은 철저하게 억압하였다. 근대사회로의 이행과정에서 근대적인 사회구조와 제도양식, 가치관은 위로부터 일방적으로 부과되었고, 시민사회 내의 자생적인 재생산구조는 대단히 취약하였다. 이 시기에 사회의 모든 영역은 '경제성장을 통한 조국 근대화'를 위해 희생되었다. 민주주의, 인권, 교육, 의료 및 건강, 환경, 복지, 문화 등은 안보와 경제성장 논리에 의해 뒷전으로 밀렸다.

1987년의 민주화 이행은 국가 일방주의와 성장우선주의에서 벗어나 정치경제적 민주주의와 시민사회의 다원적 자율성을 제고할 최초의 계기를 마련하였다. 그러나 탈권위주의 시대에 적합한 합리적이고 민주적 권위구조 형성에 실패하였다. 1997년의 외환위기 속에서 집권한 김대중 정부는 사회협약에 기반을 둔 노사관계의 정립과 의약분업 등과 같은 개혁을 시도했다. 일례로 1998년에 설립된 대통령 직속 노사정위원회는 외환위기에 대한 민주적 해결책으로 도입되었다. 위원회의 본래 목적은 노동계, 경영진, 정부가 노동정책 및 이와 관련된 산업· 경제 ·

사회정책 등을 협의하는 대화의 장을 마련하기 위한 것이었다. 그러나 정부가 합의사항의 이행을 지체하자 이에 반발한 노동계가 위원회에서 탈퇴하면서 위원회는 제 기능을 못하게 되었다. 또한 대통령 선거공약으로 실행된 의약분업은 약의 오남용을 줄이기 위한 것이었지만 환자에 대한 의사의 권한 감소를 우려한 의학계의 거센 반발로 원래 계획에서 상당히 후퇴했다. 남북관계 역시 '남남갈등'이라고 불리는 보수와 진보 간의 이념대립으로 진퇴를 거듭하였다. 김대중 대통령은 2000년에 남북정상회담을 개최하면서 남북관계의 새로운 장을 열었지만 보수정당들과 언론사들로부터 '북한 퍼주기'라는 비판을 받으면서 추동력을 잃게 되었다. 이렇게 정치는 지역주의와 이념대립으로 분열되었고, 여당이 논란이 되는 법안들을 물리력과 다수결의 원리로 밀어붙이면 야당은 의사당 점거 또는 장외투쟁으로 저항하였다. 이런 비민주적 절차들과 물리적 대립은 매 정권마다 반복되었고, 국민들에게 갈등당사자들 간에 대화와 타협은 불가능하고 오직 물리력만이 목표를 달성할 수 있다는 그릇된 인식을 심어 주었다. 그 결과 갈등을 조정해야 할 정치부문이 사회통합을 하지 못하고 오히려 갈등을 증폭시키는 일이 비일비재했다(한국여성정책연구원, 2005).

2003년에 출범한 참여정부는 참여적 민주주의의 실천과 권위주의의 청산을 목표로 했다. 그러나 불행히도 출범 첫해부터 1987년 민주화 이후 각종 사회집단들의 이익 표출이 극에 달했다. 참여정부 출범 100일 동안 두산중공업, 철도, 화물연대, NEIS(교육행정정보시스템), 공무원노조 관련 갈등이 정부를 상대로 표출되었다. 서문기(2004)가 제1공화국에서 국민의 정부까지의 사회갈등의 전개 과정을 억압형 → 잠재형 → 표출형 → 확산형으로 도식화했듯이 참여정부는 사회갈등의 확산기에 있었다고 볼 수 있다. 비록 노무현 대통령은 공공갈등의 합리적이고 민주적 해결을 촉진하기 위해 공공갈등기본법을 제정하려고 했지만 국회의 동의를 얻지 못해 결국 2007년 2월에 '공공기관의 갈등예방과 해결에 관한 규정'을 대통령령의 수준에서 제정하였다. 그러나 이 규정을 실행할 예산과 인력의 뒷받침을 받지 못했고 강제력을 갖지 못했기 때문에 공공갈등 해결에 실질적인 영향력을 미치지 못했다.

2008년에 출범한 이명박 정부는 이전의 국민의 정부와 참여정부와는 국정이념과 통치방식에 있어서 큰 차이를 보였다. 실용을 강조하는 이명박 정부는 경제성장과 행정의 효율을 중시하고 그 과정에서 인권과 복지는 뒷전으로 밀렸다. 김대중 정부에 의해 설립된 국가인권위원회의 위상과 이에 대한 국민의 신뢰가 이명박 정부에 들어와 크게 떨어진 것이 단적인 예이다. 탈권위주의를 추구하고 시민사회와의 정책연대를 중시했던 노무현 대통령과는 달리 이명박 대통령은 법질서 유지를 강조했고 시민사회와의 관계는 거의 단절에 이르렀다. 또한 CEO형 통치 스타일로 강한 소신을 갖고 4대강사업과 같은 국책사업을 추진하면서 시민단체, 종교계와의 갈등이 심화되었다. 이런 상황들을 고려할 때 이명박 정부에서의 사회갈등은 참여정부 시기의 갈등확산형에서 한 단계 심화된 갈등폭발형으로 전개될 수 있다. 예를 들어, 정부기관의 세종시 이전, 용산재개발, 국제과학기술벨트와 영남 신공항 건설, LH공사 본사 이전을 둘러싼 갈등 등을 통해 볼 때 사회갈등의 수준은 이명박 정부에서 결코 줄어 든 기미를 보이지 않았다. 하지만 다른 한편으로는 참여정부 시기에 사회갈등이 극도로 표출될 만큼 표출됐기 때문에 그 이후로 갈등당사자들 간에 갈등해결의 필요성을 공감하고 자체적인 해결 노력을 통해 갈등이 완화되었을 수 있다. 또한 갈등당사자들은 장기화된 사회갈등의 심각한 비용을 절감하고 시행착오를 통해 갈등해결과 관리의 기술과 능력을 개선해 온 측면이 없지 않다. 실제로 대규모 국책사업의 경우에는 담당 공무원들이 환경영향평가뿐만 아니라 해당 지역 주민들을 대상으로 사회조사를 시행하는 것이 일반화되었다. 또한 이명박 정부는 집권 초기에 촛불시위를 경험하고서 사회갈등이 정권 유지에 큰 위협이 된다고 판단하고 2009년에 대통령직속 사회통합위원회를 신설하였다. 이 위원회의 목적은 사회의 다양한 집단들과 구성원들 간의 갈등을 해결해서 사회통합을 이루기 위한 것이었다. 하지만 위원회는 초대 고건 위원장이 4대강사업과 같은 정치적 쟁점들은 다루지 않겠다고 선언함으로써 독립적이고 효과적인 기구가 되기에는 근본적인 한계가 있었다. 그럼에도 불구하고 위원회는 대학교 시간강사들의 처우를 개선하고 고용기간을 1년 이상으로 보장하는 내용의 고등교육법 개정과 같이 비정치적 사안에 있어서는 가시적인 성과를 내기도 했다. 또한 위원회는 2010년에 갈등분야 전문가들의 지원을 받아 '공공갈등 예방과 해결에 관한 법률안'을 준비했다. 이 법률안에 따르면 공공기관의 장은 공공정책이나 사업의 계획을 수립하거나 시행할 때 이해관계인과 일반시민 또는 전문가 등이 실질적으로 참여할 수 있도록 하여야 하고, 이해관계인들이 공공정책이나 사업의 취지와 내용을 충분히 이해하도록 관련 정보를 공개하고 공유하여야 하고, 공공정책이나 사업을 추진하는 과정에서 발생한 갈등을 해결하기 위하여 갈등조정 등 대안적 갈등해결 방법을 활용하여야 한다. 만일 이 법률안이 제정된다면 많은 공공갈등을 예방하고 갈등으로 인한 사회경제적 비용을 크게 줄일 수 있을 것으로 기대된다.

위와 같은 상반된 조건들을 고려할 때 2012년 현재 한국의 사회갈등은 우리의 대응자세에 따라 계속해서 확산기에 머물 수도 있고 아니면 정체기를 거쳐 점감기(deescalation stage)로 전환할 수도 있다. 현 시점에서 우리가 갈등예방과 해결의 합리적인 시스템을 구축한다면 갈등의 사회적 비용을 줄일 뿐만 아니라 오히려 갈등을 사회발전의 원동력으로 삼을 수도 있을 것이다.

이 글의 재료가 된 연구는 한국사회 갈등의 지형과 변화를 추적 조사하기 위한 중장기 연구과제의 일환으로 추진되었다. 이를 위해 고려대학교 '한국사회연구소'와 'BK21갈등사회인재양성교육연구단'은 2007년과 2010년에 제1, 2차 한국인의 갈등의식조사를 시행했다. 이 글에서는 두 시기에 수집된 원자료를 분석해서 그간의 사회갈등의 지형과 그 변화를 분석하고자 한다. 원래 한국인의 갈등의식조사는 3년 단위로 시행하기로 되어 있어서 2007년에 제1차 조사를 시행했기 때문에 3년 뒤인 2010년에 제2차 조사를 시행하게 되었다. 그런데 공교롭게 1차 조사가 참여정부 시기에, 그리고 2차 조사가 이명박 정부 시기에 시행되어서 이 글에서는 참여정부에서 이명박 정부로 정권교체가 이뤄지고서 사회갈등이 계속 확산하는지 또는 점감하는지, 아니면 최소한 정체하고 있는지를 경험적 자료를 사용해서 분석할 수 있게 되었다. 물론 사회갈등에 대한 개인의 의식을 조사해서 사회갈등의 구조와 특성을 파악하는 데는 한계가 있지만 집단의식이 사회현상을 반영한다는 점을 고려하면 충분히 의미 있는 결과를 도출할 수 있을 것으로 믿는다.

2. 선행연구와 이론적 고찰

사회갈등에 관한 국내의 선행연구를 분석 수준에 따라 구분하면 거시적 · 구조적 접근과 미시적 · 사회심리적 접근으로 구분할 수 있다(윤인진 외, 2009). 전자는 정치경제, 이념, 이해관계의 충돌에 초점을 두고 있고 후자는 의식, 가치관, 문화에 초점을 두고 있다.

구조적 접근을 한 연구들은 한국사회의 갈등의 구조적 조건들을 밝히는 데 주력하였다. 예를 들어, 장상환(2007)은 다양한 사회갈등을 한국 자본주의의 구조적 모순의 결과로 설명하였다. 또한 서문기(2004)는 사회갈등의 외적 · 내적 조건을 설명하면서 경제성장 이면의 구조적 배제와 집단 · 지역이기주의가 합쳐져 흑백논리의 이분법적 사고방식으로 고착화되었다고 주장하였다. 즉 민주화 이후 갈등은 급격히 분출 및 확산되는데 정부에 대한 신뢰는 악화되어 있고 갈등관리 방법은 효율성마저 상실하고 있어 더욱더 갈등의 확산을 부추긴다는 것이다. 박길성(2003)과 박기덕(2006)도 정치권력의 정당성 문제와 공적 신뢰의 상실, 체제 합리성 문제를 갈등의 주요한 요인으로 지적하였다.

구조적 접근을 한 연구는 이해관계를 둘러싼 갈등에 대한 사례연구를 많이 진행했다. 서문기 외(2001)가 연구한 대표적인 갈등의 7가지 사례들도 주로 갈등 주체들의 이해관계, 예를 들어 의약분쟁과 협동조합 개혁안, 대기업 규제 등을 둘러싼 이익분배체계, 인사, 지역적 이해 등에 관한 것이다.

문화의식적 접근을 한 연구들은 갈등의 요소로서 행위자들의 문화적 가치에 주목을 하고 연구를 진행했다. 임희섭(2007)은 한국사회가 '압축적 근대화'를 경험하여 전통사회, 대중사회, 계급사회, 시민사회의 여러 특성들을 복합적으로 지니고 있다고 진단하였다. 특히 현대 한국인은 전통적인 공동체를 상실하고서 그것을 대체할 새로운 시민공동체를 형성하지 못한 채 여전히 혈연, 지연, 학연 등과 같은 전통적인 연고관계에 의존하고 있다고 지적하였다. 그래서 한국인은 자신의 이익만을 배타적으로 주장하는 개인적, 집단적 이기주의에 의해 경쟁적인 사회환경에 대응해 나가고, 공공의 문제나 쟁점에 대해서는 평소에는 정치적 무관심이나 정치적 냉소주의적 태도로 일관하다가 자신의 이해관계가 직접 결부된 쟁점에 대해서는 극도로 '이기적이고 극단적인' 반응을 보이는 이중적이고 모순적인 행동양식을 취한다고 진단하였다(임희섭, 2007: 210). 필자(2009)도 사회갈등의 문화의식적 측면에 초점을 맞추어 한국인의 공익의식의 수준과 이것이 사회갈등에 대한 의식과의 관련성을 분석하였다. 필자는 한국인이 사회적 합의에 의거한 갈등조정과 해결능력을 갖기 위해서는 개인들이 집단이기주의를 넘어서 공공선(또는 공동선)을 인정하고 추구하려는 공익의식을 확대하는 것이 필요하다고 지적하였다. 한국인의 공익의식에 관한 분석결과, 한국인은 전체적으로 보통 수준 이상의 공익의식을 보이고 있지만 특별히 재산세의 분배, 사회복지 목적의 세금, 사회혐오시설로 인한 집값 하락 등과 같이 경제적 이해관계가 달린 사안에 대해서는 보통 이하의 공익의식을 보인다는 것을 발견했다. 이런 결과는 한국인이 원론적인 차원에서는 사익보다 공익을 우선한다고 말하지만 실제로 사익이 침해되는 상황에서는 자신과 자기 집단의 권리와 이익을 우선시하는 것을 보여 준다고 해석했다.

사회갈등에 관한 이론적 틀로서 조지메이슨대의 정호원(Jeong, 2008: 21)은 사회갈등의 주요 요인들 간의 관계에 대한 종합적인 모델을 제안했다. 이 모델에서는 갈등행위자, 욕구·가치·이해, 전략·전술·문화, 목적·쟁점 등이 주요 요인들로 제시됐고, 이것들 간의 역동적인 관계에 의해 갈등이 시작, 확산, 교착, 점감, 종료의 단계를 밟는 것으로 제안됐다. 필자가 이 모델에서 특별히 관심을 갖는 부분은 갈등요인보다는 갈등 단계로서, 이 글에서 살펴보고자 하는 한국인의 갈등의식의 변화를 이해하는 데 도움이 될 것으로 생각된다.

갈등의 단계 모델을 간략하게 설명하면 다음과 같다. 시작 단계에서는 구체적인 쟁점들이 부각되고, 갈등행위자들의 수가 증가하고, 이들의 집단정체성과 내부 결속력이 강해지고, 집단 간 갈등 강도가 높아진다. 이 단계에서 집단 간 관계 방식이 갈등이 확산되거나 또는 점감하는 데 중요한 영향을 미친다. 적대감은 갈등이 확산되면서 필연적으로 발생하지만 갈등이 점감하거나 해결되기 위해서는 반드시 극복되어야 한다. 갈등이 진행되면서 더 많은 행위자들이 참여하고, 쟁점들은 더욱 복잡해진다. 갈등확산 단계에서는 한쪽의 적대적 행위가 상대방의 보복을 불러일으키는 악순환을 낳는다. 갈등이 장기화하게 되면 양쪽은 갈등의 득실을 따지게 되는데, 얻는 것보다 잃는 것이 더 크다고 판단하게 되면 타협을 통해서 해결을 모색하려고 한다. 이 과정에서 정부 또는 중립적이고 전문적인 제3자의 개입이 갈등의 평화적 해결에 크게 기여할 수 있다. 물론 모든 형태의 갈등이 이와 같은 단계를 밟는 것은 아니고 경우에 따라서는 어느 한쪽이 완전히 패배해서 갈등이 종료될 수 있다 (Jeong, 2008: 97).

원래 갈등의 단계 모델은 개별적인 갈등 사례를 분석하기 위해 고안된 것이지만 이 모델은 한 사회에서 갈등의 양상이 어떻게 변해 가는가를 이해하는 데도 도움이 된다고 생각한다. 즉 한국에서 사회갈등이 사회발전 수준에 따라 억압형, 잠재형, 표출형, 확산형으로 진행된 것도

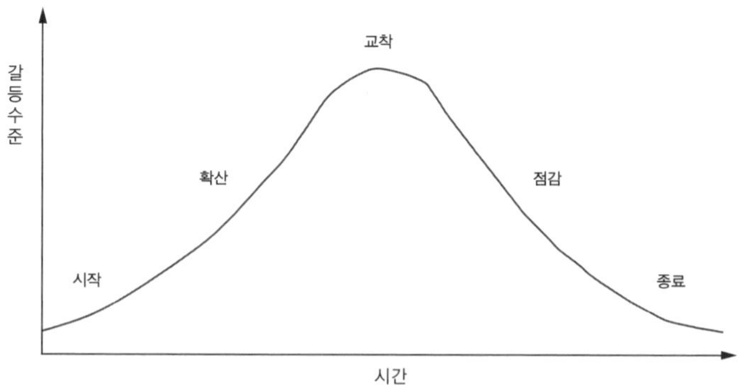

그림 1-1. 갈등진행모델

단계론적 설명이라고 볼 수 있다. 이런 관점에서 이 글에서는 단국대 분쟁해결연구센터의 1990-2008년 공공분쟁자료, 경찰청의 시위 및 집회자료, 그리고 2007년과 2010년의 한국인의 갈등의식조사자료를 사용해서 확산기 이후의 한국사회의 갈등의 양상을 진단하고자 한다. 공공분쟁자료와 시위 및 집회자료는 한국에서 사회갈등이 지난 20여 년의 기간에 양적으로 확산됐는지 또는 점감됐는지를 판정할 수 있는 객관적 근거를 제공한다는 면에서 가치가 있다. 한편 갈등의식조사는 갈등수준에 대한 한국인의 주관적 의식을 측정한다는 면에서 의의가 있다. 물론 갈등의식이 실제 갈등을 그대로 반영한다고 볼 수는 없지만 갈등의식의 변화가 갈등수준의 변화를 어느 정도는 반영한다고 볼 수 있기 때문에 갈등의식을 연구할 충분한 가치가 있다고 본다.

3. 자료와 연구방법

1) 자료

앞서 소개한 대로 이 글에서는 공공분쟁자료와 집회 및 시위자료와 같은 객관적인 자료와 한국인의 갈등의식조사와 같은 주관적인 인식자료를 함께 사용하려고 한다. 첫 번째 자료인 공공분쟁자료는 단국대학교 분쟁해결연구센터가 한국언론재단에서 제공하는 KINDS(Korean Integrated News Database System)를 사용해서 선택한 482개의 공공분쟁에 관한 내용을 담고 있다. 이 자료에서 공공분쟁은 "서로 상충되는 쟁점을 둘러싸고 대립하는 둘 이상의 행위주체들의 상호작용 과정이 공중에게 광범위하게 영향을 미치게 되어 사회적 분쟁관리 기제에 의해 다루어지는 분쟁"을 의미한다. 공공분쟁의 조작적 정의는 ① 분쟁의 전과정을 통해 연인원 500명 이상의 참여자가 집단적으로 행동을 조직, ② 공중이 자유롭게 접근할 수 있는 곳에서 최소한 100명 이상의 참여자가 집단적으로 행동을 조직하는 경우가 적어도 1회 이상 발생, ③ 서로 상충되는 쟁점을 둘러싸고 대립하는 둘 이상의 행위주체들의 상호작용이 적어도 7일 이상 지속된 경우이다(가상준 외, 2009: 59-60). 이 자료는 분쟁의 쟁점, 종류, 행위자, 강도, 해결방법 등에 관한 정보를 갖고 있기 때문에 어떤 종류의 분쟁이 가장 빈번했는지, 누가 관여되었는지, 그리고 어떻게 해결되었는지를 파악하는 데 도움이 된다. 하지만 이 자료는 상당히 큰 규모의 공공분쟁만을 다루기 때문에 기타 소규모의 공공분쟁이나 민간분쟁에 대해서는 정보를 제공하지 않는다는 한계가 있다.

두 번째 자료인 집회 및 시위자료는 경찰청이 경찰통계연보와 경찰백서를 통해 보고한 2001년부터 2010년까지 집회 및 시위 신고 건수와 실제 시위 건수, 참가자 수, 불법폭력시위 건수, 경찰부상자 현황, 사법처리 현황 등의 정보를 담고 있다.[2] 이 자료는 공공분쟁자료처럼 큰 규모의 공공분쟁에 제한되지 않고 다양한 종류의 집회 및 시위에 관한 정보를 담고 있다. 집회와 시위는 자신들의 이해와 주장을 표출하기 위한 집합행동으로서 이런 집합행동의 규모와 수준의 변화를 조사한다는 것은 한국에서의 사회갈등의 변화를 파악하는 데 기여할 것으로 기대한다.

세 번째 자료인 한국인의 갈등의식조사자료는 고려대학교 사회학과의 '한국사회연구소'와 'BK21갈등사회인재양성교육연구단'이 2007년과 2010년에 두 차례의 설문조사를 시행하여 수집한 것이다. 2007년 조사는 당해 11월에 사회조사 전문회사인 '리서치21'에 의뢰하여 시

---

2) 경찰통계연보와 경찰백서에서 집회 및 시위 관련 자료를 수집하여 정리해 준 필자의 석사과정 지도학생 한기덕에게 감사한다.

행되었다. 설문조사는 전국 15개 시도에서 20~59세의 성인 남녀 1,500명을 대상으로 면접조사 방식으로 시행되었다. 2010년에는 12월에 한국의 대표적인 사회조사 전문회사인 '한국리서치'에 의뢰하여 시행되었다. 설문조사는 전국 15개 시도에서 20~59세의 성인 남녀 1,027명을 대상으로 면접원에 의한 1:1 면접조사 방식으로 시행되었다.[3)]

한국인의 갈등의식조사는 갈등에 관한 매우 광범위한 주제들에 대해서 조사했다. 이 글에서는 지면 제약으로 사회갈등 수준, 가장 심각하다고 인식하는 사회갈등 종류, 이념갈등에 대한 인식, 사회갈등에 대한 책임소재를 중심으로 2007년과 2010년간의 변화를 조사했다.

본격적인 분석에 앞서 2010년 조사의 응답자의 인구학적, 사회경제적 특성을 살펴보면 다음과 같다. 성별 분포는 총 1,027명의 응답자 중 남자가 51.2%, 여자가 48.8%로 거의 같은 비율이었다. 연령면에서 만 20~29세가 22.4%, 30~39세가 26.8%, 40~49세가 28.5%, 50~59세가 22.3%를 차지했다. 본 조사에서는 60세 이상의 응답자는 제외되었는데, 이로 인해 본 조사결과는 60대 이상이 포함된 다른 조사에 비해 진보적인 성향이 다소 높을 것으로 판단된다. 거주지역별로는 표집에서부터 전국 15개 시도의 인구비율별로 표본을 선정했기 때문에 서울과 경기지역에 거주하는 사람들이 각각 22%와 24%로 가장 많다. 그 다음으로는 부산(7.2%), 경남(6%), 인천(5.7%), 대구(5.5%), 경북(5.1%), 충남(3.9%)의 순으로 분포했다. 교육수준에서 중학교 학력 이하의 학력소유자가 4.5%에 불과하고 고등학교 졸업 혹은 중퇴의 학력 소유자가 44%에 달했다. 2년제 전문대학과 4년제 대학 재학, 중퇴, 또는 졸업자

---

3) 제주도는 두 차례의 설문조사에서 제외되었는데, 다른 전국 규모의 많은 설문조사들에서도 조사비용 때문에 제외되는 것이 보통이다. 제주도가 표집 과정에서 제외됐다고 해서 조사결과를 일반화하는 데 특별한 문제는 없는 것으로 알려져 있다.

표 1-1. 응답자 특성

		표본수		백분율	
		2007	2010	2007	2010
성별	남자	752	526	50.1	51.2
	여자	748	501	49.9	48.8
연령	만 20~29세	394	230	26.3	22.4
	30~39세	434	275	28.9	26.8
	40~49세	418	293	27.9	28.5
	50~59세	254	229	16.9	22.3
거주지역	서울	301	226	20.1	22
	부산	119	74	7.9	7.2
	대구	82	56	5.5	5.5
	인천	98	59	6.5	5.7
	광주	37	29	2.5	2.8
	대전	44	30	3.0	2.9
	울산	38	23	2.5	2.2
	경기	331	246	22.0	24
	강원	55	33	3.7	3.2
	충북	36	29	2.4	2.8
	충남	63	40	4.2	3.9
	전북	54	33	3.6	3.2
	전남	54	35	3.6	3.4
	경북	101	52	6.7	5.1
	경남	87	62	5.8	6
교육수준	초등학교	24	8	1.6	0.8
	중학교	44	38	2.9	3.7
	고등학교	718	452	47.9	44
	대학교(2년제+4년제)	635	511	42.2	49.8
	대학원	80	17	5.3	1.7
직업	경영관리직	28	13	1.9	1.3
	전문자유직	45	17	3.0	1.7
	사무기술직	579	262	38.6	25.5
	블루칼라	211	310	14.1	30.2
	자영업	144	168	9.6	16.4
	가정주부	257	164	17.2	16.0
	학생	106	70	7.1	6.8
	기타	128	23	8.5	2.2
월수입	100만 원 미만	142	17	9.5	1.7
	100~200만 원 미만	292	101	19.4	9.8
	200~300만 원 미만	362	219	24.1	21.3
	300~400만 원 미만	271	346	18.1	33.7
	400~500만 원 미만	222	213	14.8	20.7
	500~600만 원 미만	109	79	7.2	7.7
	600~700만 원 미만	46	25	3.1	2.4
	700만 원 이상	56	27	3.1	2.6

비율이 49.8%, 대학원 입학 이상의 학력 소유자 비율이 1.7%였다. 전반적으로 응답자들의 교육수준이 높음을 알 수 있다. 월수입 분포는 100만 원 미만이 1.7%, 100~200만 원 미만이 9.8%, 200~300만 원 미만이 21.3%를 차지했다. 300~500만 원 미만은 64.4%를 차지하고, 500만 원 이상은 10.1%였다.

2007년과 2010년 조사의 응답자들을 비교하면 성별, 연령, 거주지역 분포는 비슷했다. 교육수준 역시 고졸 이하 학력이 40%대를 기록했고, 전문대 또는 4년제 대학 재학 이상의 학력이 40~50% 수준을 보일 정도로 높았다. 직업분포에서는 다소 차이가 나는데, 2007년과 비교해 2010년에는 사무기술직 종사자 비율이 낮고, 블루칼라 종사자 비율이 높았다. 소득에서는 2007년과 비교해 월 300만 원 이상의 가계수입을 버는 사람들의 비율이 다소 높았다.(〈표 1-1〉 참조)

4) 연구방법과 내용

이 연구는 사회갈등의 변화 양상을 진단하는 데 목적이 있어서 기본적으로 기술적인 성격을 가진다. 공공분쟁자료를 사용해서 시기별로 공공분쟁의 빈도를 갈등주체별로, 발생 및 진행 여부별로 구분해서 표와 그래프를 사용해서 분석했다. 그리고 집회 및 시위자료의 경우에도 시기별로 집회 및 시위 빈도를 쟁점 분야, 불법성 여부, 부상 경찰수, 시위 검거자수별로 구분해서 표와 그래프로 제시했다. 특히 그래프를 통해서 공공분쟁과 집회 및 시위 빈도의 변화를 파악하여 사회갈등의 변화 양상을 포착하고자 했다.

한국인의 갈등의식조사자료를 사용해서는 2007년과 2010년 두 시점에 나타난 한국인의 갈등 관련 의식수준과 내용을 표와 그래프로 제시했다. 간단한 수준이지만 갈등의식에 있어서 성별, 연령, 교육수준,

소득수준, 이념성향에 따른 차이를 비교하였다. 하지만 갈등의식과 관련된 변수들을 종속변수와 독립변수로 구분하고 이것들 간의 관계를 다변량 통계기법을 사용해서 분석하지는 않았다. 비록 기술통계 수준에 머물지만 이 글은 사회갈등에 관한 한국인의 의식이 시기적으로 어떻게 변했는가를 경험적으로 조사하여 갈등연구에 유용한 정보를 제공할 것으로 기대한다.

한국인의 갈등의식조사는 갈등에 관한 매우 광범위한 주제들을 다루고 있지만 이 글에서는 사회갈등 수준, 가장 심각하다고 인식하는 사회갈등 종류, 이념갈등에 대한 인식, 사회갈등에 대한 책임소재를 중심으로 2007년과 2010년간의 변화를 조사했다. 사회갈등 수준에 대한 인식변화를 조사한 것은 한국에서 사회갈등이 과거 확산기에서 계속해서 확산 과정에 있는지 아니면 점감하는 단계로 접어들었는지를 파악하는 데 도움이 되기 때문이었다. 가장 심각하다고 인식되는 사회갈등 종류에 대한 인식변화를 조사한 것은 사회변화에 따라 사회갈등의 양상이 달라지는가를 조사하기 위해서였다. 이념갈등의 인식변화를 조사한 것은 이명박 정부에 들어서 보수세력이 득세하고 남북관계가 악화되었는데, 이런 변화가 한국인의 이념갈등 인식에 어떤 변화를 주었는가를 확인하기 위해서였다. 끝으로 사회갈등의 책임소재에 대한 인식변화를 조사한 것은 한국인은 사회갈등의 유발자와 해결자를 누구라고 인식하는지, 그리고 갈등해결을 위해 앞으로 보다 많은 노력을 해야 할 집단은 누구인지를 확인하기 위해서였다.

4. 사회갈등의 추이

1) 공공분쟁의 추이

1990년부터 2008년까지 발생한 공공분쟁의 빈도를 유형별로 살펴보면 노동분쟁(185회)이 가장 빈번했고, 그 다음으로 지역분쟁(199회), 계층분쟁(111회), 환경분쟁(89회), 교육분쟁(76회), 이념분쟁(44회)의 순이었다. 다음으로 공공분쟁의 빈도를 당사자별로 살펴보면 민간-정부 간 분쟁(404회)이 가장 빈번했고, 그 다음으로 민간-민간 간 분쟁(187회), 정부-정부 간 분쟁(33회)의 순이었다. 공공분쟁의 빈도를 유형과 당사자로 교차분석해서 살펴보면 환경분쟁, 이념분쟁, 지역분쟁, 계층분쟁의 경우 대부분이 민간-정부 간 분쟁이었다. 반면 노동분쟁의 경우에는 대부분이 민간-민간 간 분쟁이었고, 그 다음으로 민간-정부 간 분쟁의 순이었다. 따라서 한국에서의 공공분쟁은 노동분쟁을 제외하고는 대부분이 정부정책의 결정이나 결정과정에 민간단체들이 반대하여 발생하는 것임을 알 수 있다.

공공분쟁의 발생횟수와 진행횟수를 연도별로 살펴보면 1998년부터 점차 증가하기 시작했다가 1998년에 일시 감소했고, 그 이후 다시 증가

표 1-2. 공공분쟁의 유형과 당사자

분쟁유형	민-민	민-관	관-관	계
환경	10	76	3	89
이념	5	37	2	44
노동	121	64	0	185
지역	9	86	24	119
계층	12	98	1	111
교육	30	44	2	76
계	187	404	33	624

* 출처: 가상준 외. 2009. p.64.

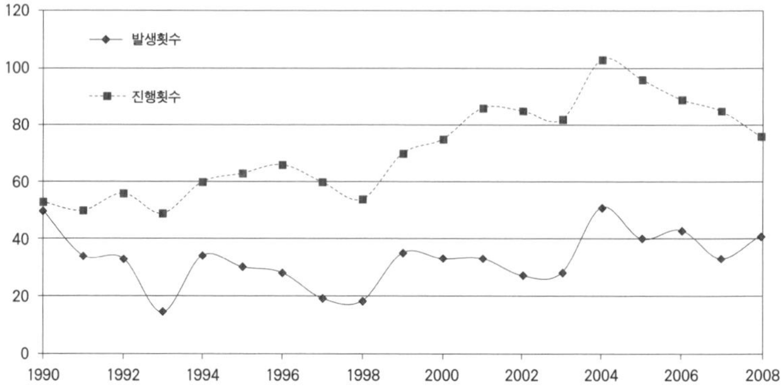

그림 1-2. 공공분쟁 발생횟수 및 진행횟수 추이, 1998-2008

해서 2004년에 정점에 도달하고 나서는 감소하는 추세를 보였다. 발생횟수보다 진행횟수가 많은 이유는 이전 해에 해결되지 못한 분쟁이 다음해에도 지속되었기 때문이다. 1998년에 분쟁횟수가 줄어든 이유는 1997년 말에 발생한 외환위기로 인해 국민들이 위기의식을 가졌고 국난 극복 차원에서 분쟁을 자제했기 때문으로 생각된다. 하지만 외환위기의 극복 방안으로 정부는 복지예산을 줄이고 은행 이자율을 높이라는 IMF의 권고안을 받아들였다. 기업들이 노동자들을 해고하면서 실업률은 높아졌고, 중산층과 노동자층은 하류층과 빈곤층으로 전락하고 말았다. 결과적으로 고용불안정과 사회계층 간의 불평등은 심화되었고, 이것이 1998년 외환위기 이후 공공분쟁이 다시 심해진 주요 원인이라고 생각된다. 또 한 가지 주목할 점은 1998년 이후 증가 추세였던 공공분쟁이 2004년에 정점에 도달한 후 계속 감소 추세에 있다는 것이다. 다시 말해 노무현 정부 출범 2년차에 가장 공공분쟁이 빈번했다가 그 이후 감소하기 시작했다.

2) 집회 및 시위 추이

경찰청이 수집한 2001년부터 2010년까지의 집회 및 시위현황을 살펴보면 최근 10년 동안 전국에서 벌어진 집회시위 횟수는 연평균 11,633회, 하루 평균 31회에 달했다. 시기별로 추이를 살펴보면 2001년에 13,083회를 기록했다가 2006년까지 대체로 감소 추세를 보였고, 2007년부터 다시 증가하기 시작해서 2009년에 14,384회로 정점을 이루었다. 하지만 2010년에는 대중들을 군집할 큰 이슈가 없어서 8,811회로 큰 폭으로 감소했다. 참가자 수는 2001년부터 2009년 기간에 연평균 2백8십여 명 수준을 유지하다가 2010년에 1백4십 명 수준으로 크게 줄었다. 연동원 경찰수는 2001년에 4,603,060명으로 가장 많았다가 그 이후로는 계속 감소해서 2010년에는 1,874,610명으로 2001년의 40% 수준이 되었다.

집회 및 시위는 처음에는 합법적이고 평화적으로 시작했다가도 집합행동의 성격상 중간에 과격해지고 폭력적으로 변할 수 있다. 집회 및 시위의 불법성 · 폭력성의 정의는 당사자에 따라 해석이 다를 수 있지만

표 1-3. 집회 및 시위 추이, 2001-2010

연도	집회 · 시위횟수	참가 연인원	1일 최대 인원	집회 · 시위 주요 이슈	연동원 경찰인원	진압 비율
2001	13,083	2,879,840	20,000	정부 규탄	4,603,060	1:1.6
2002	10,165	2,682,857	58,000	정부 규탄	3,550,800	1:1.3
2003	11,837	2,912,260	65,000	정부 규탄	4,279,920	1:1.4
2004	11,338	3,034,660	130,000	탄핵 관련	3,965,760	1:1.3
2005	11,036	2,928,483	16,000	노동절	3,642,975	1:1.24
2006	10,368	2,617,893	28,500	반FTA집회	3,652,740	1:1.40
2007	11,904	2,327,608	20,000	반FTA집회	3,114,720	1:1.34
2008	13,406	3,082,069	157,000	美쇠고기 수입반대	2,562,390	1:0.83
2009	14,384	3,092,648	163,800	노무현 대통령 추모제	2,849,040	1:0.92
2010	8,811	1,462,894	-	-	1,874,610	1:1.28

* 주: 진압비율 = 연인원 : 연동원 경찰인원.
* 자료: 《경찰통계연보》, 《경찰백서》. 각 연도 재구성.

일단 경찰청의 정의를 따르더라도 이런 형태의 집회 및 시위가 많을수록 갈등의 강도는 높다고 볼 수 있다. 최근 10년간의 불법폭력 집회시위의 추이를 살펴보면 2001년에 가장 높았다가 지속적으로 감소 추세에 있다. 전체 집회시위 대비 불법폭력 집회시위 비율을 살펴보더라도 동일한 양상을 발견할 수 있다. 반면 집회시위 중에 부상한 경찰 수를 살펴보면 2005년에 893명으로 가장 많았다가 그 이후 오르내리는 변화를 보였지만 전체적으로 감소하는 추세이다.

앞에서 살펴본 내용들을 정리하면 공공분쟁의 경우에 1998년 이후부터 증가하기 시작해서 2004년에 정점에 도달한 후 지속적으로 감소하는 추세이다. 집회 및 시위의 경우에는 2000년부터 2007년까지 대체로 동일한 수의 인원이 참가했다가 2009년에 소폭 증가했고 2010년에는 큰 폭으로 감소했다. 불법폭력 집회 및 시위는 2001년에 가장 많았다가 지속적으로 감소하는 추세이다. 따라서 한국사회에서의 갈등은 참여정부 초기의 확산기에서 벗어나 점감기로 접어드는 것은 아닌가 하는 조심스런 진단을 내려 본다. 그리고 집회 및 시위 현황을 통해

표 1-4. 불법폭력 집회 및 시위 추이, 2001-2010

구분		2001	2002	2003	2004	2005	2006	2007	2008	2009	2010
집회 · 시위		13,083	10,165	11,837	11,338	11,036	10,368	11,904	13,406	14,384	8,811
불법폭력 집회 · 시위[1)]		215	118	134	91	77	62	64	89	45	33
불법폭력 집회 · 시위 발생 비율[2)]		1.64	1.16	1.13	0.80	0.69	0.60	0.54	0.66	0.31	0.37
화염병 시위	횟수	23	8	14	3	5	3	-	-	2	-
	개수	2,453	457	2,223	105	99	8	-	-	569	-
경찰부상자[3)]		304	287	749	621	893	817	202	577	510	18
사법처리 현황		2,973	4,149	4,612	5,523	7,193	9,466	6,265	4,933	5,347	4,220

* 자료:《경찰통계연보》,《경찰백서》. 각 연도 재구성.
* 주 1: 집회 · 시위참가자가 불법폭력행위를 행사한 집회 · 시위.
  주 2: 한 해 발생한 전체 집회 · 시위 발생 대비 지수로서 낮을수록 평화적인 집회 양상임을 나타냄.
  주 3: 집회 · 시위현장에서 불법폭력 집회 · 시위로 인해 부상당한 경찰 및 전의경 인원 합계.

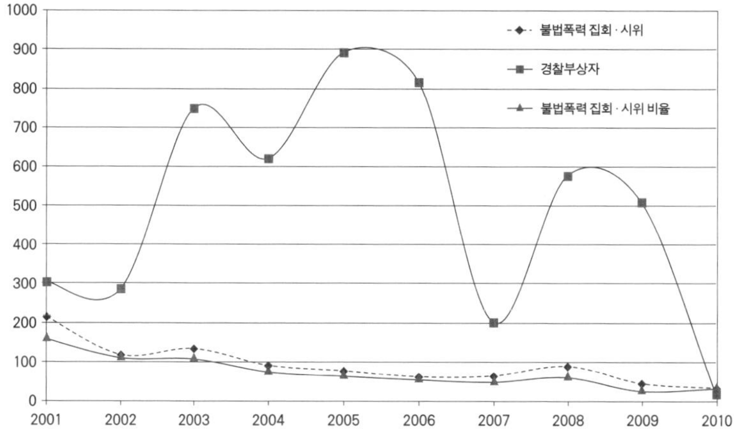

그림 1-4. 불법폭력 집회 및 시위 추이, 2001-2010

확인할 수 있듯이 대부분의 집회 및 시위가 정치적인 쟁점을 둘러싸고 발생했다. 즉 한국에서의 갈등의 핵심에 정치가 자리 잡고 있다는 것을 알 수 있다.

5. 한국인의 갈등의식 변화

1) 사회갈등 수준의 인식 변화

여러 사회갈등 관련 조사에서 일관되게 나타나듯 2010년 한국인의 갈등의식조사에서도 한국인은 현재 한국사회에서 발생하고 있는 사회집단 간 갈등이 심각한 수준에 이르렀다고 인식하고 있다. 매우 심각한 수준을 10점, 전혀 심각하지 않은 수준을 0이라고 할 때 한국인이 인식하는 평균 사회갈등 수준은 6.9점이었다. 갈등이 심각하지 않다고 생각하는 사람들은 4.7%에 불과하고, 보통이라고 생각하는 사람들은 17.3%,

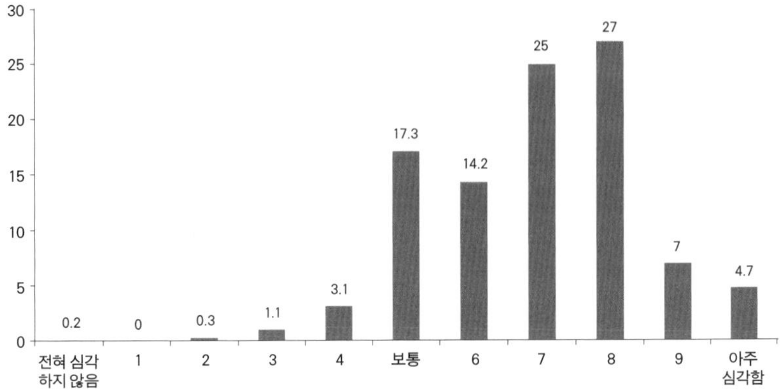

그림 1-5. 전반적인 사회갈등 수준의 인식, 2010년 (단위: %)

심각하다고 생각하는 사람들은 78%에 달했다. 심각하다고 생각하는 사람들과 심각하지 않다고 생각하는 사람들의 차이는 73% 포인트에 달했다.(〈그림 1-5〉 참조)

현재 사회갈등의 수준에 대한 인식은 성별, 연령, 소득수준에 따라 통계적으로 유의한 차이를 보이지 않았다. 하지만 교육수준과 이념성향

표 1-5. 인구통계학적, 사회경제적 특성에 따른 사회갈등 수준의 인식, 2010

구분		평균	F값	유의도
성별	남자	6.96	1.79	.18
	여자	6.83		
연령	20대	6.83	.87	.46
	30대	6.88		
	40대	6.86		
	50대	7.04		
교육수준	고졸 이하	6.87	5.50	.004
	전문대(2년제)	6.58		
	대학교(4년제)	7.06		
소득수준	200만원 미만	7.1	2.43	.06
	200~400만 원	6.78		
	400~600만 원	7		
	600만 원 이상	7.1		
이념성향	보수	6.94	3.26	.04
	중도	6.73		
	진보	7.01		

에 따라 사회갈등의 수준을 인지하는 정도가 통계적으로 차이를 보였다. 대학교 학력 이상의 고학력자와 진보성향을 가진 사람들이 현재 한국사회의 갈등수준이 더욱 심각한 것으로 인식했다.(〈표 1-5〉 참조)

2010년에 나타난 사회갈등의 수준은 2007년 조사결과와 비교해 보면 다소 완화된 것으로 인식되었다. 2007년에는 사회갈등이 심각하지 않다고 응답한 비율이 2.7%, 보통이라고 응답한 비율이 7.4%, 심각하다고 응답한 비율이 89.6%였다. 2005년 한국여성정책연구원이 시행한 '국민통합을 위한 사회갈등 해소방안 연구'에서도 전체 응답자 1,000명 중 92%가 한국사회의 갈등이 심각한 수준이라고 응답했다. 그런데 2010년에는 심각하다고 응답한 비율이 78%로 감소했고 반면 심각하지 않거나 보통이라고 응답한 비율이 각각 4.7%와 17.3%로 증가했다. 이런 결과는 한국인은 2010년에도 전반적인 사회갈등 수준이 여전히 심각하다고 인식하지만 2007년과 비교해서 심각성 수준이 다소 완화된 것으로 인식하는 것으로 해석할 수 있다.(〈그림 1-6〉 참조)

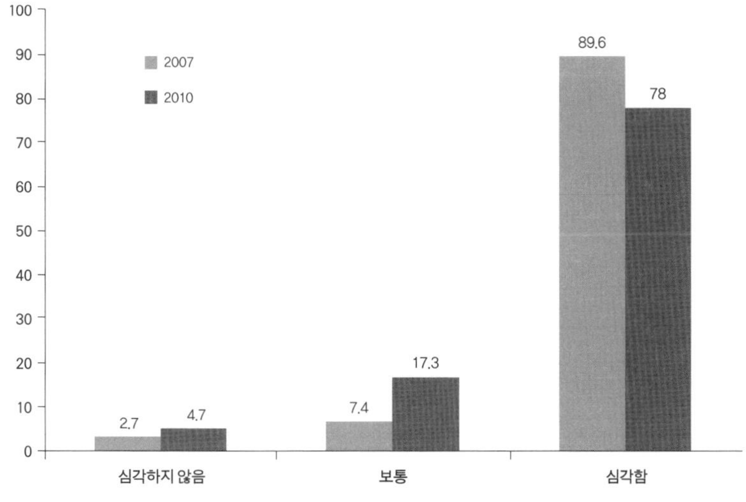

그림 1-6. 전반적인 사회갈등 수준의 인식 변화, 2007-2010년(단위: %)

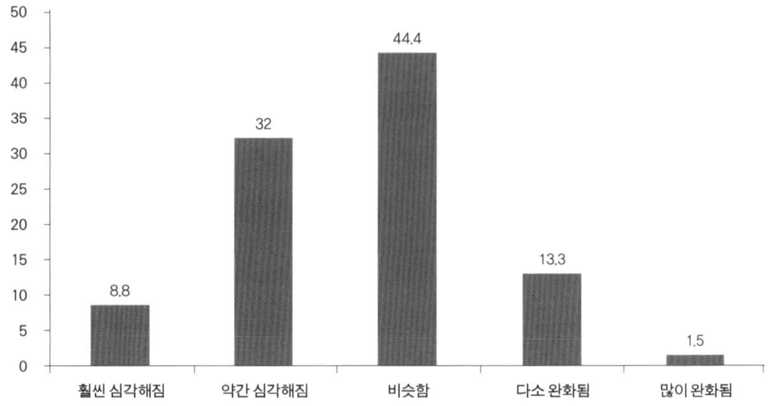

그림 1-7. 지난 5년 전과 비교한 사회갈등 수준의 인식, 2010년(단위: %)

한국인은 현재 사회갈등 수준이 높다는 것뿐만 아니라 과거 5년 전과 비교해서 전반적인 갈등수준이 완화됐다기보다 심각해졌다고 생각하는 사람들이 더욱 많았다. 5년 전에 비교해서 완화됐다고 생각하는 사람들은 14.8%, 비슷하다고 생각하는 사람들은 44.4%, 더욱 심각해졌다고 생각하는 사람들은 40.8%에 달했다.(〈그림 1-7〉 참조)

과거 5년 전과 현재 사회갈등의 수준의 차이에 대한 인식은 성별, 연령, 교육수준에 따라 유의미한 차이를 보이지 않았다. 하지만 소득수준과 이념성향은 사회갈등 수준의 인식 변화에 유의미한 영향을 미쳤다. 소득수준이 200만 원 미만인 저소득층과 중도성향을 가진 사람들이 그렇지 않은 사람들에 비해 5년 전보다 현재 사회갈등이 더욱 심각해진 것으로 인식했다.(〈표 1-6〉 참조)

2010년의 조사결과를 2007년의 것과 비교하면 사회갈등 수준이 더욱 심각해졌다고 인식하는 비율은 감소한 반면 비슷하다고 응답한 비율은 증가했다. 2007년에는 응답자들에게 과거 10년 전(1997년의 외환위기 이전)과 비교하도록 요구했는데, 더욱 심각해졌다는 비율이 55.7%(2010년의 40.8%), 비슷하다는 비율이 24.5%(2010년의 44.4%),

표 1-6. 인구통계학적, 사회경제적 특성에 따른 사회갈등 수준의 인식 변화, 2010년

구분		평균	F값	유의도
성별	남자	2.65	.40	.53
	여자	2.68		
연령	20대	2.71	1.35	.26
	30대	2.63		
	40대	2.72		
	50대	2.59		
교육수준	고졸 이하	2.66	.11	.90
	전문대(2년제)	2.7		
	대학교(4년제)	2.66		
소득수준	200만 원 미만	2.41	4.09	.01
	200~400만 원	2.70		
	400~600만 원	2.7		
	600만 원 이상	2.65		
이념성향	보수	2.66	3.77	.02
	중도	2.57		
	진보	2.74		

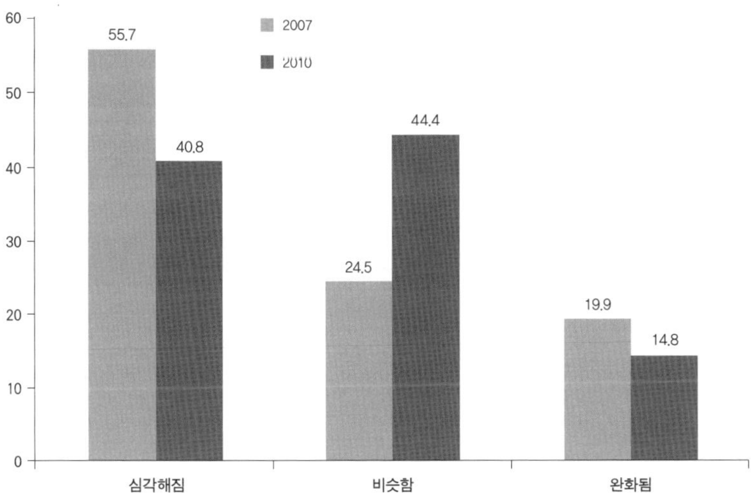

그림 1-8. 10년 전 또는 5년 전과 비교한 사회갈등 수준 인식 변화, 2007-2010년(단위: %)

완화됐다는 비율이 19.9%(2010년의 14.8%)였다.(〈그림 1-8〉 참조)

이런 결과를 2005년에 한국여성정책연구원이 시행한 '국민통합을

위한 사회갈등 해소방안 연구'에서 응답자의 68%가 과거 10년 전과 비교해서 사회갈등 수준이 더욱 심각해졌다는 응답결과와 연관 지어 생각하면, 1997년의 경제위기 이후 특히 탈권위주의를 표방했던 참여정부 시기에는 사회 다방면에서 다양한 요구가 분출되면서 한국사회는 분쟁과 갈등의 확산기를 맞이했다고 볼 수 있다. 하지만 앞서 공공분쟁의 추이에서 살펴보았듯이 2004년에 공공분쟁은 정점에 도달한 후 감소 추세에 있다. 이런 추이를 반영하듯 2010년에 한국인은 사회갈등의 수준이 여전히 심각하지만 2007년에 비해 덜 심각하다고 생각하였다. 이런 결과에 기초해서 한국사회의 갈등양상은 확산기에서 점감기로 진행되는 것은 아닌가 조심스럽게 진단해 본다.

2) 가장 심각한 사회갈등 종류에 대한 인식 변화

한국인이 생각하는 가장 심각한 사회갈등은 계층 간 갈등으로 나타났다. 응답자들에게 한국사회의 주요한 사회갈등을 두 가지 선택하라고 했을 때 계층갈등을 선택한 비율은 45.1%에 달했다. 그 다음으로 심각하게 인식하는 갈등은 노사갈등, 이념갈등, 지역갈등, 세대갈등, 정부(혹은 지자체)와 지역주민 간의 갈등이었다. 2007년 조사에서도 비슷한 결과가 나왔는데 계층갈등 〉 노사갈등 〉 지역갈등 〉 정부-주민갈등 〉 세대갈등 〉 이념갈등의 순으로 심각한 것으로 인식했다. 이런 결과는 2005년 '국민통합을 위한 사회갈등 해소방안 연구'에서 계층갈등 〉 지역갈등 〉 노사갈등 〉 세대갈등 〉 교육갈등 〉 이념갈등 〉 환경갈등 〉 남성과 여성 간 갈등의 순서로 사회갈등이 심각한 것으로 인식됐던 것과 일치한다.

2007년과 2010년 사이 갈등의식의 변화는, 계층갈등과 지역갈등이 가장 심각하다고 응답한 비율은 감소한 반면 이념갈등과 세대갈등이 가장 심각하다고 응답한 비율은 증가했다는 점이다. 2007년에 지역갈등은 계층갈등과 노사갈등에 이어 세 번째로 심각한 갈등으로 인식됐으나 2010년에는 이념갈등이 세 번째로 심각한 갈등으로 인식됐고 지역갈등은 세대갈등과 거의 비슷한 수준으로 떨어졌다. 이런 결과는 한국사회의 갈등 지형에 중요한 변화가 일어나고 있는 것은 아닌가 하는 예측을 낳게 한다. 즉 계층갈등과 노사갈등은 여전히 중요한 사회갈등의 축으로 남아 있지만 지역갈등은 그 중요성에서 밀려나고 그 자리를 이념갈등과 세대갈등이 대신하는 것이 아닌가 하는 예측을 할 수 있다.(〈그림 1-9〉 참조)

사회갈등을 보다 구체적으로 구분해서 각 종류별로 응답자들은 얼마나 심각하게 생각하는가를 조사한 결과, 여당과 야당 간의 갈등(평균 4.25점)이 가장 심각한 것으로 인식되었고, 그 다음으로 정규직 근로자와 비정규직 근로자 간의 갈등(4.08점), 경영자와 노동자 간의 갈등(3.91점), 가난한 사람과 부유한 사람 간의 갈등(3.8점) 순으로 나타났다. 상대적으로 갈등수준이 낮게 인식된 것은 도시 주민과 농어촌 주민 간의 갈등, 수도권 주민과 지방 주민 간의 갈등, 주택소유자와 무주택자

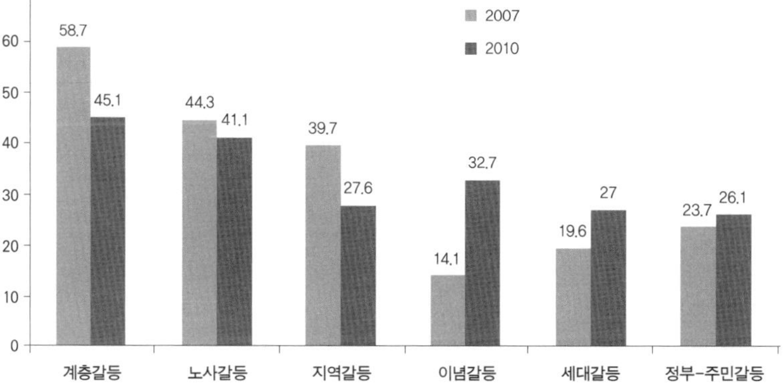

그림 1-9. 가장 심각하게 인식된 사회갈등, 2007-2010년(단위: %)

간의 갈등이었다.

2007년과 2010년의 조사결과를 비교하면 두 시점에서 여당과 야당 간의 갈등과 정규직 근로자와 비정규직 근로자 간의 갈등이 여전히 매우 심각한 것으로 인식되었다. 하지만 두 조사 간의 두드러진 차이는 2007년에 비교해서 2010년에 전반적으로 사회갈등의 심각성이 다소 완화되었다고 인식하는 사람들이 늘었다는 것이다. 단지 여당과 야당 간의 갈등, 대기업 근로자와 중소기업 근로자, 젊은 사람과 나이 든 사람 간의 갈등이 미미한 차이로 더욱 심각해진 것으로 인식하는 것을 제외하고 다른 모든 종류의 사회갈등은 덜 심각해진 것으로 인식되었다. 특히, 가난한 사람과 부유한 사람, 많이 배운 사람과 적게 배운 사람, 주택 소유자와 무주택자, 수도권 주민과 지방 주민, 도시 주민과 농어촌 주민, 영남지역 주민과 호남지역 주민, 강남 거주자와 강북 거주자 간의 갈등은 더욱 심각해졌다고 응답한 비율이 2007년과 2010년 사이에 크게 감소했다.(〈그림 1-10〉 참조)

2010년 조사에서 지난 5년 전과 비교해서 더욱 심각해진 갈등은 무

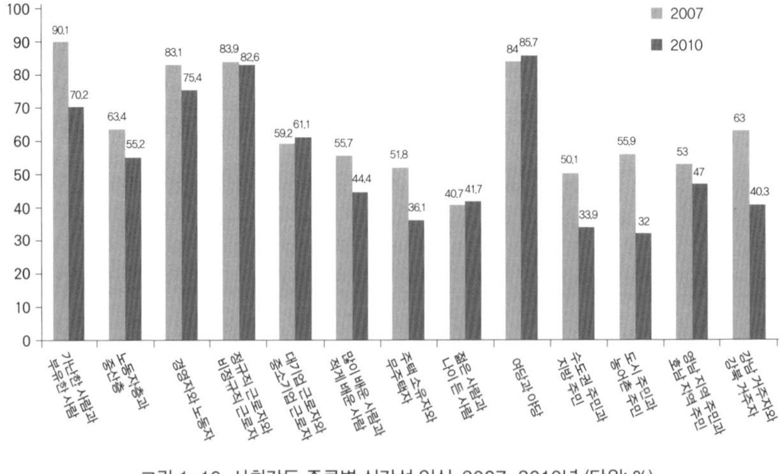

그림 1-10. 사회갈등 종류별 심각성 인식, 2007-2010년 (단위: %)

엇인가를 응답자들에게 질문한 결과, 여당과 야당 간의 갈등이 가장 심각해진 것으로, 그 다음으로 정규직 근로자와 비정규직 근로자, 가난한 사람과 부유한 사람, 진보주의자와 보수주의자, 젊은 사람과 나이 든 사람 간 갈등의 순서로 심각해진 것으로 조사되었다. 즉 앞서 가장 심각하다고 여겨졌던 갈등들이 지난 5년 전과 비교해 더욱 심각해진 것으로 인식되었던 것이다. 이런 결과를 놓고 볼 때 한국인은 여당과 야당 간의 정치갈등, 정규직과 비정규직 근로자와 가난한 사람과 부유한 사람 간의 경제갈등, 진보주의자와 보수주의자 간의 이념갈등을 사회갈등의 3대 축으로 인식하는 것으로 볼 수 있다.

2007년과 2010년의 조사결과를 비교하면 한국인은 전체적으로 사회갈등을 과거에 비해 덜 심각해진 것으로 인식한다는 것을 확인할 수 있다. 특히 가난한 사람과 부유한 사람 간의 갈등이 더욱 심각해졌다는 응답비율은 큰 폭으로 감소했다. 반면 두 시점 간에 여당과 야당, 진보주의자와 보수주의자, 친북세력과 반북세력, 젊은 사람과 나이 든 사람 간의 갈등은 과거와 비교해 더욱 심각해졌다고 응답한 비율이 증가했다. 이런 결과는 앞서 〈그림 1-9〉에서 이념갈등이 과거에 비해 더욱 심각해졌다고 응답한 결과와 일치한다. 이를 통해 2007년과 2010년, 정부 차원에서 비교하면 참여정부에서 이명박 정부로 넘어오면서 정치갈등과 이념갈등이 더욱 증폭된 것이 아닌가 하는 진단을 조심스럽게 해본다.(〈그림 1-11〉 참조)

2010년 조사에서는 과거 5년 전과 비교해서 완화된 갈등은 무엇인가를 응답자들에게 질문했는데 조사결과, 영호남 간의 갈등이 가장 크게 완화된 것으로 조사되었다. 그 다음으로는 여성의 권리를 보호하려는 사람과 가부장적 전통을 강조하는 사람, 도시와 농어촌, 수도권과 지방, 많이 배운 사람과 적게 배운 사람 간의 갈등이 과거에 비해 완화된 것으

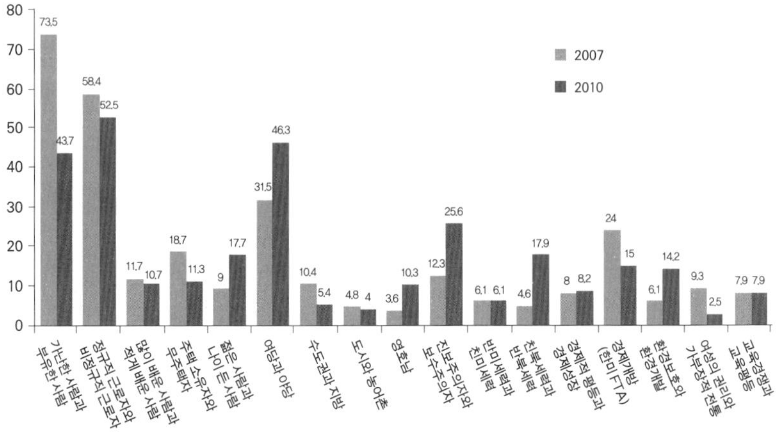

그림 1-11. 10년 전 또는 5년 전과 비교해서 더 심각해진 사회갈등, 2007-2010년 (단위: %)

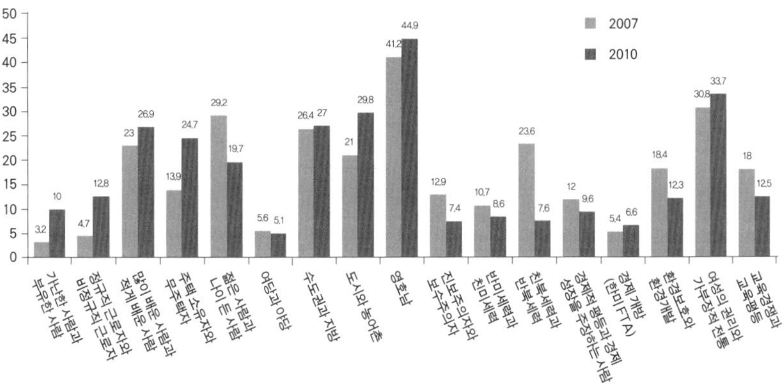

그림 1-12. 10년 전 또는 5년 전과 비교해서 완화된 사회갈등, 2007-2010년(단위: %)

로 인식되었다. 반면 여당과 야당, 진보주의자와 보수주의자, 반미세력과 친미세력, 친북세력과 반북세력, 경제개방(한미 FTA)을 둘러싼 갈등은 별로 완화된 것으로 인식되지 않았다.

위의 결과들을 종합적으로 판단하면, 한국인은 2007년과 2010년 기간에 경제와 지역과 같이 물질적 이해관계에 기초한 이해갈등은 과거에 비해 완화되었다고 생각하는 반면 세대, 미국, 북한, 환경, 교육에 대한 상이한 가치관과 이념에 기초한 가치갈등은 완화되지 않고 오히려 심각해졌다고 생각하고 있다. 이런 결과는 이명박 정부에서 정치와 이념을 둘러싼 갈등이 중요한 사회갈등으로 부상한 것에 기인하지 않나 생각해 본다.(〈그림 1-12〉 참조)

3) 이념갈등의 인식 변화

앞서 살펴본 바와 같이 이념갈등은 한국사회 균열의 중요한 축을 담당하고 있고, 북한 및 통일문제, 양극화, 고교평준화, 부동산 정책, FTA협상, 호주제 등에서 보수-진보 대립이 첨예하게 나타나고 있다. 물질적인 이해관계와 관련한 갈등은 협상으로 해결이 가능하지만 가치와 이념의 차이에 의한 갈등은 타협으로 해결하기 어렵고 고질적인 것이기 때문에 사회갈등 중 특별한 관심과 해결 노력이 필요하다.

한준 · 설동훈(2006)의 '한국의 이념갈등 현황 및 해소방안' 연구에 따르면 총 응답자 1,200명 중 20.3%가 한국사회의 이념갈등이 '매우 크다', 34.9%는 '대체로 크다', 36.4%는 '보통', 7.1%는 '대체로 작다', 1.3%는 '매우 작다'고 보고하였다. 즉 응답자의 55%가 이념갈등이 크다고 인식하고 있다. 이 글에서 경제, 환경, 미국, 여성, 교육 등을 둘러싼 이념 간의 갈등을 조사한 결과, 한준 · 설동훈(2006)의 연구결과와 마찬가지로 모든 분야에서 이념갈등이 심각한 것으로 인식되었다. 특히 경제개방(한미 FTA 등)에 대해 찬성하는 사람과 반대하는 사람 간의 갈등이 가장 심각한 것으로 인식되었고(응답자의 64%가 심각하다고 인식), 그 다음으로 진보주의와 보수주의자, 환경보호자와 환경개발자, 반미주의자와 친미주의자, 친북세력과 반북세력 간의 갈등이 심각한 것으로 인식되었다.

2007년과 2010년을 비교하면 두 조사 시점에서 공히 경제개방, 진보

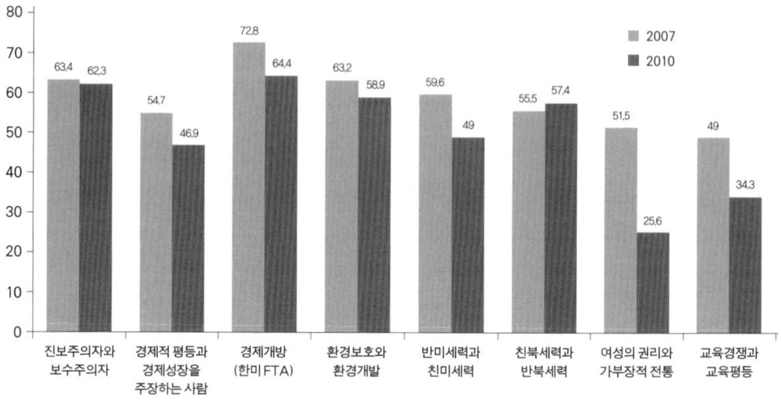

그림 1-13. 이념갈등의 심각성 인식 변화, 2007-2010년(단위: %)

와 보수, 환경, 미국, 북한에 대한 상이한 이념으로 인한 갈등이 심각한 것으로 인식되었다. 그런데 두 조사에서 두드러지게 나타난 현상은 거의 모든 종류의 이념갈등에서 심각하다고 응답한 비율이 2007년에서 2010년 기간에 감소했다는 것이다. 특히 여성의 권리와 가부장적 전통, 교육경쟁과 교육평등의 문제를 놓고 다투는 이념갈등은 큰 폭으로 완화됐다. 한 가지 예외는 친북세력과 반북세력 간의 갈등은 오히려 더욱 심각해진 것으로 인식되었다.(〈그림 1-13〉 참조)

4) 사회갈등의 책임소재에 대한 인식 변화

사회갈등은 반드시 상충되는 이해관계와 가치를 갖는 집단들이 존재하기 때문에 사회갈등의 주된 책임이 누구에게 있고 그리고 누가 해결을 위한 노력을 해야 하는가도 갈등의식의 중요한 부분이다. 응답자들에게 한국사회에서 발생하는 사회갈등에 어느 조직 또는 집단이 책임이 있는가를 질문한 결과, 2010년 조사에서는 중앙정부가 가장 책임이 큰 것으로 조사되었다. 응답자의 87.2%가 중앙정부가 사회갈등에 대해 책임이 크다고 응답했다. 그 다음으로는 여당(86.6%), 야당(83.7%), 대통령(79.3%), 언론(78.5%), 지방정부(자치단체)(77.8%), 재계(68.4%), 노동계(58.7%), 보수단체와 진보단체(56.9%), 법조계(49.1%), 시민단체(44.3%), 종교계(33.5%), 학계(29.6%)의 순으로 책임이 크다고 응답했다. 이명박 정부에 들어서 시민단체와 종교계의 반대에도 불구하고 강력하게 추진하는 4대강사업 등으로 발생한 사회갈등에 중앙정부와 대통령이 책임이 크다고 생각하는 것으로 해석할 수 있다. 행정부와 정치권 다음으로 사회갈등에 책임이 크다고 인식되는 집단은 언론이다. 응답자의 3/4 이상이 언론이 실제와는 달리 과장되거나 왜곡된 보도로 사회집단 간의 갈등을 조장한다고 인식했다. 보수단체와 진보단체도 사회갈등 발생에 책임이 있다고 생각하는 비율이 응답자의 반을 넘었다. 흥미롭게도 보수단체와 진보단체의 책임수준에 대해서는 동일하다고 응답했다. 시민단체에 대해서는 정치권, 언론계, 재계와 비교해서는 책임이 작지만 여전히 응답자의 44%가 시민단체도 책임이 크다고 인식했다. 여러 집단 중 사회갈등에 대한 책임이 가장 작다고 인식되는 것이 종교계와 학계였다.(〈표 1-7〉 참조)

2007년과 2010년을 비교하면 2010년에 들어서 중앙정부, 지방정부, 대통령, 여당, 야당에게 사회갈등 발생의 책임을 더욱 부가하는 반면 언론, 재계, 노동계, 법조계, 종교계, 학계, 시민단체에게는 책임을 덜 부가하는 방향으로 변했다. 따라서 2007년과 비교해 2010년에는 사회갈등에 대한 정치권이 책임이 더욱 큰 것으로 인식됐다.(〈그림 1-14〉 참조)

이 글에서는 사회갈등을 유발하는 집단뿐만 아니라 발생한 사회갈등을 해결하기 위해 얼마나 노력하는가도 살펴보았다. 그 결과, 응답자들은 사회갈등을 유발한 집단과 사회갈등을 해결하기 위해 노력하는 집단은 서로 다른 것으로 인식했다. 사회갈등이 발생하는 데 책임이 큰 것으로 지적된 여당과 야당은 갈등해소 노력을 가장 하지 않는 집단으로

표 1-7. 사회갈등의 책임소재에 대한 인식 변화

	책임 크다(%)		평균	
	2007	2010	2007	2010
중앙정부	83.3	87.2	4.15	4.12
지방정부(자치단체)	75.3	77.8	3.91	3.94
대통령	72	79.3	4.03	4.11
언론	89.4	78.5	4.36	4.04
재계	73.2	68.4	3.95	3.8
노동계	60.6	58.7	3.72	3.61
법조계	62.9	49.1	3.8	3.49
여당	78.9	86.6	4.09	4.21
야당	78.3	83.7	4.07	4.15
종교계	40.9	33.5	3.38	3.21
학계	50.1	29.6	3.56	3.15
시민단체	53.2	44.3	3.59	3.36
보수단체	-	56.9	-	3.64
진보단체	-	56.9	-	3.64

* 주 1: "귀하께서는 아래와 같은 제도나 집단이 현재 우리 사회에서 발생하고 있는 여러 사회적 갈등에 어느 정도 책임이 있다고 보십니까?"라는 질문에 대해 '책임이 거의 없다' 1점, '책임이 없는 편이다' 2점, '뭐라고 말하기 어렵다'(3점), '책임이 큰 편이다'(4점), '책임이 매우 크다'(5점)의 5단계로 측정했다. 표에서는 '책임이 큰 편이다'와 '책임이 매우 크다'를 '책임이 크다'로 묶었다.

주 2: 보수단체와 진보단체의 책임에 대해서는 2010년 조사에서만 질문했다.

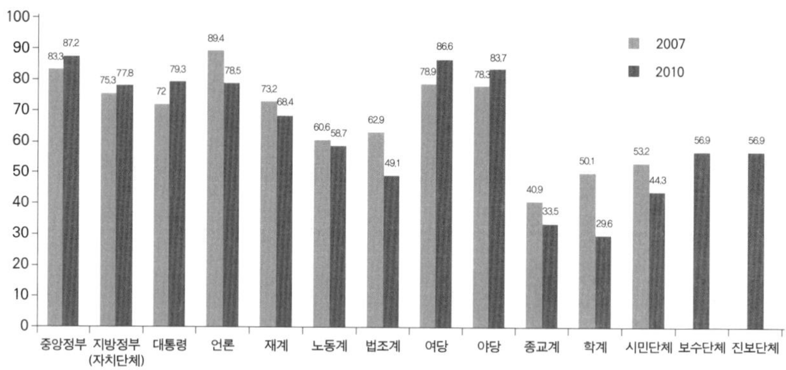

그림 1-14. 사회갈등의 책임소재에 대한 인식 변화, 2007-2010년(단위: %)

인식되었다. 여당 또는 야당이 갈등을 해소하기 위해 대체로 노력하거나 많은 노력을 하고 있다고 응답한 비율은 각각 44.6%와 47%였다. 반면 시민단체, 학계, 종교계는 사회갈등 발생의 책임이 가장 작으면서도

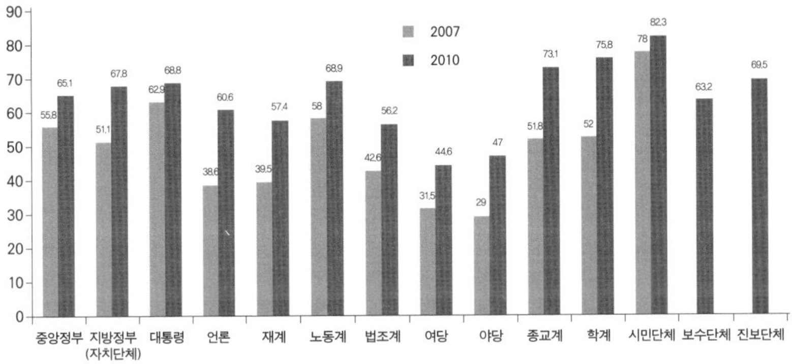

그림 1-15. 사회갈등 해소 노력에 대한 인식 변화, 2007-2010년(단위: %)

갈등해소를 위해 가장 크게 노력하는 집단으로, 그리고 대통령, 중앙정부와 지방정부는 정치권에 비해 갈등해소를 위해 더 크게 노력하는 것으로 인식되었다. 보수단체와 진보단체는 갈등발생의 책임수준에서는 동일하게 인식되었지만 갈등해소 노력은 진보단체가 보수단체보다 약간 더 노력하는 것으로 인식되었다.

2007년과 2010년을 비교하면 2007년에는 언론이 사회갈등 발생의 책임이 가장 크면서도 갈등해소 노력은 매우 적게 하는 것으로 인식됐으나 2010년에는 정치권보다 갈등발생의 책임이 작으면서 갈등해소를 위해 더 열심히 노력하는 것으로 인식되었다.

앞의 결과들을 종합적으로 정리하면 한국인은 2010년에 사회갈등은 정치권에 의해 주로 발생하지만 정작 정치가들은 갈등해소를 위해 책임 있는 노력을 하지 않는 것으로 인식하고 있다.(〈그림 1-15〉 참조)

5. 맺음말

이 글에서는 한국에서의 사회갈등이 여전히 확산기에 있는지 아니면 점감기에 접어들었는지를 확인하고자 했다. 이를 위해 공공분쟁과 집회 및 시위 통계와 같은 객관적인 자료와 한국인의 갈등의식조사와 같은 주관적인 자료를 사용했다. 공공분쟁과 집회 및 시위자료를 분석한 결과 분쟁과 집회·시위가 2004년과 2008년에 가장 빈번하게 발생했고 그 이후로는 감소 추세에 있다는 것을 확인했다. 한국인의 갈등의식을 조사한 결과 한국인은 현재 한국사회의 사회갈등을 여전히 심각한 수준으로 인식하고 있지만 과거에 비해 더 이상 악화되는 것으로는 인식하지 않는다. 특히 계층갈등, 노사갈등, 지역갈등과 같은 이해갈등은 2007년에 비교해서 2010년에 그 심각성이 완화된 것으로 인식하였다.

이러한 연구결과에 기초해서 필자는 한국에서의 사회갈등이 최근 10년 동안 확산기에서 점차 점감기로 접어드는 것은 아닌가 조심스럽게 진단해 본다. 특히 공공분쟁의 경우에는 전체적으로 그 빈도가 줄어드는 단계가 아닌가 예측해 본다. 물론 이런 진단과 예측은 아직 예비적이어서 보다 장기적인 관찰과 다양한 자료를 사용한 후속 연구에 의해서 검증되어야 한다. 그럼에도 불구하고 필자는 1980년대 말 민주화 이후 지금까지 이십여 년의 기간에 한국사회의 다양한 주체들(중앙정부와 지방정부, 공공기관과 민간회사, 노동자와 경영자, 그리고 지역주민)이 잦은 시행착오를 거쳐 집단적으로 학습한 갈등예방과 해결 능력이 사회갈등을 완화하는 데 기여했다고 생각한다. 일례로 정부가 환경갈등에 대처하는 방식을 시기별로 검토해 보면 과거 권위주의 시기와 비교해 현재 민주주의 시기에는 정부가 절차적 합리성, 이해당사자의 참여, 개발에 따른 수익과 비용의 공정한 배분과 같은 개념들의 중요성을 인식하는 정도가 높아졌다. 구체적인 사례로 1978년에 온산공단에서 발생한 환경오염에 대처했던 정부의 방식은 전형적인 밀실행정이었다. 정부는 환경오염과 공해병 간의 연관성을 부인하다가 1987년과 1991년 기간에 주민들을 이주케 하는 방식으로 문제를 해결하였다. 온산공단의 정책 실패와는 달리 시화호 개발을 둘러싼 환경갈등은 정부, 지역주민, 시민단체들이 협의체를 구성해서 투명하고 민주적인 절차를 거쳐 갈등을 해결한 모범사례로 꼽히고 있다. 이해당사자들은 '시화지구지속가능발전협의회'를 구성해서 의사창구를 단일화했고, 공개적인 참여와 협의를 거쳐 신뢰를 구축한 것이 실질적인 문제해결의 방안을 도출하는 데 크게 기여했다. 시화호 사례에서 얻을 수 있는 교훈은 절차적 합리성, 참여적 거버넌스, 공정한 수익과 비용 배분의 원리를 구체적인 갈등사례에 적용한다면 보다 합리적이고 민주적으로 사회갈등을 예방하고 해결할 수 있다는 것이다. 이런 점에서 현재 논의 중인 공공갈등의 예방과 해결에 관한 법률의 제정은 선진화된 갈등예방과 해결 시스템의 구축을 위해 필수적인 과제이다. 물론 법률을 제정했다고 모든 문제가 해결되는 것은 아닐 것이다. 갈등을 합리적이고 민주적으로 해결하고 조정하려는 선진적인 국민의식이 뒷받침되어야 법과 제도가 원래 목적대로 운용될 것이다. 이런 차원에서 일반인과 공무원을 대상으로 갈등예방과 해결을 위한 갈등교육을 확대하는 노력이 병행되어야 할 것이다.

참고문헌

가상준·안순철·임재형·김학린. 2009. 〈한국 공공분쟁의 현황 및 특징: 1990-2007〉. 《한국정치학회보》 43(1): 51-87.

박기덕. 2006. 〈한국정치의 갈등 분석과 해소방안의 모색〉. 《민주주의와 인권》 6-1: 237-267.

박길성. 2009. 〈한국사회의 갈등 지형과 경향〉. 윤인진 외 공저. 《한국인의 갈등의식—2007년 한국인의 갈등의식조사 결과분석》(제1장). 고려대학교출판부.

사회통합위원회. 2010. 《실효성 있는 갈등 관리·해결 절차의 제도화 연구》.

삼성경제연구소. 2009. 〈한국의 사회갈등과 경제적 비용〉. CEO Information 710호.

서문기 외. 2001. 《한국사회의 갈등구조에 대한 이해》. 삼성경제연구소.

서문기. 2004. 〈한국의 사회갈등 구조 연구〉. 《한국사회학》 38(6): 195–218.

손호철. 2004. 〈남남갈등의 기원과 전개과정〉. 《남남갈등진단 및 해소방안》. 경남대학교 통일관 개관기념학술회의 자료집.

윤인진 외. 2009. 《한국인의 갈등의식—2007년 한국인의 갈등의식조사 결과분석》. 고려대학교출판부.

윤인진. 2009. 〈공익의식과 사회갈등〉. 윤인진 외 공저. 《한국인의 갈등의식—2007년 한국인의 갈등의식조사 결과분석》(제6장). 고려대학교출판부.

장상환. 2007. 〈한국자본주의의 위기와 사회갈등의 본질〉. 《당대비평》 1: 202–225.

조한범. 2005. 《남남갈등 해소방안 연구》. 통일연구원.

한국여성개발원. 2005. 《국민통합을 위한 사회갈등 해소방안 연구》.

한준·설동훈. 2006. 《한국의 이념갈등 현황 및 해소방안》. 한국여성개발원·한국사회학회.

Jeong, Ho-Won. 2008. *Understanding Conflict and Conflict Analysis*. Sage Publications.

Rodrik, Dani. 1998. "Globalisation, Social Conflict and Economic Growth." *World Economy* 21(2): 143–158.

제2장

한국의 경제갈등 –계층갈등과 노사갈등을 중심으로*

윤상우

1. 머리말

최근 한국사회에서 가장 심각한 사회갈등은 계층갈등과 노사갈등으로 인식된다. 이는 국민들의 갈등의식을 조사한 여러 경험적 연구들에서도 분명하게 확인된다. 2005년 한국여성개발원 조사에서 응답자들은 가장 심각한 사회갈등으로 계층갈등(32.5%)–지역갈등(21.4%)–노사갈등(12.7%)을 꼽았고, 2006년 대한상공회의소 조사에서도 계층갈등(48.5%)과 노사갈등(20.2%)이 각각 심각한 사회갈등 1, 2위로 꼽힌 바 있다(김태홍 외, 2005: 21; 김윤태, 2007: 363). 그리고 2007년 고려대 한국사회연구소의 갈등의식조사에서도 가장 심각한 사회갈등으로 계층갈등(33.8%)이 1순위, 노사갈등(20.1%)이 지역갈등(23.5%)에 이어 3순위로 꼽힌 바 있다(김선업·윤인진, 2009: 49).

---

* 이 글은 《한국사회》 제12집 2호에 게재된 논문을 수정·보완한 것이다.

기존 연구들은 한국의 사회갈등이 압축적 발전과 복합형 갈등의 특성을 보인다는 점을 이미 지적해 왔다(서문기, 2004; 김호기, 2007; 정건화, 2007; 박길성, 2009). 즉 산업화, 민주화, 세계화, 정보화, 탈근대성의 과제들이 동시대의 공간 위에 매우 복잡하게 얽혀 있는 '비동시성의 동시성' 상황하에서 한국사회의 갈등지형은 계급·계층, 노동에만 국한되지 않고, 지역, 젠더, 세대, 교육, 소수자, 이념 등 사실상 사회 전방위에 걸쳐 복잡하게 배열되어 있다는 것이다. 또한, 서구의 경우 경제적 이해를 둘러싼 이익갈등에서 서로 다른 사고 및 생활양식이 충돌하는 가치관 갈등으로 그 중심이 변화되어 온 반면, 한국사회는 이익갈등과 가치관 갈등이 거의 동시적으로 분출되는 압축갈등의 양상이 나타난다고 평가되기도 한다(박길성, 2009: 17-18). 그런데 한국사회에서는 여러 복합적 갈등지형에도 불구하고 왜 계층갈등 및 노사갈등으로 대표되는 경제적 이익갈등이 가장 심각한 사회갈등으로 지속되고 있는가?

자본주의 사회에서 계급갈등은 궁극적으로 해소가 불가능하다는 마르크스(Karl Marx)의 고전적 갈등이론을 굳이 언급하지 않더라도, 한국사회의 역사적 발전과정과 사회변동을 몸으로 체험해 온 한국인이라면 누구든 그 원인이 무엇인지 잘 알고 있을 것이다. 가장 유력한 설명은 1997년 외환위기와 IMF체제, 신자유주의적 구조조정 이후 경제적 불평등과 양극화가 심화되면서 계층 및 노사관계 영역에서의 경제갈등이 증폭되고 있다는 것이다(대통령자문지속가능발전위원회, 2004). 이것은 분명 부인할 수 없는 사실이기는 하지만, 다음의 두 가지 측면에서 지극히 단선적인 설명이라는 비판을 면하기 어렵다.

첫째, 지니계수나 소득5분위배율이 상승하고 빈곤율이 증대하는 객관적·구조적인 상황 자체가 자동적으로 갈등의식의 상승과 집단 간 갈등의 심화를 가져오는 것은 아닐 것이다. 다렌도르프의 표현을 빌린다면, 잠재적(latent) 이해관계를 현재적(manifest) 이해관계로 전환시키고 계급을 유사집단(quasi group)에서 이익집단(interest group)으로 전환시키는 매개조건들이 필요한 것이다(Dahrendorf, 1989: 278-279). 둘째, 세계화와 신자유주의 경향성이 심화되면서 전 세계적으로 경제적 불평등이 증대하고는 있지만(Cornia, 2004; OECD, 2009), 불평등의 결과와 경제갈등의 심각성이 모든 국가에서 동일하게 나타나는 것은 아니다(Mann and Riely, 2007; 이성균·신광영·조돈문, 2007). 즉 개방과 탈규제, 시장경쟁을 강화하는 세계화와 신자유주의의 효과는 개별 사회의 제도적 편제와 사회문화적 요인을 매개로 차별적으로 나타나기 때문에, 어떤 국가들에서는 불평등과 경제갈등의 정도가 심각한 반면 그렇지 않은 국가들도 존재한다.

결국 이러한 지적은 불평등·빈곤의 심화라는 구조적 요인과 행위자·사회집단을 포함하는 동태적인 사회갈등을 매개하고, 유독 한국에서 계층·노사갈등을 가장 심각한 사회갈등으로 부각시키는 제도적 맥락에 주목할 필요가 있음을 의미한다. 이 글에서 주목하는 경제갈등의 제도적 맥락은 그동안 한국의 산업화와 경제성장을 이끌어 온 발전국가(developmental state)의 제도적·사회적 유산이다.

주지하듯이, 1960년대 이후 한국의 경제성장과정은 발전국가 주도하의 압축적 산업화의 과정이면서 동시에 제한된 경제자원을 '선택과 집중'으로 특정 부문에 몰아주는 불균등 발전의 과정이었다(윤상우, 2005). 이 과정에서 발전국가는 다른 국가목표를 희생하는 한이 있더라도 경제성장에 정책의 최우선권을 부여했으며 여기서의 정책목표는 '성장, 수출, 경쟁력'으로 집약되는 양적 성장이었다(Önis, 1991: 111). 그리고 제한된 자원으로 양적 성장목표를 극대화하기 위해 특정 산업(예컨대 1970년대의 중화학공업화), 특정 기업부문(재벌), 특정 지역(영남권)에 자원을 집중적으로 투여하는 불균등 발전을 성장전략으로 채택했다. 이러한 국가 주도적 성장방식은 다음과 같은 이유에서 이후의 한국사회에서 경제갈등이 심화될 수밖에 없는 구조적 조건을 창출하게 된다.

첫째, 분배·복지보다는 성장을 우선시해 온 발전국가의 '성장우선주의'는 경제적 이익을 배분하고 이익갈등을 조정·중재할 수 있는 제도적 장치의 부재를 가져왔다. 따라서 서구의 코포라티즘(corporatism), 계급타협, 복지국가와 같이 계층갈등 및 노사갈등을 체제 내로 흡수할 수 있는 '갈등의 제도화' 기제는 한국사회에서 지연될 수밖에 없었다. 둘째, 불균등 성장전략은 경제성장과정에서 경쟁의 공정성과 형평성이 부재하다는 인식을 널리 만연시키게 된다. 단적인 예로 재벌의 자본 축적이 스스로의 노력이 아닌 정경유착과 국가의 일방적 지원에 의한 것이라는 부정적 인식, 또는 한국 부유층의 상당수가 부동산투기, 탈세, 부정부패 등 음성적인 재산증식을 해 왔다는 국민일반의 인식은 이를 반영한다.

따라서 현 시기 한국에서 경제갈등이 심화되고 해소되지 못하는 원인에 대한 분석은 한국 발전모델의 역사적 전개 과정과 특성, 그리고 여기에서 파생되는 제도적 요인들을 중심으로 이루어져야 할 것이다. 이 글은 이러한 문제의식에 기반하여 최근 한국사회에서 경제갈등이 부상하는 역사적·사회변동적 맥락을 검토하고, 경제갈등의 실태와 특징을 공공분쟁 발생 추이에 대한 자료와 2010년 수행된 제2차 '한국인의 갈등의식' 조사자료를 토대로 분석하고자 한다. 전자가 전체 공공분쟁에서 경제갈등이 차지하는 실제 비중과 시기별 추이를 보여 준다면, 후자는 현 시기 경제갈등의 실태 및 심각성, 원인 및 향후 전망에 대한 국민의 주관적 평가를 반영한다고 할 수 있다. 이를 통해 경제갈등의 객관적 실태와 주관적 인식을 포괄하는 입체적 분석을 제시할 수 있을 것으로 생각된다.

이 글의 구성은 다음과 같다. 먼저, 2절에서는 1960년대 이후 압축적 산업화, 민주화, 세계화의 사회변동을 거치는 과정에서 사회갈등 지형이 어떻게 변화해 왔는지, 그리고 왜 경제갈등이 첨예화되어 왔는지를 살펴본다. 3절에서는 계층갈등 및 노사갈등으로 대표되는 경제갈등이 최근 어떠한 방식으로 등장하고 있고 그 전반적인 실태는 어떠한지를 검토한다. 4절에서는 고려대 한국사회연구소의 2010년 갈등의식조사 결과를 토대로 경제갈등의 실태, 갈등당사자, 경제갈등과 관련된 정부정책에 대한 국민의식을 살펴보고 주요 특징과 시사점을 도출하고자 한다.

2. 한국의 사회변동과 갈등지형의 변화— 산업화-민주화-세계화의 국면들

이미 해방 직후에 탈식민화, 분단, 전쟁이라는 엄청난 정치적 격변을 경험한 한국사회는 1960년대부터 본격적인 근대화의 길로 접어들게 된다. 이후의 사회변동은 '압축적 산업화(1961~1987)', '민주화 이행(1987~1997)', '세계화와 신자유주의(1997~현재)'를 키워드로 하는 하위단계를 순차적으로 거쳐 가게 되는데,[1] 각각의 사회변동 시기별로 사

1) 최근에는 '체제'(regime) 개념을 사용하여 한국사회변동의 시기 구분과 성격을 특정화하기도 한다. 대표적인 것이 '87년 체제론'인데(김종엽 편, 2009), 조희연은 여기서 더 나아가 61년 체제, 87년 체제, 97년 체제, 08년 체제의 시기 구분을 제안하기도 한다(조희연, 2009).

회갈등의 지형과 성격도 지속적으로 변화해 왔다.

먼저, 압축적 산업화의 시기는 경제적으로 발전국가 주도하에 고도 경제성장이 진행되면서 정치적으로는 군부 권위주의 정권의 독재, 즉 정치적 억압과 사회적 배제·탈동원화가 이어지던 시기이다. 이 시기의 주요한 사회갈등은 반공이데올로기를 통한 정치탄압과 이에 대한 저항, 반독재 민주화투쟁을 주된 내용으로 하는 정치갈등과 이념갈등이 주류를 이룬다(정건화, 2007: 30; 김윤태, 2007: 360). 물론 경제성장과정에서 노동문제(저임금-장시간 노동), 농촌문제(저곡가정책 및 이농), 도시문제(도시빈민, 철거 및 재개발 등) 등 경제갈등의 요인들이 점차 배태되고 있었지만 단발적인 사건이나 불만으로 표출될 뿐, 지속성을 띠는 사회갈등으로 부상하지는 못했다.

압축적 산업화 시기, 권위주의적 발전국가하에서 경제갈등이 상대적으로 미약했던 것은 다음의 두 가지 요인으로 설명할 수 있다. 첫째, 권위주의 체제의 억압으로 경제갈등이 잠복·억제된 점이다(서문기, 2004). 정통성이 취약한 권위주의적 발전국가에서 경제성장 실적은 정권의 실적정당성과 직결되는 문제였기 때문에 수출경쟁력과 성장률을 저해할 수 있는 임금인상, 분배 요구는 철저하게 억압되었고 배제되었다. 둘째, 그럼에도 고도성장으로 인해 절대빈곤의 감소와 실질소득의 점진적인 증대가 이루어지면서 개발독재에 대한 일종의 '동의창출' 효과가 나타난 점이다. 권위주의 체제하에서는 분배·복지에 대한 정책적 고려가 사실상 부재했지만 고도성장과 고용증대만으로도 빈곤율은 지속적으로 감소했고 비교적 평등한 소득분배를 유지할 수 있었다(김순영, 2005: 255-256; 윤상우, 2008: 348). 따라서 이런 조건하에서는 계층·노동부문 전체를 망라하는 경제갈등의 가능성은 낮았다고 판단된다.

특히, 발전국가 시기에 고도성장과 더불어 빈곤·불평등이 감소하는

‘공유된 성장’(shared growth)의 경험은 이후 발전국가의 이데올로기적 유산으로서 ‘성장우선주의’를 한국사회 전반에 강고하게 뿌리내리는 계기가 된다. 즉 별도의 재분배정책이나 복지정책, 빈곤대책이 없더라도 경제성장만 된다면 빈곤·불평등이 자연스럽게 해결될 것이라는 인식, 일종의 ‘적하효과’(trickling-down effect)에 대한 신봉을 국가엘리트는 물론, 기업엘리트, 언론, 일반대중들에게 깊게 각인시킨 것이다(윤상우, 2008: 373).[2] 또한 이러한 인식은 민주화 이행 이후의 민주정부들(특히 김대중, 노무현 정부)에서도 정책철학이나 실제 경제정책에 거의 그대로 투영되어 나타난 바 있다. 따라서 ‘성장우선주의’의 유산은 경제갈등을 완화·조정할 수 있는 제도적 기제의 수립을 지연시키는 원인으로 작용하게 된다.

다음으로, 1987년 민주화 이행으로 권위주의 체제가 후퇴하면서 한국의 사회갈등 지형에도 큰 변화가 나타나게 된다. 타협에 의한 민주화라는 한계를 지니지만, 형식적 민주화의 달성은 이제껏 권위주의 체제에 억눌려 왔던 사회 각 부문에서 자신의 목소리와 요구를 분출할 수 있는 계기가 되었고, 이에 따라 사회갈등의 지형은 양적, 질적으로 크게 팽창·확산되게 된다. 사회갈등의 내용적인 측면에서 민주화 시기(1987~1997)의 가장 주목할 만한 변화로는 초기에 경제갈등이 폭발적으로 증대했다는 점과 1990년대 중반부터는 환경갈등, 지역갈등과 같은 새로운 갈등 영역들이 점차 등장하기 시작했다는 점이다. 이 시기 경

---

2) 한 예로, 2005년 ‘문화일보’의 여론조사에 의하면 현재의 가장 심각한 경제문제로 ‘양극화’를 꼽은 응답이 전체의 62.2%로 ‘저성장’이라는 응답(31.4%)보다 두 배 가까이 많았다. 그럼에도 국민들은 향후의 정부정책이 ‘분배중심’(40.9%)보다는 ‘성장중심’(57.5%)으로 가야 한다는 상반된 대안을 옹호하고 있다(고세훈, 2007: 44). 이러한 경향성은 본 연구의 분석 자료인 ‘제2차 갈등의식조사’에서도 유사하게 나타난다(4절 참조).

제갈등의 주요 지형을 정리하면 다음과 같다.

첫째, 민주화 직후 경제갈등의 대부분은 1987년 노동자대투쟁과 민주노조운동으로 상징되는 노동운동의 활성화와 그에 따른 임금인상, 노동자 처우의 개선과 같은 노사갈등으로 표출되었다. 이는 권위주의 체제하에서 지연되어 온 재분배 요구의 실현을 목표로 노동계급이 유력한 사회운동 및 사회갈등의 담지자로 부상했다는 점에서 전형적인 계급갈등 또는 계급정치의 성격을 지니는 것이다(구해근, 2002; 대통령자문지속가능발전위원회, 2004: 9).[3] 그리고 이 시기의 또 다른 경제갈등은 경제민주화와 관련된다. 경제민주화 요구는 노태우 정부에서 쟁점이 되었던 재벌개혁, 금융실명제, 토지공개념 등으로 표출되었는데, 이는 과거 권위주의적 발전국가에서 일방적인 지원과 특혜를 받았던 재벌 및 음성적인 재산증식·불로소득을 규제하고 경제의 투명성과 형평성을 요구하는 움직임으로 볼 수 있다.

둘째, 노사갈등이 지속적으로 증대하고 고질적인 경제갈등으로 자리잡아 감에 따라 '파업=경제위기', 생산손실과 같은 부정적 담론이 국가와 재계, 언론에 의해 유포되었으나, 노사갈등의 긍정적인 순기능도 존재했다. 그것은 노동운동의 성장에 따라 임금 및 소득 불평등이 1997년 IMF위기 직전까지 꾸준하게 감소한 것이다. 이는 임금이 가장 낮았던 제조업 부문에서 노동운동이 가장 활발하게 전개되었고 그로 인한 제조업부문의 임금상승이 다른 산업들과의 임금격차 축소를 가져온 데서 기인한다(신광영, 2008b: 103-105). 단적으로 1988년 지니계수는 0.336이

3) 그런데 구해근(2002)은 1987년 이후 노동계급의 '계급형성'이 단순히 임금인상과 같은 경제적 이익을 극대화하기 위한 것만은 아님을 지적한 바 있다. 그는 1990년대 내내 지속되어 온 한국 노동운동의 전투성이 과거 권위주의 체제에서 '공돌이, 공순이'로 표현되는 멸시와 천대에 대한 도덕적 분노에서 연유하는 것으로 분석한 바 있다.

었으나 1996년 0.295로 대폭 하락하였고, 전체국민소득에서 피고용자 임금비율과 노동소득분배율은 1996년 역대 최고치를 기록한 바 있다.

셋째, 그럼에도 노사갈등은 기업별 노조체제로 인하여 임금인상과 단체협상 등 개별사업장의 이익분쟁으로 방치되었고 중앙 또는 전국단위에서 노사 간의 경제갈등을 협상 · 중재 · 조율할 수 있는 이익대표체계의 수립과 계급타협의 제도적 기제는 정착되지 않음으로써 이후 소모적인 노사갈등이 끊임없이 반복될 수밖에 없는 상황을 초래했다(박동, 2000). 또한 계층갈등과 관련해서도 불평등을 억제할 수 있는 재분배정책이나 복지정책은 민주화 이행 이후에도 여전히 부재했으며, 복지의 책임은 기본적으로 국가나 사회가 아닌 개인과 가족의 책임으로 간주되었다(송호근 · 홍경준, 2007). 이 역시 이후의 경제위기 시기에 계층갈등이 증폭될 수밖에 없는 조건으로 이어지게 된다.

1997년의 외환위기와 IMF체제는 민주화 이후의 한국사회를 완전히 새로운 방향으로 변화시키는 거대한 사회변동의 힘이었다. 경제위기가 세계화에 대한 한국 발전모델의 취약성에서 연유하고 위기 이후 세계화와 글로벌 스탠더드에 부합되는 신자유주의적 구조조정이 한국사회 전반에 진행되었다는 점에서 1997년 이후는 '세계화'의 국면으로 규정될 수 있다. 이 시기에 전반적인 사회갈등의 특징은, 첫째 IMF 프로그램의 이행과 신자유주의 정책의 확산으로 인해 양극화, 불평등, 상대적 빈곤율, 고용불안이 증대함으로써 계층갈등과 노사갈등과 같은 경제적 이익갈등이 빈발할 수 있는 구조적 조건이 창출되었다는 점이다. 둘째, 탈권위주의적 자유주의 정부인 김대중 정부와 노무현 정부하에서 환경, 지역, 세대, 젠더, 교육, 이념, 소수자 등 다양하고 복합적인 사회갈등이 분출하고 있으며, 특히 대형국책사업이나 지역개발, 비선호시설 입지와 같은 정부의 공공사업, 그리고 의약분업, 연금개혁, 행정수도 이

전, 한미 FTA와 같은 정부의 공공정책을 둘러싼 공공갈등이 특히 격렬해지고 있는 점을 들 수 있다(정건화, 2007). 여기서는 세계화 시기에 경제갈등이 가장 심각한 사회갈등으로 부상하게 된 제도적 맥락만을 간단하게 살펴보기로 한다.

첫째, 노사갈등이 증대하게 된 가장 결정적인 이유는 신자유주의 정책, 즉 노동시장 유연성(정리해고, 비정규직)과 그에 따른 고용불안으로 노동계급의 방어적 투쟁과 저항이 확산된 데서 연유한다. 단순한 임금인상과 같은 이익분배의 갈등이 아니라 정리해고·고용보장과 같은 생존권적인 이슈가 노사갈등의 진원지가 되어 감에 따라 노사분규는 2009년의 쌍용자동차 파업사태에서 보듯이 갈수록 격렬해지고 첨예화되고 있는 실정이다. IMF 프로그램을 시행한 김대중 정부는 이런 점을 의식하여 노사갈등을 중재할 수 있는 제도적 장치로 '노사정위원회'를 설치하였지만, 이는 노-사-정의 자발적 합의에 의한 것이 아닌 국가주도의 일방적 산물이었으며, 결정적으로 노사갈등을 조정할 수 있는 대표성과 실질적 권한이 취약해 갈등조정에 그다지 성공적이지 않았다.

둘째, 신자유주의로 인해 나날이 확대되는 양극화와 계층 간 불평등 심화에 대처하기 위해 김대중 정부 이후 사회복지정책이 확충되고(고용보험 등 4대보험 확충, 국민기초생활보장법 제정), 사회복지예산 및 지출이 대폭 증대되었지만 불평등과 빈곤을 억제하는 데는 명백한 한계가 있었다(송호근·홍경준, 2007; 윤상우, 2008: 363-364). 이는 김대중 정부의 복지정책이 IMF위기로 인한 단기적인 경제충격을 완화하기 위한 조치에 국한되었으며 '생산적 복지'라는 소극적 대응으로 일관한 데 원인이 있다.[4] 나아가, IMF위기 이후 김대중·노무현·이명박 정부의 경제정

4) 김대중 정부의 복지정책과 사회안전망 대책은 신자유주의적 구조조정을 추진했던 IMF와의 양해각서에 명시된 IMF 측의 요구사항이기도 했다(신장섭·장하

책의 핵심은 '발전주의적 신자유주의'(developmental neoliberalism)[5]로 규정될 수 있는데(윤상우, 2009), 이는 여전히 신자유주의 정책과 친기업 정책을 통해 경제성장이 이루어지면 불평등과 양극화를 완화할 수 있다는 '성장우선주의' 관점에 기반한 것이다. 따라서 이러한 정책기조는 신자유주의 시기에 별다른 제도적 안전판이 없이 경제갈등이 시장원리에 무차별 방치되는 결과를 낳게 된다.

3. 현 시기 경제갈등의 유형과 특징

통상 경제적 이익배분을 둘러싼 갈등은 계층갈등과 노사갈등으로 대표된다. 그러나 최근의 한국사회에서도 확인되듯이, 현실에서의 경제갈등은 단순히 상층 – 중간층 – 하층, 또는 자본계급 – 노동계급 간 갈등과 같은 이념형적인 구도로 나타나는 것이 아니라 복합적이고 다차원적인 형태로 나타나는 것이 일반적이다. 즉 경제갈등은 다른 유형의 사회갈등과 결합되어 경제적 이해관계가 내재된 지역갈등이나 환경갈등, 또는 일자리 · 임금과 같은 경제문제가 투영된 세대갈등이 나타날 수도 있고, 2001년 의약분업과 한의사 – 약사 분쟁에서 볼 수 있듯이 경제적 이

준, 2004: 99).

5) 발전주의적 신자유주의는 신자유주의 정책이 시장기제의 자유로운 작동을 보장하는데 머물지 않고 과거의 발전국가처럼 경제성장, 수출증대, 캐칭업(catching-up)과 같은 발전주의적인 목표를 달성하는 '수단'으로 작동하는 경제체제를 의미한다. 한국의 발전주의적 신자유주의는 대외개방과 자유화, 규제완화, 감세, 민영화 등 신자유주의 정책을 경제정책의 중심축으로 하면서도, 필요할 경우에는 케인즈주의적 개입정책(구제금융, 경기부양)이나 발전국가적 정책(벤처자본 육성), 사민주의적 정책(복지정책)을 배합하여 시장원리에 반하는 자의적인 국가 개입이 이루어지기도 한다. 그것은 국가정책의 목표가 '시장원리의 정착'이 아닌 '경제성장'에 맞추어져 있기 때문이다.

익을 분배·재분배하는 규칙이나 정책을 둘러싼 이익집단 간의 갈등으로 등장하기도 한다. 그리고 갈등의 주체 측면에서 경제갈등은 민간부문 대 민간부문, 민간부문 대 정부, 정부기관 대 정부기관(중앙정부－지방정부 간 갈등, 또는 정부부처 간 갈등) 등 사실상의 모든 행위자와 사회집단들을 포괄한다. 2000년대 이후 언론이나 사회적 공론장에서 쟁점이 돼 온 경제갈등의 유형을 간략히 살펴보면 다음과 같다.

먼저, 계층갈등은 1997년 외환위기 직후 '중산층 붕괴론'이 제기되고, 부익부 빈익빈의 양극화가 심화되면서 신자유주의 시대의 주요 사회문제이자 사회갈등으로 제기되고 있다. 사회계층은 소득 불평등과 자산 불평등에 의해 창출되는데, 최근 한국사회에서는 부동산, 금융자산 등 자산에 따른 불평등이 보다 심각한 문제로 부각되고 있다(신광영, 2004). 한국의 계층갈등은 '조직화된 계급투쟁'과 같은 대규모 집단행동으로 표출된 바는 없지만 2009년의 용산참사에서처럼 재개발지역 철거민, 노점상 등 하층민을 중심으로 사안에 따라 주기적으로 나타난 바 있다. 그리고 노무현 정부가 2005년 종합부동산세를 시행하려 할 때 강남 고소득층을 중심으로 조직적인 저항과 반발(이른바 '세금폭탄론')이 거세게 제기된 적이 있어 계층과 관련된 집합행동은 하층에만 국한되지 않고 상층으로도 확산되고 있는 추세이다. 또한 이 당시에 정부가 주택가격 상승으로 막대한 이득을 본 고소득층을 겨냥해 재산세 과표기준을 현실화하려 하자 강남권을 중심으로 한 지자체에서 이를 번복하는 조례를 제정하는 등 계층갈등이 중앙정부와 지방정부 사이의 '관－관 갈등'으로까지 확산된 바 있다(하승수, 2004).

노사갈등은 앞서의 지적대로 IMF위기 이후 노동시장 유연성 및 비정규직 문제, 정리해고·고용보장 등을 이슈로 주기적인 사회문제로 부각되었다. 대표적인 사건으로 2009년 쌍용자동차 노사분규, 2008년 이랜드 비정규직 파업사태 등을 들 수 있으며, 2006년의 비정규직법 제정을 둘러싼 노-사-정 간의 첨예한 대립과 갈등도 포함된다. 특히, 현재의 노동갈등은 노-사, 노-정에만 국한되지 않고 노-노 갈등의 양상도 나타낸다. 그것은 비정규직 노동자의 열악한 처우와 저항에 대한 정규직 노동자의 무관심과 방관에서 연유하는데, 실제로 2000년대 초반 울산 등지의 대기업 사업장에서는 양측 간의 반목과 대립이 폭력을 수반하는 심각한 갈등으로 발전한 적도 있다.[6)]

이외에 주요한 경제갈등으로는 정부의 경제정책이나 규제정책(물가, 금융, 세금 등)을 둘러싼 정부-기업 간의 갈등,[7)] 청년실업과 '88만원 세대'와 같이 고용불안정과 경제적 불평등이 젊은 세대에게 집중적으로 투영되고 있다는 인식(우석훈·박권일, 2007), 2009년 세종시 이전 논란과 혁신도시, 기업도시 등과 같이 공공시설 입지를 둘러싼 정부-지역주민 갈등 및 지역주민 상호간의 갈등도 경제적 이익배분을 둘러싼 경제갈등의 하위 유형에 포함될 수 있다.

그런데 한국사회에서 최근 발생하고 있는 경제갈등의 양상을 종합해 보면 경제적 이익의 분배 또는 재분배와 관련된 규칙, 제도의 형성·변

---

6) 민주노총 등 중앙노조조직에서는 비정규직 문제의 해결을 노동계 현안으로 제기하고는 있지만, 개별 사업장에서는 이 문제에 대해 냉담한 편이다. 그것은 비정규직이 정규직 노동자의 고용안전판이 되고 있기 때문인데, 경기불안으로 감원이나 해고가 필요한 경우 비정규직이 일차적인 대상이 되며 노동조합의 보호를 받는 정규직은 상대적으로 그 영향을 덜 받는다. 그리고 정규직과 비정규직 간의 임금 및 복지후생에서의 격차도 엄청난 실정이다(조효래, 2005).

7) 예를 들어, 이명박 정권은 2008년 경제위기에 대응하기 위해 대규모 감세정책과 각종 '친기업적'인 규제완화정책을 시행했지만 그에 상응하는 기업들의 설비투자가 진척이 없자 양측 간에 긴장관계가 나타나기도 했다. 당시 한승수 총리는 "정부는 경제위기 극복을 위해 거의 모든 수단을 동원했지만, 정부투자에 비해 민간부문 투자는 거의 이루어지지 않은 상황"이라며 기업에 대한 불만을 직접적으로 표출한 바 있다(윤상우, 2009: 62).

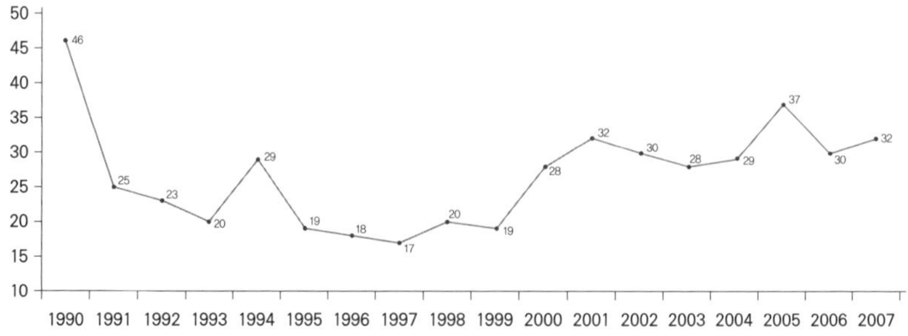

* 출처: 가상준 외(2009: 60).

그림 2-1. 한국의 공공분쟁 발생 추이

경이 갈등의 진원지 역할을 하는 경우가 많으며, 결국 국가의 경제정책(조세정책, 부동산정책, 기업정책, 노동정책, 복지정책)이 경제갈등의 핵심 원천으로 부각되고 있는 실정이다.

그러면 최근 한국사회에서 실제 발생하고 있는 공공분쟁에서 계층갈등과 노사갈등의 위상과 추이는 어떠한가? 여기서는 단국대학교 분쟁해결연구센터에서 한국언론재단의 KINDS 자료를 분석해 수집한 공공분쟁 데이터베이스 자료[8]를 토대로 그 대략적인 추이를 살펴보고자 한다.

1990~2007년 사이 발생한 공공갈등 총 482건의 추이를 보면, 민주화 초기인 1990년에는 46건으로 매우 높은 수치를 기록하였지만 문민정부 출범 이후 계속 낮아져 1997년에는 17건으로 최저치를 기록하였다. 그러나 공공갈등은 2000년대 이후 다시 꾸준하게 상승하고 있는 추세이다. 특히 노무현 정부 중반기인 2005년은 37건으로 1990년 다음

8) 이 자료는 신문기사 데이터베이스에서 광범위하게 공중에게 영향을 미친 분쟁을 추린 것인데, 그 기준은 ① 분쟁의 전 과정을 통해 연인원 500명 이상의 참여자가 집단적으로 행동을 조직, ② 공중이 자유롭게 접근할 수 있는 곳에서 최소한 100명 이상의 참여자가 행동을 조직하는 경우가 최소 1회 이상 발생, ③ 서로 상충되는 쟁점을 둘러싸고 대립하는 둘 이상의 행위주체들의 상호작용이 최소 7일 이상 지속된 것이다. 여기서는 이 기준에 따라 1990~2007년 사이 총 482개의 공공분쟁을 선별하였다(가상준 외, 2009: 59-60).

으로 높은 수치를 기록하였고 2007년에도 32건의 높은 수준을 기록하고 있다.(〈그림 2-1〉 참조)

그리고 이를 분쟁이슈에 따라 유형별로 구분한 것이 다음의 〈표 2-1〉이다. 이를 보면 전체 482건의 공공갈등 중에서 노동갈등(노사관계, 임금, 단체협약 분쟁)이 149건(30.9%)으로 1위, 계층갈등(의약분업, 재개발, 스크린쿼터 등 이익집단분쟁)이 81건(16.8%)로 3위의 비중을 점하는 것으로 나타나, 실제의 공공갈등 발생 추이는 한국사회의 가장 심각한 사회갈등으로 계층갈등과 노사갈등을 꼽은 국민의식과 대체로 일치하고 있는 것으로 나타났다.

표 2-1. 공공갈등의 유형별 분류

	환경갈등	이념갈등	노동갈등	지역갈등	계층갈등	교육갈등	합계
발생건수 (%)	73 (15.1%)	30 (6.2%)	149 (30.9%)	87 (18.0%)	81 (16.8%)	62 (12.9%)	482 (100%)

* 출처: 가상준 외(2009: 61).

〈표 2-2〉는 1990년대 이후 각 정권별로 공공갈등의 유형을 보여 준다.[9] 이를 보면, 모든 정권에서 노동갈등이 가장 빈번한 분쟁 발생빈도를 보이는 가운데, 노태우 정부에서 최고치를 기록했다가 김영삼 정부 때 다소 하락하던 발생빈도는 IMF위기 이후 반전되어 노무현 정부에 이르기까지 계속 상승하고 있는 것이 눈에 띈다. 그리고 노동갈등 다음으로 비중이 큰 사회갈등으로는 김영삼 정부 시기에는 환경갈등이, 김대중 정부 시기에는 계층갈등이, 노무현 정부 시기에는 지역갈등이 큰 비중을 점하고 있는 것이 특징적이다.

---

9) 이 자료는 〈표 2-1〉과 동일한 데이터베이스(단국대 분쟁해결센터)이지만, 2007년이 아닌 2006년까지 수집된 자료에 기반한 것이다. 따라서 총 사례수는 440건으로 2007년치까지 수집된 〈표 2-1〉의 482건보다 적다.

표 2-2. 정권별 공공갈등의 유형별 분류

	노태우 정부 1990-1992	김영삼 정부 1993-1997	김대중 정부 1998-2002	노무현 정부 2003-2006	전체 시기
환경분쟁	12	19	21	12	64
이념분쟁	3	9	8	9	29
노동분쟁	43	30	33	37	143
지역분쟁	10	14	22	24	70
계층분쟁	17	18	29	10	74
교육분쟁	19	12	19	10	60
전체	104	102	132	102	440

* 출처: 류주한(2008: 204).

표 2-3. 경제갈등의 갈등주체별, 갈등성격별 분류

공공갈등 주체별			
	민간-민간	민간-정부	정부-정부
노동갈등	96(64.4%)	53(35.6%)	0
계층갈등	11(13.6%)	69(85.2%)	1(1.2%)
공공갈등 성격별			
	이익-이익	이익-가치	가치-가치
노동갈등	136(91.3%)	7(4.7%)	6(4.0%)
계층갈등	49(60.5%)	32(39.5%)	0

* 출처: 가상준 외(2009: 64-65)를 재구성.

〈표 2-3〉은 대표적인 경제갈등인 노동갈등과 계층갈등을 대상으로 갈등의 주체 및 갈등의 성격에 따라 분류한 것이다. 이를 보면, 갈등의 주체 측면에서 노동갈등은 민간 - 민간의 갈등이 64.4%로 압도적인 가운데 민간 - 정부 간 갈등도 35.6%의 상당한 비중을 점하고 있다. 반면 계층갈등은 민간 - 정부 간 갈등이 전체의 85.2%로 갈등의 대부분이 정부정책과 관련되어 있음을 알 수 있다. 민간부문들끼리 충돌하는 계층갈등은 13.6%에 불과했다. 그리고 갈등의 성격과 관련하여, 노동갈등은 91.3%가 경제적 이익이 충돌하는 전형적인 이익분쟁이었다. 계층갈등도 경제이익이 충돌하는 이익분쟁이 60.5%의 비중을 차지하는 가운

데, 경제이익과 가치관이 대립하는 경우도 39.5%에 달하는 것으로 나타났다.

4. 경제갈등과 갈등의식

여기서는 한국인의 갈등의식에 대한 최근의 경험적 조사자료를 토대로 경제갈등에 대한 국민들의 의식지형과 특성을 살펴보기로 한다. 분석에 사용된 자료는 2010년 고려대학교 한국사회연구소가 수행한 '제2차 한국인의 갈등의식조사'이다.[10] 이 자료는 '한국리서치'에 의뢰하여 2010년 11월~12월 조사가 실시되었으며, 제주도를 제외한 전국 15개 시도에서 20세~59세의 성인남녀 1,027명을 대상으로 면접원에 의한 1:1면접조사 방식으로 수집되었다.[11] 본 연구에서는 이 자료를 기술통계, 평균차이검증(분산분석), 요인분석 등을 사용하여 분석하였다.

1) 경제갈등의 심각성에 대한 인식

최근 한국사회에서 가장 심각한 사회갈등으로 계층갈등과 노사갈등이 꼽히고 있다는 점을 서두에서 지적한 바 있는데, 이러한 경향성은 2010년의 갈등의식조사에서도 거의 그대로 나타난다. 이 조사에서 응답자들은 현재 한국사회에서 가장 심각한 사회갈등으로 계층 간 갈등을 1순

---

10) 고려대 한국사회연구소는 2007년에 '제1차 한국인의 갈등의식' 조사를 실시했는데, 이때의 연구결과는 윤인진 외(2009)로 출간된 바 있다. 제2차 갈등의식조사는 1차 때와 거의 동일한 설문지를 토대로 한국인 갈등의식에서의 변화 양상을 파악하기 위해 시행되었다.

11) 제2차 갈등의식조사의 응답자의 인구사회학적 특성에 대해서는 이 책의 제1장 〈표 1-1〉를 참조하라.

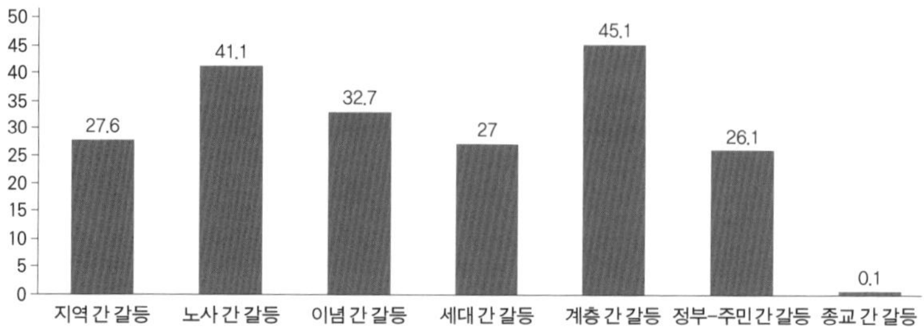

그림 2-2. 가장 심각한 사회갈등에 대한 인식

위(45.1%), 노사 간 갈등을 2순위(41.1%)로 꼽았다(〈그림 2-2〉 참조).[12] 이는 다른 유형의 사회갈등, 즉 지역갈등, 이념갈등, 세대갈등, 정부-주민 간 갈등을 압도하는 수치이다. 그리고 현재 가장 심각한 사회갈등이 무엇인가에 대한 질문과는 별도로 13개의 주요 사회집단별로 갈등의 심각성을 평가하는 문항이 있는데, 여기에서도 주요 경제집단들 간의 갈등이 정치갈등인 '여당과 야당의 갈등'에 이어 가장 심각한 것으로 인식되고 있다(〈표 2-4〉 참조). 특히, 경제갈등의 심각성에 대한 인식을 응답자의 인구사회학적 특성(성별, 연령, 교육, 소득, 직업)에 따라 평균차이검증(일원배치 분산분석)을 시도한 결과, 통계적으로 유의미한 차이를 보이는 항목은 하나도 없었다. 이는 성별, 연령, 지역, 교육, 소득수준에 관계없이 대부분의 한국인들은 경제갈등의 심각성을 거의 비슷하게 인식하고 있음을 의미한다.

이상의 결과에서는 다음과 같은 몇 가지 특징을 확인할 수 있다. 첫째, 가장 심각한 사회갈등으로 계층갈등과 노사갈등이 꼽혔고 주요 사

12) 제2차 갈등의식조사에서는 가장 심각한 갈등이 무엇인가에 대한 응답을 1순위, 2순위로 복수응답하게 했다. 따라서 여기서의 백분율은 복수응답을 합산한 결과이다. 참고로, 가장 심각한 갈등과 관련해서는 계층갈등(22.0%)-노사갈등(21.6%)이 1, 2위였고, 그 다음으로 심각한 갈등에서도 계층갈등(23.1%)-노사갈등(19.5%)이 1, 2위였다.

표 2-4. 주요 사회집단별 갈등의 심각성 순위

순위	갈등 유형	심각하지 않음	보통	심각함	평균값	표준편차
1	여당-야당	1.0	13.3	85.7	4.25	.721
2	정규직 근로자-비정규직 근로자	3.2	14.2	82.6	4.08	.760
3	경영자-노동자	1.6	23.1	75.4	3.91	.677
4	대기업 근로자-중소기업 근로자	5.4	33.6	61.1	3.67	.761
5	가난한 사람-부유한 사람	4.4	25.4	70.2	3.80	.747
6	노동자-중산층	7.0	37.8	55.2	3.56	.752
7	영남지역 주민-호남지역 주민	10.4	42.6	47.0	3.45	.832
8	많이 배운 사람-적게 배운 사람	10.6	44.9	44.4	3.42	.818
9	강남 거주자-강북 거주자	10.0	49.7	40.3	3.35	.766
10	젊은 사람-나이 든 사람	14.1	44.2	41.7	3.34	.832
11	주택소유자-무주택자	17.3	46.5	36.1	3.27	.860
12	수도권 주민-지방 주민	12.5	53.7	33.9	3.25	.748
13	도시주민-농촌주민	14.6	53.4	32.0	3.22	.774

* 주 1: 갈등수준은 1 = '거의 심각하지 않음', 2 = '심각하지 않은 편', 3 = '보통', 4 = '심각한 편', 5 = '매우 심각함'으로 측정됨.
2: 음영으로 표시된 것은 경제갈등과 관련된 항목임.

회집단별 갈등에서도 다양한 형태의 경제갈등들이 대부분 상위 순위를 점하고 있음을 감안할 때, 한국의 경제갈등은 여전히 심각한 수준임을 알 수 있다. 둘째, 경제갈등의 하위 유형 중에서 '정규직-비정규직' 갈등이 노사갈등이나 계층갈등보다 더 심각한 것으로 인식되고 있다는 점이다. 그리고 이와 더불어 '대기업 근로자-중소기업 근로자' 갈등의 심각성도 과거에 비해 상승했으며 빈부갈등이나 계층갈등(노동자 – 중산층)보다 더 심각한 갈등으로 인식되고 있는 점도 특징적이다. 셋째, 2007년 1차 갈등의식조사 결과와 비교하면(김선업·윤인진, 2009: 51), 빈부갈등의 심각성 정도가 다소 낮아진 점이 눈에 띈다. 1차 조사 때 '부유한 사람–가난한 사람' 간 갈등의 심각성은 5점 척도에서 평균값 4.23이었는데 2차 조사에서는 3.80으로 심각하다는 응답이 다소 줄었으며, '주택소유자 – 무주택자' 갈등도 1차 조사의 평균값 3.60에서 2

차 조사에서는 3.27로 감소했다.

그리고 이러한 추이는 "과거 5년 전과 비교해 더 심각해진 갈등은 무엇인가"라는 별도의 설문문항에서도 대체로 유사하게 나타난다. 5년 전보다 더 심각해진 갈등 1순위로 꼽힌 것은 '정규직 노동자와 비정규직 노동자의 갈등'(52.5%)이었고, 2위는 '여당과 야당의 갈등'(46.3%), 3위는 '가난한 사람과 부유한 사람의 갈등'(43.7%)이었다. 2007년의 1차 조사에서는 과거보다 심각해진 갈등으로 1순위 '가난한 사람과 부유한 사람'(73.5%), 2순위 '정규직과 비정규직'(58.4%), 3순위 '여당과 야당'(46.3%)이 꼽혔다는 점을 감안할 때, 계층갈등이나 노사갈등 이상으로 '비정규직 문제'가 현재 경제갈등의 핵심으로 부상하고 있다고 판단된다. 그리고 여기에서도 빈부갈등의 응답빈도나 순위는 상대적으로 낮아진 것이 눈에 띈다.

그러면 경제갈등과 관련하여 왜 이러한 의식지형이 나타나는가? 이를 어떻게 해석할 수 있는가?

1997년 외환위기 이후 신자유주의적 구조조정의 일환으로 노동시장 유연성이 추진된 지도 벌써 10년 이상이 경과했다. 여기서 파생된 비정규직 노동자의 문제는 이제 일시적이고 부분적인 현상이 아니라 한국사회 전반에 '구조화'된 것으로 파악될 필요가 있다. 실제로, 전체 임금노동자 중에서 비정규직 노동자의 비중은 2001년 55.7%, 2004년 55.9%, 2007년 55.8%로 임금노동자의 절반 이상을 점하면서 고착화되고 있으며, 비정규직의 평균임금은 정규직의 50.4%에 불과하고 4대 사회보험과 퇴직금 등 복지후생의 적용율도 정규직의 1/3에 불과한 실정이다(김유선, 2007; 윤상우, 2008).

따라서 비정규직 문제는 계급·계층을 넘어 사실상의 경제적 불평등과 양극화를 발생시키는 핵심 요인으로 작용하고 있는데, 그러한 현실이 이번 갈등의식조사에서도 상당 부분 반영된 것으로 생각된다. 실제로, 신광영(2008a: 21)의 연구에 따르면, 1998-2005년 동안 중간계급(관리전문직, 기술직/반숙련직) 비정규직의 월평균소득은 정규직 노동계급(화이트칼라, 숙련/미숙련 노동자)의 월평균 소득보다 더 낮은 것으로 나타났다.[13] 즉 계급(노동계급, 중간계급)보다 고용상의 지위(정규직, 비정규직) 여부가 임금격차를 설명하는 데 더 중요한 요인으로 부각되고 있는 것이다. 비정규직의 경우, 계급 간 월평균소득 차이는 크지 않았고 비정규직 내 계급불평등은 그다지 문제가 되지 않았다.

2) 경제갈등과 정부정책에 대한 인식

그러면 불평등과 빈곤, 경제갈등을 완화·조정하는 정부정책 및 제도적 방안에 대한 태도는 어떠한가?

〈표 2-5〉는 경제갈등과 관련된 정부정책과 제도에 대한 응답결과이다. 이를 보면, "정부는 재벌 및 부자들에게 유리한 정책을 편다"란 질문에 압도적 다수인 70.5%가 동의했고, "정부정책이 불평등·빈곤을 완화하는 데 도움이 되었다"란 질문에는 단지 20.4%만이 동의했으며 그 배에 가까운 39.2%가 동의하지 않았다. 이는 정부의 정책이 불평등과 경제갈등을 완화하는 데 별다른 효과가 없었고 오히려 기득권층에게 유리한 정책을 폄으로써 경제갈등을 더 조장하는 원인제공자로 인식되고 있음을 보여 주는 것이다.

그리고 〈표 2-5〉에서 아래쪽의 두 개 문항은 불평등 및 경제갈등과 관련된 정부정책의 방향이 어떠해야 하는지에 대한 인식을 알아보기

13) 그가 노동패널조사 자료를 분석한 것에 따르면, 2005년 관리직/전문직 정규직의 월평균소득은 318만 원이었으나 관리/전문직 비정규직은 149만 원에 불과했다. 생산직 최하층인 미숙련 노동자 정규직은 180만 원, 미숙련 노동자 비정규직의 월소득은 111만 원이었다.

표 2-5. 불평등 관련 정부정책에 대한 인식

	동의함	보통	동의하지 않음	평균값	표준편차
정부는 재벌 및 부자들에게 유리한 정책을 편다	70.5	20.0	9.5	2.21	.888
정부정책은 불평등과 빈곤을 완화하는 데 도움이 되었다	20.4	40.3	39.2	3.24	.903
경제성장만 된다면 불평등과 빈곤문제는 자연스럽게 해결될 것이다	19.0	36.8	44.2	3.33	.988
복지정책은 세금 상승, 복지병과 같은 부정적 효과를 낳을 것이다	24.2	45.1	30.7	3.07	.848

* 주: 태도는 1 = '매우 동의함', 2 = '대체로 동의함', 3 = '보통', 4 = '대체로 동의하지 않음', 5 = '매우 동의하지 않음'으로 측정됨

위한 것이다. 이를 보면, "경제성장만 된다면 불평등과 빈곤문제는 자연스럽게 해결될 것이다"는 진술에 대해 19.0%만이 동의했고 그 배가 넘는 44.2%가 동의하지 않았다. 그리고 "복지정책은 세금 상승, 복지병(근로 기피)과 같은 부정적 결과만을 낳을 것이다"는 진술은 보통이라는 중립적 응답이 가장 많은 가운데 동의하지 않는다는 응답이 근소하게 많았다.

이는 불평등 및 경제갈등과 관련해 상당한 시사점을 제공한다. 즉 1960년대 이후 권위주의 정권이든 민주 정권이든 간에 국가가 당연시했던 신념인 '성장우선주의' 그리고 경제성장에 따른 '적하효과'가 현실에서는 불평등과 경제갈등을 상쇄·완화하는 데 그다지 효과가 없다는 점을 국민들이 점차 인식하기 시작한 것으로 볼 수 있기 때문이다. 그리고 복지정책과 관련해서도 국가의 소극적인 정책대응과 기득권·보수언론의 부정적 담론의 유포에도 불구하고 복지정책의 긍정적 효과를 국민들이 점차 인정하는 것으로 파악할 수 있다. 이러한 의식지형이 나타난 것은 2000년대 이후의 현실을 반영하는 것이라 생각된다. 즉 이러한 인식은 2000년대 이후의 모든 정부들이 '성장우선주의'를 정책의 최우선으로 추구하는 가운데, 경제성장률이 상승하고 수출·무역흑자

가 증대한다고 해서 일반 국민들의 체감경기와 물가, 생활수준과 소득이 반드시 나아지는 것은 아니라는 사실을 실제 몸으로 체험한 결과인 것이다. '경제성장 = 만병통치약'이란 식의 성장우선주의에 대한 신뢰의 하락은 경제문제에 대한 제도적 대응의 필요성으로 이어져 복지정책에 대한 긍정적 인식을 점차 증대시키고 있는 것으로 보인다. 또한 이는 서구 복지국가에 비해 취약하기는 하지만 김대중 정부 이후 확대된 사회복지제도 및 정책(국민기초생활보장법과 4대 사회보험), 사회복지 지출의 긍정적인 효과를 일반국민들이 점차 체감하게 되면서 나타난 결과이기도 하다.

그러나 국민들의 이러한 의식에는 아직 유동적이고 모순적인 측면이 많다고 생각된다. 경제적 불평등과 빈곤에 대해 정부의 정책 대응이 필요하다고 인식하면서도 이를 위한 재원 마련, 세금상승 문제는 회피하고 있기 때문이다. 〈표 2-6〉은 그러한 인식의 단초들을 보여 준다. 여기서는 사회적 약자 및 양극화 해법에 대한 상반된 진술을 놓고 자신의 입장을 5점 척도상에 표시하게 하였다. 이를 보면 60~70%에 가까운 국민들은 노인이나 장애인과 같은 사회적 약자의 문제를 당사자 개인이나 사회봉사단체, 시민단체가 떠안아야 될 문제가 아니라 국가가 나서서 해결해야 할 문제라고 생각하고 있지만, 이 같은 빈곤이나 양극화 문제에 대한 해법으로는 '세금증대 및 그를 통한 복지(5.7%)'보다는 '일자

표 2-6. 사회적 약자 및 양극화 대응방법에 대한 인식

	①+②	③	④+⑤		평균값
사회적 약자를 돕는 일은 정부가 하는 것이 가장 좋다	61.0	27.6	11.5	사회적 약자를 돕는 일은 사회봉사단체나 종교단체가 하는 것이 가장 좋다	2.26
노인 장애인 등 사회적 약자는 국가나 사회가 도와주어야 한다	71.6	21.2	7.2	노인 장애인 사회적 약자라도 스스로 문제를 해결해야 한다	2.05
일자리를 늘려 양극화를 해소해야 한다	69.1	25.1	5.7	세금을 많이 걷어 양극화를 해소해야 한다	2.08

표 2-7. 경제문제 관련 정부정책 인식에 대한 평균차이검증

		N	정부정책: 친재벌, 친부자	정부정책: 불평등 완화	경제성장: 적하효과	복지정책: 부정적 결과	사회적약자: 정부책임	양극화해법: 일자리
연령	20대	230	2.21	3.34	3.35	3.08	2.03	2.12
	30대	275	2.19	3.28	3.40	3.10	2.01	2.06
	40대	293	2.19	3.28	3.33	3.10	2.03	2.09
	50대 이상	229	2.28	3.06	3.24	3.00	2.12	2.04
F			0.481	4.477**	1.338	0.790	0.611	1.480
학력	중졸 이하	46	2.52	3.00	3.24	3.28	2.07	2.11
	고졸/전문대	610	2.19	3.25	3.33	3.02	2.07	2.07
	대졸 이상	370	2.22	3.25	3.35	3.13	2.02	2.09
F			2.939	1.733	0.312	3.462*	0.332	0.128
소득	200만 원 이하	118	1.97	3.36	3.43	3.08	1.82	1.90
	200만 원대	219	2.15	3.29	3.43	3.09	1.93	1.99
	300만원대	346	2.27	3.16	3.22	3.07	2.12	2.15
	400만 원대	213	2.32	3.25	3.37	3.09	2.13	2.21
	500만 원 이상	131	2.23	3.27	3.31	3.03	2.11	2.00
F			3.783**	1.418	1.238	2.510*	3.725**	3.497**
직업	경영관리전문	30	2.40	3.20	3.30	3.17	1.83	1.87
	사무기술직	262	2.17	3.31	3.35	3.05	2.02	2.03
	자영업	168	2.19	3.24	3.23	3.08	2.06	2.01
	판매서비스	133	2.21	3.31	3.26	3.05	2.14	2.10
	기능생산직	177	2.24	3.23	3.37	3.08	2.03	2.22
	주부	164	2.26	3.12	3.37	3.09	2.05	2.07
	학생/무직 등	93	2.20	3.24	3.43	3.10	2.04	2.13
F			0.420	0.831	0.792	0.133	0.545	1.332

*p 〈 .05(단측검증), **p 〈 .01(단측검증), ***p 〈 .001(단측검증)

리 창출(69.1%)'을 통한 해결을 선호했다. 이는 앞서 본 것처럼, 경제성장의 적하효과에 대한 신뢰가 약화되고 복지정책에 대한 긍정적 인식이 증대하고는 있지만, 세금증대와 같은 인위적인 재분배·복지정책보다는 여전히 경제성장을 통한 경제문제 및 경제갈등의 해결방식이 국민들의 인식 속에 깊게 자리 잡고 있음을 보여 주는 것이다.

그리고 정부정책에 대한 인식에서 인구사회학적 특성(연령, 교육, 소득, 직업)에 따른 차이가 나타나는지를 확인하기 위하여 평균차이검증

을 시도하였는데, 그 결과는 다음의 〈표 2-7〉에 요약되어 있다.

이를 보면, 정부정책에 대한 인식 차이는 여러 인구사회학적 변수들 중에서 '소득수준'에 따라 비교적 유의미한 차이가 있는 것으로 나타났다. 저소득층일수록 정부정책이 재벌과 부자에게 유리하다고 생각하고 있으며, 사회적 약자 문제는 본인 책임이라기보다는 정부가 책임져야 한다고 생각했다. 이들은 복지정책을 다소 긍정적으로 보지만 양극화 해법으로 세금증대보다는 일자리 창출을 선호했다. 소득수준 이외에, 극히 일부의 정부정책에 대한 인식에서 연령과 학력에 따라 인식 차이가 있었다. 특히, 정부정책이 불평등·빈곤을 완화하는 데 도움이 되었는가에 대한 인식에서 상대적으로 젊은층은 부정적인 입장을 취했고 고령층은 긍정적인 태도를 나타냈다.

3) 경제갈등과 행위주체의 측면

마지막으로 경제갈등과 관련된 행위주체에 대한 인식을 살펴보기로 한다. 이는 경제갈등이나 경제문제의 원인이 어디에 있는지, 갈등의 책임 소재가 어디에 있는지를 간접적으로 보여 준다. 〈표 2-8〉과 〈표 2-9〉는 이와 관련된 의식조사의 결과이다.

이를 보면, "현재 위치에서 성실하게 일한다면 언젠가 상위계층으로 올라갈 수 있다"란 진술에 44.7%가 동의하지 않는다고 응답해 동의한다는 응답보다 2배 가까이 많았다. 또한 "청년실업과 비정규직 문제는 일차적으로 당사자 개인능력이 원인이다"란 진술에서도 동의하지 않는다는 응답이 37.8%로 동의한다는 응답을 압도했다. 이는 상당수의 국민들이 현재의 상황에서 계층이동의 가능성에 회의적이고, 불평등과 빈곤의 원인이 개인들에게 있기보다는 사회구조에 있는 것으로 인식하고 있음을 의미한다.

표 2-8. 경제갈등 관련 행위주체들에 대한 인식

	동의함	보통	동의하지 않음	평균값	표준편차
현재 위치에서 성실하게 일한다면 언젠가 상위계층으로 올라갈 수 있다	21.1	34.1	44.7	3.34	.988
청년실업과 비정규직 문제는 일차적으로 당사자 개인능력이 원인이다	24.3	37.9	37.8	3.18	.907
노조와 농민단체는 자신들의 경제적 이익만 추구하며 사회 전체의 이익에는 무관심하다	27.0	48.3	24.7	3.00	.839
대기업들은 일자리 창출, 국민의 소득증대, 경제발전에 큰 기여를 하고 있다	27.4	50.9	21.7	2.96	.826

* 주: 태도는 1 = '매우 동의함', 2 = '대체로 동의함', 3 = '보통', 4 = '대체로 동의하지 않음', 5 = '매우 동의하지 않음'으로 측정됨.

표 2-9. 노동자와 농민의 집단행동에 대한 인식

	①+②	③	④+⑤		평균값
파업은 경제발전에 장애가 되므로 자제해야 한다	43.2	35.4	21.3	파업은 노동자의 자구책이므로 할 수도 있다	2.71
농민들의 시위는 생존을 위한 것이다	57.8	31.5	10.7	농민들의 시위는 집단이기주의이다	2.34

경제갈등의 주요 행위자인 노동자, 농민, 기업과 관련하여, "노조와 농민단체는 자신들의 경제적 이익만을 추구하며 사회 전체의 이익에는 무관심하다"란 진술에 응답자들은 전체적으로 중립적인 입장을 취하는 가운데 이에 동의한다는 응답이 약간 높았다. 그런데, 〈표 2-9〉에 나와 있는 것처럼, 노동조합과 농민을 세분화하여 태도를 측정한 질문에서는 다소 상반된 반응이 나왔다. 즉 노동자의 파업은 경제발전과 사회 전체에 장애가 된다는 인식이 43.2%로 압도적인 데 비해, 농민들의 시위는 집단이기주의라기보다는 농민의 생존을 위해 불가피한 행동으로 인식하는 경향이 강했다(57.8%). 그리고 경제갈등의 또 다른 한 축인 대기업에 대해서는 전체적으로 중립적인 태도가 지배적인 가운데 대기업이 일자리 창출, 소득증대, 경제성장에 긍정적인 기여를 하고 있다는 인식이 다소 많았다.

그리고 경제갈등의 행위주체에 대한 인식이 인구사회학적 특성(연령, 교육, 소득, 직업)에 따라 차이를 보이는가를 알아보기 위해 평균차이 검증을 시도하였는데, 통계적으로 유미한 차이를 보이는 항목은 거의 없었다. 여기서는 단 2개의 항목이 유의미한 것으로 나타났는데, "청년실업과 비정규직 문제는 일차적으로 당사자 개인능력이 원인이다"란 진술에 대해 젊은 층일수록 동의하지 않았고 고연령층일수록 동의하는 경향을 보여 주었다(p=.031). 그리고 "노조와 농민단체는 자신들의 경제적 이익만을 추구하며 사회 전체의 이익에는 무관심하다"란 진술의 경우, 저소득층일수록 이에 동의하지 않았으며 고소득층일수록 동의하는 경향을 보였다(p=.037).

5. 맺음말

이상의 글에서는 최근 한국사회에서 경제갈등이 핵심적인 사회갈등으로 지속되는 역사적·제도적 맥락을 검토하고, 계층갈등과 노사갈등을 중심으로 한 경제갈등의 실태와 지형을 공공분쟁 추이를 통한 객관적 측면과 갈등의식조사를 통한 주관적 측면을 통해 살펴보았다. 그 결과로 확인된 사항을 간략히 요약하면 다음과 같다.

첫째, 경제갈등이 가장 심각한 사회갈등으로 지속되는 것은 IMF위기와 신자유주의 구조조정으로 불평등과 양극화가 심화되면서 나타난 결과이지만, 그 이전에 한국의 압축적 산업화를 이끌어 온 발전국가의 제도적·이데올로기적 유산이 경제갈등을 심화시키는 매개역할을 했다. 그것은 발전국가의 '성장우선주의'와 '적하효과'에 대한 신봉이 경제적 이익갈등을 조정·완화할 수 있는 제도적 장치의 수립을 지연시켜 왔기 때문이다. 따라서 취약한 복지정책은 신자유주의 시대에 별다른 제도적 안전판 없이 경제갈등이 시장원리에 무차별 방치되는 결과를 초래했고, 계급타협 · 이익대표체계의 부재는 노사관계에서 소모적인 갈등이 반복될 수밖에 없는 조건을 창출했다.

둘째, 1990년 이후 실제의 공공분쟁 발생 추이를 유형별로 살펴보면, 노사갈등이 가장 큰 비중을 점하는 가운데 계층갈등도 그 다음의 비중을 점하는 것으로 나타났다. 특히 최근의 경제갈등은 복합적이고 다차원적인 형태를 띠거나, 다양한 하위범주로 분화되는 경향이 나타난다. 계층갈등의 경우, 재개발정책에 대한 철거민 · 노점상의 저항, 부유층의 조세저항(종부세), 약사법과 같은 인허가정책을 둘러싼 이익집단 간 갈등 등 경제이익의 분배 · 재분배와 관련된 정부정책이 갈등의 진원지 역할을 하는 경우가 많았으며, 경제정책을 둘러싼 정부기구들 간의 갈등도 나타난 바 있다. 노동부문의 갈등도 고전적인 노동자 – 사용자의 갈등 축을 넘어 노동자 – 정부, 노동자 – 노동자 간(정규직과 비정규직) 갈등 등 복합적인 양상으로 분화되고 있는 추세이다.

셋째, 이러한 추세는 갈등의식조사에서도 확인된다. ① 국민들은 가장 심각한 사회갈등으로 계층갈등과 노사갈등을 꼽았으며, 세부적인 경제갈등 유형 중에서 '정규직 – 비정규직 갈등'을 특히 심각한 것으로 인식하고 있다. ② 정부정책이 불평등과 경제갈등을 완화하는 데 그다지 효과가 없었고 오히려 기득권층에 유리한 정책이라는 인식이 강했다. ③ 성장우선주의나 적하효과가 경제갈등을 완화 · 상쇄하는 데 그다지 효과가 없는 것으로 인식하고 있으며, 반면 복지정책의 긍정적 효과는 점차 인정하고 있다. ④ 국민들은 노조와 농민단체, 대기업이 집단이익만을 추구하는가에 대해 대체로 중립적인 입장을 취하는 가운데, 상대적으로 대기업에 대해 더 우호적인 태도를 보이는 것으로 나타났다.

그러면, 이러한 경제갈등의 지형과 추세 속에서 경제갈등을 완화할 수 있는 제도적 방안은 무엇인가? 일반적으로 사회갈등을 경제적 이해관계가 충돌하는 이익갈등과 서로 다른 가치관과 사고방식이 충돌하는 가치관갈등으로 구분했을 때, 가치관갈등이 이익갈등보다 해결하기가 더 어렵다고 평가된다. 이익갈등은 상호간의 양보와 타협으로 그 접점을 찾을 수 있는 반면, 서로 상이한 가치관과 사고방식은 그 성격상 절충과 타협의 지점을 찾기가 힘들기 때문이다. 그러나 한국의 상황에서는 꼭 그렇지만도 않은 것 같다. 2009년의 쌍용자동차 파업사태와 이랜드 파업사태에서 보듯, 한국의 노사갈등은 발생빈도의 다발성뿐 아니라 갈등기간의 장기화와 갈등 강도의 첨예화를 특징으로 한다. 또한 계층갈등과 관련해서도 최근의 '무상급식' 논란에서 나타나듯이, 복지 및 재분배정책에 대한 반감과 조세저항은 상당하며, 합리적인 해결책을 찾기가 쉽지 않은 상황이다. 이는 이익갈등을 중재할 공정성이 담보된 규칙 및 제도가 미비하거나, 규칙이 있다 하더라도 적용방식에 대한 신뢰의 부재에서 비롯되는 것이다(박길성, 2009: 35). 최근 사회갈등에 대한 많은 연구들이 제기되고 있는 가운데, 참여적 의사결정, 민주적 거버넌스, 대안적 분쟁해결(alternative dispute resolution), 소통적 합리성과 제도적 신뢰의 구축 등이 갈등관리의 주요 해법으로 언급된다(서문기, 2004; 정건화, 2007). 사실상 경제갈등의 해법 역시 이와 동일하다고 할 수 있다. 물론 이러한 규칙, 제도, 행위양식이 사회 전반에 정착되고 사회구성원들에게 내면화되는 데는 상당히 오랜 시간과 많은 시행착오를 수반할 것이다. 그럼에도, 양보와 타협에 의한 이익갈등의 해결이 서로에게 '윈-윈'이라는 성공의 경험과 학습효과가 축적된다면, 현 단계 '갈등사회'를 넘어선 성숙한 민주사회로의 진전은 충분히 가능하리라 생각된다.

참고문헌

가상준·안순철·임재형·김학린. 2009. 〈한국 공공분쟁의 현황 및 특징—1990-2007〉. 《한국정치학회보》 43(2): 51-87.

고세훈. 2007. 〈민주주의와 복지〉. 최장집 편. 《위기의 노동—한국 민주주의의 취약한 사회경제적 기반》. 후마니타스.

구해근. 신광영 역. 2002. 《한국 노동계급의 형성》. 창비.

김선업·윤인진. 2009. 〈갈등의식, 갈등경험 및 갈등대처 양식의 일반적 특징〉. 윤인진 외. 《한국사회의 갈등구조》. 고려대학교출판부.

김순영. 2005. 〈한국 민주주의와 빈곤문제〉. 최장집 편. 《위기의 노동—한국 민주주의의 취약한 사회경제적 기반》. 후마니타스.

김유선. 2007. 〈비정규직 규모와 실태〉. 《비정규직 노동백서》. 민주노동당.

김윤태. 2007. 〈한국의 사회갈등과 사회통합—포용의 민주국가를 위하여〉. 《기억과 전망》 16: 357-387.

김종엽 편. 2009. 《87년체제론》. 창비.

김태홍 외. 2005. 《사회갈등해소를 위한 갈등관리제도의 구축 및 효율적 운영 방안 연구》. 한국여성개발원.

대통령자문지속가능발전위원회. 2004. 《갈등관리스시템 구축방안 연구보고서》. 지속위 자료집 2004-9.

류주한. 2008. 〈공공분쟁으로서의 노동분쟁, 추이와 성격—1990-2006년 사례를 중심으로〉. 《경영사학》 23(2): 187-220.

박동. 2000. 〈한국의 분권화된 단체교섭제도와 임금인상의 정치—1987-97〉. 《경제와 사회》 47: 202-232.

박길성. 2009. 〈한국사회의 갈등지형과 경향〉. 윤인진 외. 《한국사회의 갈등구조》. 고려대학교출판부.

서문기. 2004. 〈한국의 사회갈등 구조 연구—갈등해결 시스템을 모색하며〉. 《한국사회학》 38(6): 195-218.

송호근·홍경준. 2007. 《복지국가의 태동—민주화, 세계화, 그리고 한국의 복지정치》. 나남출판.

신광영. 2004. 《한국의 계급과 불평등》. 을유문화사.

신광영. 2008a. 〈위기 이후 한국사회의 구조변화와 불평등체제〉. 《시민과 세계》 13: 13-24.

신광영. 2008b. 〈민주화, 세계화와 불평등〉. 2008년 한국사회학회 건국60주년 기념 심포지움 발표문. 2008. 9.

신장섭·장하준. 장진호 역. 2004. 《주식회사 한국의 구조조정—무엇이 문제인가》. 창비.

우석훈·박권일. 2007. 《88만원 세대—절망의 시대에 쓰는 희망의 경제학》. 레디앙.

윤상우. 2005. 《동아시아 발전의 사회학》. 나남출판.

윤상우. 2008. 〈민주화 이후 사회정책과 복지국가 평가—사회적 시민권의 관점에서〉. 《사회과학연구》 16(1): 346-386.

윤상우. 2009. 〈외환위기 이후 한국의 발전주의적 신자유주의화—국가의 성격변화와 정책대응을 중심으로〉. 《경제와 사회》 83: 40-68.

윤인진 외. 2009. 《한국사회의 갈등구조》. 고려대학교출판부.

윤인진. 2011. 〈한국인의 갈등의식의 특성과 변화〉. 고려대학교 한국사회연구소 학술심포지엄 발표문. 2011. 2. 22.

이성균·신광영·조돈문. 2007. 《세계화와 소득불평등—한국, 미국, 브라질의 사례연구》. 집문당.

정건화. 2007. 〈사회갈등과 사회과학적 갈등분석〉. 《동향과 전망》 71: 11-49.

조효래. 2005. 〈대기업 노사관계와 노동조합의 전투성〉. 《산업노동연구》 11(2): 229-260.

조희연. 2009. 〈87년 체제와 민주개혁운동의 전환적 위기〉. 김종엽 편. 《87년 체제론》. 창비.

하승수. 2004. 〈경제정책을 둘러싼 갈등과 그 해결방안—부동산 보유세를 둘러싼 사회적 갈등을 중심으로〉. 《시민사회와 NGO》 2(2): 5-31.

Cornia, Giovanni A. 2004. "Inequality, Growth, and Poverty: An Overview of Changes over the Last Two Decades." In Giovanni A. Cornia (ed.), *Inequality, Growth, and Poverty in an Era of Liberalization and Globalization.* Oxford: Oxford University Press.

Dahrendorf, Ralph. 정대연 역. 1989. 《산업사회의 계급과 계급갈등》. 기린원.

Mann, Michael and Dylan Riley. 2007. "Explaining Macro-regional Trends in Global Income Inequalities, 1950-2000." *Socio Economic Review* 5: 81-115.

OECD. 2009. Growing Uneqaul? Income Distribution and Poverty in OECD Countries. Paris: OECD.

Önis, Ziya. 1991. "The Logic of Developmental State." *Comparative Politics* 24(1): 109-126.

제3장

한국인의 환경갈등과 4대강 문제*

이소영

1. 머리말

일반적으로 환경갈등이란 환경문제를 둘러싸고 벌어지는 갈등을 일컫지만 최근 발생하는 환경갈등은 정치적이고, 사회적이며, 경제적, 윤리적 문제에 이르기까지 다양한 분야에서 매우 복잡한 형태로 진행되고 있다. 특히 서구사회에서는 이러한 사회갈등의 전반적 양상이 계층 간 이익갈등에서 이념이나 환경갈등과 같은 가치갈등으로 서서히 이행해 왔으나 한국사회는 '압축갈등'(박길성, 2009: 17)으로 표현될 만큼 상대적으로 단기간에 집중적으로 발생하고 있다. 특히 한국에서 발생된 환경갈등은 압축성장에 따른 개발과 보존이라는 상이한 가치를 놓고 국가의 개발주의와 시민사회의 환경주의가 충돌하여 갈등을 야기하는 가치갈등의 전형을 보여 주고 있다.

---

* 이 글은 2011년 고려대학교 한국사회연구소 한국인의 갈등의식 학술심포지엄 발표문과 한국환경사회학회가 발간하는《ECO》15권 2호에 실린 논문을 수정·보완한 것임을 밝힌다.

환경갈등은 그 주요 원인인 환경피해가 광범위하며 지속적인 영향을 미치기 때문에 매우 다양한 피해자들이 갈등에 참여하는 특성을 띤다. 이는 공공재적 성격을 지니는 환경이 불특정 다수의 이해관계자를 포함하기 때문에 여타 사회갈등과 차별성을 갖는 것이다. 또한 환경오염의 위해성을 과학적으로 명백히 밝히기 어려운 한계가 있기 때문에 환경갈등은 심화되며, '개발' 또는 '보존'이라는 프레임화된 환경가치에 대한 개인이나 집단 간 인식 및 평가 차이로 인한 가치충돌 발생이 갈등에 이르기도 한다. 이처럼 사안에 따라 그 원인이 복합적인 환경갈등은 법제도나 절차상 문제로 인해 야기되기도 한다.

한국사회와 같이 개발 위주의 사회발전 방식 속에서 지속적으로 야기된 환경갈등에 대하여 국내 학자들은 다양한 측면의 학문적 분석을 수행해 왔다. 환경갈등의 분쟁해결을 위한 보상체계 확립과 관련된 연구(박기묵, 1997) 및 제3자 조정제도를 언급한 연구(김준한, 1996)와 같이 환경갈등의 사후 문제해결 방안에 대한 연구뿐만 아니라 2005년 7개 국책연구원들은 환경갈등의 유형과 사례를 공동으로 분석하여 정책과제를 도출해 내기도 했다. 또한 환경갈등 해결에 대한 이론적 틀에 대한 고찰(이수장, 2006), 환경갈등을 둘러싼 부처 간 갈등(김병완, 1993; 문태훈, 2001), 환경영향평가의 문제점을 넘어서는 사회영향평가(윤순진, 2004; 구자건 · 이무춘, 2008; 정주철 · 임재영, 2009), 국책사업과 관련된 환경갈등에 대한 시민참여의 중요성(이시재, 2001; 박태순, 2007) 등 환경갈등과 관련된 다양한 주제들에 대한 연구가 활발히 논의되어 왔다.

이러한 선행 연구에서 보이듯이 지난 경제성장과 더불어 제도적 민주주의가 성숙되어 왔음에도 불구하고 한국사회에서 발생하는 환경문제와 관련된 사안들은 이해관계자를 둘러싼 갈등이 여전히 반복되고 있으며 바로 그 중심에 대형국책사업이 상존한다. 이러한 사업들은 다양한 조정수단이나 정당한 절차에 의한 것이 아니라 정부의 일방적 결정에 의존해 왔다. 정치적 논리가 우선시된 새만금 간척사업의 경우 기성 정치인들의 반대 목소리는 들리지 않았고, 천성산 터널공사의 경우에는 법원조차 정부의 결정을 옹호하는 모습을 보여 주었다. 이는 공공이익을 위해 환경갈등을 해결하는 토대가 되어야 할 사회적 합의 틀의 부재와 다중적 기회비용 발생으로 인해 사회발전의 정체를 초래하는 문제발생의 요인이 된다.

'경제살리기'를 슬로건으로 집권한 현 정부는 신개발주의 일환으로 4대강사업, 원자력 개발, 수도권 상수원과 그린벨트 개발 등을 모두 '녹색'이라는 명목으로 밀어붙이기를 강행하였으며, 이러한 복고적 개발주의와 신자유주의 이데올로기의 동맹은 헤게모니 장악을 위해 언론에 의한 대대적 홍보에 매진한다(김철규, 2009). 그로 인해 제도화된 민주주의 의사결정과정이 상실되고 호도된 언론에 따른 시민환경의식이 약화되거나 정부와 비판적 여론과의 환경갈등이 유발될 수 있다.

예를 들어, 출범 초기부터 추진했던 대운하사업에 대해 학계에서는 운하반대전국교수모임을 조직하여 과학적 연구결과를 토대로 문제점을 지적했고, 400여 개 시민사회단체들은 운하백지화국민행동 및 운하길 도보순례를 통한 종교계의 운하백지화운동 등을 전개했다. 그 결과 대운하사업은 반대여론에 힘입어 무산되는 듯했으나 곧이어 2009년 국토해양부의 '4대강 살리기 마스터 플랜'으로 대체되었다. 이에 따르면 4대강사업은 기후변화로 인해 발생하는 빈번한 가뭄과 홍수를 막고, 수질과 생태계 악화 방지, 수상레저 및 문화활동 공간 제공, 4대강 유역의 녹화정비 등으로 국토 공간의 디자인 품격 향상, 지역경제 활성화 및 일자리 창출을 위한 종합 프로젝트이다. 이에 대해 유엔환경개발계획(UNEP)은 오히려 모범적인 그린 뉴딜 사업의 일환으로 소개할 만큼 4

대강사업은 대외적으로 주요 친환경 녹색사업으로 홍보되었다.

그러나 2010년 세계적 과학저널인 《사이언스(Science)》에서는 4대강 사업과 관련하여 "복원인가 파괴인가(Restoration or Devastation?)"라는 제목하에 국민의 반대를 무릅쓴 전형적인 토목사업이라는 문제 제기를 하였다(이상헌, 2010 재인용). 실제로 4대강사업과 관련된 환경부의 환경영향평가는 실제 답사보다 서류 중심의 평가로 마무리되었을 뿐만 아니라 22조 원의 혈세가 낭비되고 있는 행태를 보이기 때문에 환경단체, 시민사회단체, 종교단체, 민중노동단체, 생활단체, 네티즌 등이 참여한 4대강 죽이기 사업 저지 및 생명의 강 보전 범국민대책위원회를 결성하여 민주주의를 지키고 다음 세대를 위해 생명의 강을 지키자는 취지문을 발표하기에 이르렀다. 정치권의 경우 4대강사업 저지 야 4당 합동현장의원실에서 발표한 성명서(진보신당 성명 자료실 2010. 4)에 따르면 국민들의 73%가 이 사업을 반대하는 것으로 나타났다. 4대강사업 찬반에 대한 전문 여론조사에 따르면 2009년 12월 반대 50%, 찬성 35.9%이며 2010년 3월 반대 49.9%, 찬성 13.2%로 나타났다(윤순진·이동하, 2010 재인용). 강한 반대여론에도 불구하고 정부 주도의 대형국책사업이 다시 한 번 환경문제의 중심에서 환경갈등을 야기하고 있다.

따라서 이 글은 고려대학교 한국사회연구소에서 2007년 조사한 1차 한국인의 갈등의식 중 환경갈등 분석과 마찬가지로 2010년 2차 분석에서도 한국 환경갈등의 특수성을 명료화한 국가 '개발주의'에 방점을 둔다. 즉 한국사회의 환경갈등은 국가 주도의 개발주의에 근거한다는 문제 인식을 토대로 1, 2차 환경갈등조사 자료를 비교분석하고자 한다. 우리나라 환경갈등 사례들에서 나타나는 관련 주체는 크게 정부, 개발공사, 환경단체, 일반시민이나 상황과 이슈에 따라 이들 주체 간의 구체적 갈등 양상은 달라지며, 특히 우리사회의 환경갈등 중심에 국가가 위치해 있기 때문에 환경갈등 일반론보다 우리 사회가 갖는 특수성에서 환경갈등을 이해하고 분석하는 것이 유의미한 작업이라고 판단한다.

이 글에서는 먼저 1차 조사와 2차 조사[1] 결과를 비교 분석하여 시민들의 환경문제에 대한 인식 및 태도 변화 추이를 살펴보며, 또한 환경 관련 주체들에 대한 신뢰수준을 중심으로 분석한다. 이후, 2010년 현재 국민들의 환경문제에 대한 인식과 정보 획득 경로, 환경갈등의 심각성에 대한 인식을 파악한다. 특히 이러한 분석을 통해 국민들의 민심 기저에 깔려 있는 현 정부의 녹색성장사업과 4대강사업에 대한 인식과 태도를 파악하며, 현재 우리 사회의 시민들이 환경갈등에 대한 경향과 환경갈등의 특수성 분석을 통해 미래 환경갈등 대안 마련의 길을 모색하는 데 중점을 둔다.

2. 한국인의 환경갈등과 환경의식

지속적인 논란 속에 있는 환경갈등과 관련한 분석을 위해 이 절에서는 2010년 현재 환경갈등에 대한 국민들의 인식을 2007년 1차 한국인의 의식조사 결과와 비교분석하여 그 차이를 도출하고자 한다. 조사결과 분석 항목은 1, 2차 갈등의식조사에서 나타난 환경갈등의 심각성과 환경관련 주체에 대한 신뢰도 및 환경문제에 대한 태도에 대해 비교하여 통시적 결과를 밝힌다. 환경갈등의 심각성에 대한 인식과 환경 관련 주

---

1) 조사대상 및 방법과 관련된 자세한 내용은 이 책의 제1장을 참조하기 바란다. 2007년과 2010년이라는 조사 시기는 참여정부에서 이명박 정부로 교체 이후 응답자의 환경인식 차이와 관련된 통시적 비교분석으로서 가치를 지니며 이러한 검토가 향후 환경갈등 해소방안 마련을 위한 기초자료로 활용되기를 기대한다.

체들에 대한 신뢰 여부의 변화 추이를 비교 분석한 후, 시민들의 환경문제에 직접적인 참여의사 정도를 추가로 파악할 것이다. 또한 현 정부의 녹색성장사업과 그중 환경갈등의 핵인 4대강사업에 대한 인식 및 태도를 분석한다.

1) 환경갈등에 대한 인식조사 비교

(1) 환경갈등의 심각성에 대한 인식 비교

다양한 사회갈등 중에서 환경갈등은 비교적 최근에 등장한 것이다. 따라서 다른 갈등과 비교하여 환경갈등을 얼마나 심각하게 받아들이는지를 파악하고자 2007년의 1차 조사에서 심각성을 5점 척도(5점 심각)로 측정한 결과 한국사회의 다양한 사회갈등 가운데 환경갈등은 상당히 심각한 것(3.76)으로 나타났다. '경제개방을 둘러싼 이념갈등'의 뒤를 이어 '진보주의자와 보수주의자 간의 갈등'과 함께 두 번째로 심각한 것으로 평가되었다. 2010년의 2차 조사에서도 마찬가지로 상기 두 항목 다음으로 환경갈등(3.67)이 여전히 심각한 갈등으로 인식하는 것으로 나타났다(〈표 3-1〉 참조).

이러한 환경갈등 인식수준이 사회인구학적 집단에 따라 차이가 있는

표 3-1. 이념적 갈등의 심각성, 순위 및 평균값(단위: %)

2007년(N=1500)		항목 비교	2010년 (N=1027)	
순위	평균값		순위	평균값
1	4.00	경제개방(한미 FTA 등)을 찬성하는 사람과 반대하는 사람	1	3.72
2	3.76	진보주의자와 보수주의자	1	3.72
2	3.76	환경보호를 우선하는 사람과 개발을 우선하는 사람	3	3.67
5	3.71	친북세력과 반북세력	4	3.65
4	3.65	반미세력과 친미세력	5	3.53
6	3.62	경제적 평등을 우선하는 사람과 경제성장을 우선하는 사람	6	3.44
8	3.56	교육의 경쟁을 강조하는 사람과 교육평등을 주장하는 사람	7	3.26
7	3.53	여성의 권리를 보호하려는 사람과 가부장적 전통을 강조하는 사람	8	3.10

표 3-2. 2010년 사회인구학적 특성별 환경갈등 인식수준

구분		사례수	평균	표준편차	t / F	유의확률
전체		1,027	3.67	0.80		
성	남	526	3.65	0.81	-1.00	0.32
	여	501	3.70	0.79		
연령	만 20-29세	230	3.62	0.80	1.18	0.32
	만 30-39세	275	3.74	0.79		
	만 40-49세	293	3.67	0.82		
	만 50-59세	229	3.63	0.78		
지역	서울	226	3.69	0.81	3.40	0.00*
	부산	74	3.62	0.61		
	대구	56	3.64	0.98		
	인천	59	3.80	0.87		
	광주	29	3.62	1.08		
	대전	30	3.80	1.03		
	울산	23	3.22	0.67		
	경기	246	3.75	0.74		
	강원	33	3.21	0.65		
	충북	29	3.24	0.69		
	충남	40	3.53	0.78		
	전북	33	3.97	0.64		
	전남	35	3.86	0.97		
	경북	52	3.87	0.77		
	경남	62	3.48	0.59		
혼인 상태	미혼	241	3.66	0.84	0.83	0.44
	기혼	771	3.67	0.79		
	이혼/사별	15	3.93	0.80		
학력	고졸 이하	498	3.66	0.82	-0.50	0.61
	대졸 이상	528	3.68	0.78		
직업	화이트칼라	292	3.67	0.79	0.33	0.89
	블루칼라	310	3.63	0.83		
	자영업	168	3.71	0.77		
	가정주부	164	3.70	0.75		
	학생	70	3.67	0.81		
	기타	23	3.74	1.10		
월소득	200만 원 미만	118	3.77	0.90	1.25	0.29
	200~300만 원 미만	219	3.72	0.80		
	300~400만 원 미만	346	3.63	0.81		
	400~500만 원 미만	213	3.62	0.77		
	500만 원 이상	131	3.70	0.74		

*P 〈.05

지를 검토하기 위해 성, 연령, 지역, 혼인상태, 학력, 소득, 직업을 변수로 분석한 결과, 2007년 1차 조사에서는 여성, 40대, 전북, 기혼, 대학재학 이상, 월소득 400만 원대, 가정주부가 환경갈등을 심각하다고 느낀 것으로 나타났다. 이때 통계적으로 유의미한 차이는 연령과 지역에만 나타났다. 2010년 2차 조사에서는 여성, 30대, 전북, 이혼, 대학재학 이상, 월소득 200만 원 미만, 자영업이 환경갈등을 심각하게 느끼며 이때 지역별 특성만이 유의미한 것으로 확인되었다. 즉 1차 조사와 마찬가지로 한국사회에서 환경갈등을 가장 첨예하게 인식하는 변수는 지역, 특히 전북 거주 응답자들이 환경갈등을 심각하게 여기고 있음을 알 수 있다. 이는 전북 주민들이 새만금 간척사업과 같은 국책사업으로 인해 자신들의 삶의 터전이 위협받고, 이 사업을 놓고 찬성 측과 반대 측이 치열하게 갈등하는 것을 지켜보면서 어느 지역주민들보다 환경문제를 심각하게 인식하게 된 결과라고 해석된다(〈표 3-2〉 참조).

다음으로, 2010년 현재 우리사회의 환경문제를 둘러싼 집단 간 갈등이 어느 정도 심각하다고 생각하는지도 검토하였다. 〈그림 3-1〉에서 볼 수 있듯이 응답자의 57.1%가 '심각하다', 7.3%가 '매우 심각하다'고 인식하고 있었으며, '심각하지 않은 편' 혹은 '거의 심각하지 않다'고

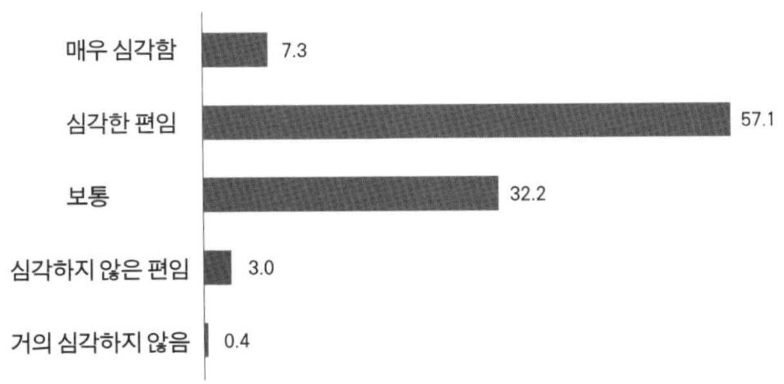

그림 3-1. 환경문제 관련 집단 간 갈등의 심각성 여부

응답한 비율은 3.4%에 불과했다.

이때 집단 간 환경갈등을 심각하다고 응답한 비중은 40대(68.9%), 대전/충청(75.8%) 및 광주/전라(75.3%), 화이트칼라(68.2%) 계층군에서 상대적으로 높게 나타났다. 앞서 살펴본 환경갈등 인식수준 차이에서 유의미성을 보인 지역변수를 고려하면, 대전/충청지역은 태안기름유출 사건을, 광주/전라지역은 새만금 간척사업 및 방사성 폐기물 처분장 등 환경갈등을 경험한 지역이기 때문에 환경문제에 대한 관심 정도가 높으며 환경문제 관련 갈등에 대해서도 '심각하다'는 의견을 제기한 것으로 보인다. 하지만 평소 환경문제에 대한 일반적인 관심 정도에 대한 질문에 대해서는 응답자 38.0%만이 '관심이 많은 편' 혹은 '매우 관심이 많다'고 응답하였다. 4대강사업과 같은 주요 환경갈등이 사회적 현안으로 대두되었음에도 불구하고 관심 정도가 매우 높지 않은 것은 다소 의외이다. 하지만 환경문제에 대한 관심을 '보통'이라고 응답한 국민이 절반(48.2%)에 가까운 것을 보면 무엇보다 생활에 직결된 민생고 해결이 우선일 뿐만 아니라 환경문제가 결국 원칙도 없는 또 다른 정쟁의 양상을 띠는 정부에 대한 불신이 반영된 것으로 여겨진다.

이에 다음에는 환경 관련 주체들, 특히 정부 기관에 대한 신뢰 여부에 대한 조사를 분석하고, 그 결과를 2007년 1차 조사 내용과 비교하여 두 시점 간 변화 추이를 살펴보도록 하겠다.

(2) 환경 관련 주체들에 대한 신뢰 여부 비교

사회갈등에는 상충되는 이해관계와 가치를 갖는 집단들이 존재하기 때문에 사회갈등의 주된 책임이 누구에게 있는지를 파악하는 것은 중요하다. 한국사회의 전반적인 사회갈등에 대해 어떤 조직 혹은 집단이 가장 책임이 큰지에 대한 질문에 대해 2010년 조사에서는 중앙정부(87.2%)가 가장 책임이 큰 것으로 나타났다. 다음으로 여당(86.6%), 야당(83.7%), 대통령(79.3%), 언론(78.5%), 지방정부(77.8%), 재계(68.4%), 노동계(58.7%), 보수단체와 진보단체(56.9%), 법조계(49.1%), 시민단체(44.3%), 종교계(33.5%), 학계(29.6%)의 순으로 책임이 크다고 응답했다. 이는 2007년 1차 조사에서 중앙정부(83.3%), 여당(78.9%), 야당(78.3%), 대통령(72%), 지방정부(75.3%)가 책임이 크다고 밝혀진 것과 비교해서도 한국의 사회갈등에 정치권의 책임이 더욱 커진 것을 보여 준다. 이에 대해 이 책의 제1장에서 윤인진은 현 정부에 들어와 시민단체와 종교계 등 각종 시민사회의 반대여론에도 불구하고 강력하게 추진한 4대강사업에 따른 사회갈등에 중앙정부와 대통령의 책임이 크다고 생각하는 것으로 해석하고 있다.

우리나라는 특히 환경갈등의 중심에 있는 정부 및 정부의 신개발주의를 이념으로 하여 실제 정책을 집행하는 기관으로는 한국토지주택공사, 수자원공사, 도로공사 등의 주요 기관이 있다. 따라서 2007년 1차 조사와 마찬가지로 이러한 개발공사들을 한 축으로, 환경단체와 다른 시민단체를 다른 한 축으로 하여 신뢰 정도를 비교분석하였고 다음과 같은 결과를 얻었다.

1차 조사에서와 동일하게 매우 신뢰함(5점)부터 매우 신뢰하지 않음(1점)까지의 5점 척도 응답에서 평균값 3, 즉 '신뢰한다'로 평가되는 기관이 여전히 많지 않았다. 즉 응답자들의 기관에 대한 신뢰 정도가 전반적으로 낮다는 것을 보여 준다. 조사결과를 살펴보면 1차 조사와 마찬가지로, 그중에서도 환경운동연합과 녹색연합, 즉 환경단체의 신뢰도가 각각 3.19와 3.13으로 평균값 3점을 넘었다. 반면 한국토지공사(2.58)와 한국주택공사(2.69)(현재 한국토지주택공사로 통합)는 가장 낮게 평가되었다. 이는 2007년 조사결과와 비슷한 추이를 보여 이들 기관

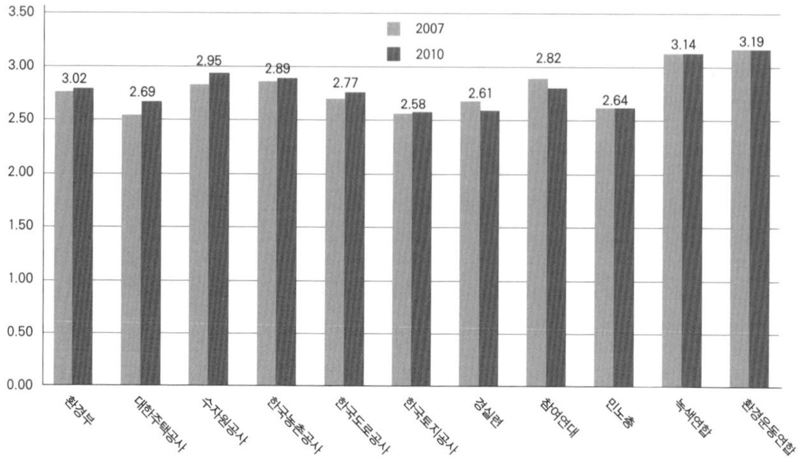

그림 3-2. 환경 관련 주체에 대한 신뢰정도 비교

이 상대적으로 난개발의 주범이라는 응답자들의 비판적 시각이 반영된 것으로 파악된다.

4대강사업과 같은 사회적 이슈가 부각되는 시기에 시민단체에 대한 높은 신뢰는 강한 영향력과 지지기반 확대를 위한 토대가 될 수 있음에도 불구하고, 경실련과 참여연대에 대한 신뢰 정도가 1차 조사에 비해 낮아진 것도 주목할 필요가 있다. 한편, 1차 조사 당시, 신개발주의를 기반으로 한 이명박 정부에서 이러한 개발주의적 가치를 옹호하는 환경부의 행보로 인해 환경부에 대한 국민들의 신뢰가 하락할 것이라고 예상했으나 오히려 환경부(3.02)와 수자원공사(2.96)에 대한 신뢰 정도가 1차 조사결과에 비해 우호적으로 평가되었다. 특히 수자원공사에 대한 신뢰 정도가 평균 28.5%로 나타난 것에 비해 부산지역에서의 신뢰도가 43.4%로 월등히 높게 나타났다. 이는 4대강사업이 환경가치를 앞세운다는 홍보 효과 및 각종 환경 현안을 둘러싼 개발에 대한 막연한 기대심리가 반영된 것으로 보인다. 이에 대해서는 다음 장의 현 정부 환경정책에 대한 인식 부분에서 논의를 확장할 것이다.

표 3-3. 환경 관련 주체에 대한 주요 배경 변수별 신뢰 정도

구분	성별		연령		교육수준		지역	
	t	Sig.	F	Sig.	t	Sig.	F	Sig.
환경부	-1.18	0.24	1.26	0.29	0.51	0.61	4.02	0.00**
대한주택공사	-1.90	0.06	0.43	0.73	-0.41	0.69	4.54	0.00**
수자원공사	-0.81	0.42	1.00	0.39	-1.45	0.15	4.79	0.00**
한국농촌공사	-2.01	0.05	0.41	0.74	-0.21	0.84	3.58	0.00**
한국도로공사	-0.29	0.77	0.07	0.97	1.01	0.31	4.21	0.00**
한국토지공사	-1.87	0.06	0.43	0.73	-0.91	0.36	6.38	0.00**
경실련	-0.71	0.48	0.17	0.91	-0.27	0.79	9.97	0.00**
참여연대	-1.10	0.27	0.09	0.96	-2.46	0.01*	7.69	0.00**
민노총	0.94	0.35	1.32	0.27	-1.42	0.16	8.55	0.00**
녹색연합	-0.68	0.50	1.33	0.26	-0.93	0.35	3.67	0.00**
환경운동연합	-1.57	0.12	0.69	0.56	-1.59	0.11	3.43	0.00**

*P 〈.05, **P 〈.01

참고로 환경 관련 주체들에 대한 신뢰 정도를 1차 조사와 마찬가지로 응답자의 성별, 연령별, 교육수준별, 지역별 요소를 중심으로 t/F-test를 통해 검증해 본 결과, 조사 대상에 대한 성별, 연령별, 교육수준별(참여연대 제외) 변수의 신뢰 정도는 통계적으로 유의한 차이가 없는 것으로 나타난 반면, 여전히 지역변수가 전 기관에 대한 신뢰에 있어 유의미한 것으로 확인되었다.

(3) 환경문제에 대한 태도 비교 및 참여 여부

환경문제에 대한 응답자들의 태도를 파악하는 항목에서는 다양한 진술들을 제시하고 이에 대한 동의 정도를 5점 척도로 밝히도록 하였으며, 이때 점수가 낮을수록 환경주의적 태도를 갖는다. 1차 조사결과와 마찬가지로 2차 조사에서도 모든 조사 항목에서 3점 이하로 나타나 비교적 환경주의적이라고 파악된다. 1차 조사에서 동의 정도가 가장 높은 문항이었던 '환경문제의 개선이 중장기적으로 경제발전에 도움을 줄 것'(66.5%)이라는 항목은 2차 조사에서도 63.1%의 응답자들이 동의한다고 나타나 환경문제를 경제와 밀접한 관계로 인식하는 수준이 여전히

높은 것을 알 수 있다. 그러나 1차 조사에서는 매우 적극적으로 동의한 사람의 비율이 19.7%로 대단히 높았던 것에 비해 2차 조사에서는 7.7%로 줄어드는 변화를 보였다.(〈표3-4〉 참조)

또한 1차 조사결과와 마찬가지로 상수원보호 지원과 대기오염 개선을 위한 환경 관련 세금부담에 대해서는 평균값이 각각 2.86과 2.88, 동의하지 않는 사람들의 비율이 20.6%(대체로 동의하지 않음 18.2%와 매우 동의하지 않음 2.4%를 합한 값)과 21.2%(마찬가지로 18.9%와 3.6%의 합)로 1차 조사결과인 각각 19.5%와 18.6%보다 1~2%정도 높아지는 추세를 보임으로써 세금이라는 구체적인 비용부담은 여전히 부정적으로 여기는 태도가 현존하고 있다.

더 나아가 2차 조사에서는 '환경문제를 해결하기 위해 본인 참여의

표 3-4. 환경문제와 관련한 태도(단위: %)

구분	매우 동의		대체로 동의		보통		대체로 동의하지 않음		매우 동의하지 않음		평균	
	2007	2010	2007	2010	2007	2010	2007	2010	2007	2010	2007	2010
경제발전의 속도를 늦추더라도 환경문제를 우선해서 개선해야 한다	9.9	4.2	37.9	45.6	40.5	35.7	9.9	13.3	1.8	1.2	2.56	2.62
환경문제의 개선은 중장기적으로 경제발전에 도움을 줄 것이다	19.7	7.7	46.8	55.4	28.3	30.9	4.5	5.7	0.6	0.3	2.20	2.36
환경산업은 국가경쟁력을 좌우할 수 있는 산업이므로 집중 육성해야 한다	-	8.2	-	47.8	-	35.2	-	8.6	-	0.3	-	2.45
다소 가격이 비싸더라도 나는 환경친화적인 상품을 구입할 용의가 있다	9.8	4.5	36.2	36.6	42.9	44.6	14.0	10.1	0.9	0.3	2.56	2.69
상수원 보호를 위한 지원을 위해서라면 나는 환경관련 세금을 더 부담할 용의가 있다	5.6	3.1	26.6	30.8	48.3	45.5	16.1	18.2	3.4	2.4	2.85	2.86
대기 오염 개선을 위해서라면 나는 환경관련 세금을 더 부담할 용의가 있다	5.2	3.4	27.4	28.7	47.6	46.6	16.3	18.9	2.3	3.6	2.86	2.88
환경보호를 위해서라면 나는 생활의 불편을 감수할 용의가 있다	7.5	4.5	32.7	35.2	47.5	47.7	10.0	11.8	2.2	0.8	2.67	2.69

표 3-5. 환경문제와 관련한 태도(단위: %)

구분	아주 많음	있는 편임	없는 편임	거의 없음	평균	표준편차
집회 참여	0.9	13.0	42.6	43.5	1.71	0.72
환경 관련 단체에 회원으로 가입	1.3	15.8	39.6	43.3	1.75	0.71
환경 관련 단체에서 자원봉사활동	1.3	19.4	38.7	40.7	1.81	0.79
환경 관련 단체에 기부나 후원	1.4	18.8	41.2	38.7	1.83	0.78
환경 관련 교육프로그램 참여	0.9	18.1	39.1	41.9	1.78	0.77

의향 정도'와 관련된 항목을 추가하여 조사해 보았다. '집회 참여', '환경 관련 단체회원 가입', '환경 관련 단체 자원활동', '환경 관련 단체 기부나 후원', '환경 관련 교육프로그램 참여' 등 참여 여부(4점 척도, 4점 참여 의지 높음)에 대한 항목별 평가에서 평균값이 1.71로 나타나 전반적으로 환경문제 해결을 위한 직접참여 의향은 매우 낮은 것으로 확인되었다. 평가 항목 가운데 기부나 후원의 방식(1.83)으로 참여의사를 밝힌 응답자의 비중이 다소 높게 나타난 반면 집회 참여와 같은 직접 행동의 비중은 상대적으로 낮았다. 다만 집회 참여와 같은 적극적인 방식으로 환경문제 해결에 동참 의사를 밝힌 집단은 대학 재학 이상(1.77), 학생(1.86) 및 광주/전라지역(1.92)을 중심으로 다소 높게 나타났다.(〈표3-5〉 참조)

주목할 부분은 대부분의 지역에서 집회 참여 및 환경단체 가입 의향이 매우 저조했으며, 특히 부산/울산/경남지역의 경우 '참여 의사 없다'가 93.7%로서 대단히 높은 비율을 보였다. 이는 비록 환경의식 자체가 다른 사회인구학적 변인에 비해 직접적인 환경행동에 중요한 영향을 미치지 않는다(Scott and Willits, 1994)는 것이 일반적 정설이기는 하나 과반수의 국민이 환경운동단체 가입 의향을 밝혀 높은 관심도를 나타낸다는 환경부(2000)의 〈21세기 국민환경의식 조사〉 자료와 상반된 결과가 밝혀졌다. 특히 현 시점에서 환경갈등을 다양한 방식을 통한 시민들의 적극적인 참여로 해소하려는 의지의 부재가 드러난 원인을 고민해 봐야 할 것이다.

2) 현 정부 환경정책에 대한 인식 평가

(1) 녹색성장사업에 대한 인식 및 태도

대형국책사업이 환경갈등의 원인을 제공할 뿐만 아니라 갈등의 중심에 상존하는 우리나라 환경갈등의 구조적 특수성을 지적한 김철규(2008)는 이명박 정부의 신개발주의 통치체제를 IMF위기 이후 확산된 복고적 개발주의와 신자유주의가 결합한 권위적 신개발주의이며, 특히 4대강 사업을 통해 노골적으로 드러낸 토목개발주의의 문제점을 지적하고 있다. 현 정부를 토건국가로 규정하는 조명래(2005) 또한 정부 정책이 환경적 가치를 내세우고는 있지만 실제 나타나는 현상에서는 개발주의적 이념과 행태가 더욱 분명해졌으며 이러한 정부권력이 오히려 국민들의 반대여론을 억압하고 있다고 주장한다. 이에 2010년 2차 조사에서는 현 정부의 녹색성장사업과 그 일환인 4대강사업에 대한 인식 및 태도와 관련된 항목을 추가하였다.

먼저 이명박 정부가 중점적으로 추진하고 있는 녹색성장사업에 대한 인지 정도를 묻는 설문에 대해 응답자 55.7%가 '잘 알고 있다' 혹은 '대체로 알고 있다'고 조사되었으나, '전혀 모른다'(5.5%)는 응답 비중이 '잘 알고 있다'(4.7%)는 비중보다 다소 높을 뿐만 아니라 '잘 모른다'는 응답도 38.9%로 나타났다. 이러한 녹색성장사업의 인지도는 남성(62.5%), 40대(62.8%), 서울(67.3%) 지역 중심으로 상대적으로 높은 것으로 확인되었다.(〈그림 3-3〉 참조)

한편, 이러한 녹색성장사업이 국내 환경문제 해결에 얼마나 도움이

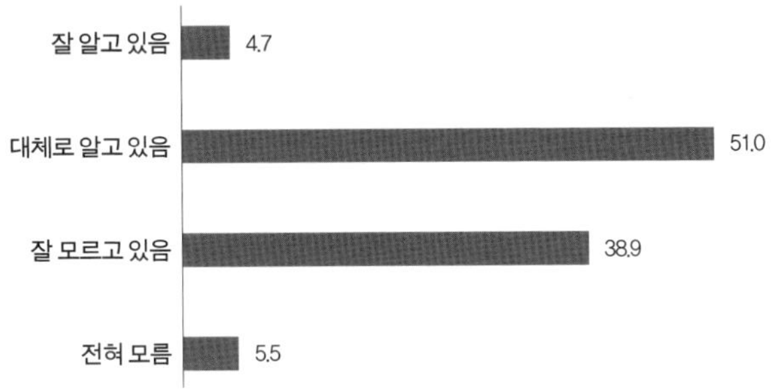

그림 3-3. 녹색성장사업 인지도

된다고 생각하느냐는 질문에 대해서는 47.8%의 응답자들이 '도움이 된다'는 긍정적인 평가를 하였다. 특히 녹색성장의 인지도가 높았던 남성(52.1%), 40대(52.9%), 서울(59.3%) 지역을 중심으로 긍정적 평가가 높게 나타난 점을 주목할 필요가 있다. 현 정부의 녹색성장사업에 문제점을 제기하는 다양한 학계와 단체의 지적에도 불구하고 우리 사회의 한 구성 축인 40대 서울 거주 남성들이 정부의 녹색성장에 대해 긍정적 평가를 한 것은 녹색성장을 통해 친환경개발이 가능하다는 정부의 홍보효과뿐만 아니라 현안에 대한 기대심리가 반영된 것으로 보인다. 그에 비해, 녹색성장사업의 환경개선 여부에 대한 질문에 대해 부정적 평가가 상대적으로 높게 나타난 대전/충청(64.6%) 지역의 경우, 앞서 지적한 바와 같이 허베이 스피리트호 기름유출사건 경험이 환경갈등 심각성 여부 조사에서도 표출되었을 뿐만 아니라 행정도시 이전을 둘러싼 중앙정부와의 갈등이 녹색성장이라는 정부 주요 추진 사업에 대한 불신으로 반영된 것으로 보인다.

녹색성장사업에 대한 평가는 사업평가 항목을 제시하고 이에 대한 동의 정도를 5점 척도를 밝히도록 하였으며 이때 평균값이 낮을수록 녹색성장사업에 동의하는 태도를 갖고 있다고 평가했다. 구체적인 질문 내용은 '녹색성장사업은 재생에너지를 개발함으로써 이산화탄소 배출

표 3-6. 녹색성장사업 관련 태도(단위: %)

구분	매우 동의	대체로 동의	보통	대체로 동의하지 않음	매우 동의하지 않음	평균
녹색성장사업은 재생에너지를 개발함으로써 이산화탄소의 배출을 줄일 수 있다	8.3	51.4	33.0	6.9	0.4	2.40
녹색성장산업으로 많은 일자리를 창출할 수 있다	3.6	37.2	45.0	13.4	0.8	2.71
녹색성장산업은 환경보호보다는 경제성장을 우선시 한다	3.4	25.4	46.6	22.0	2.5	2.95

을 줄일 수 있다', '녹색성장사업으로 많은 일자리를 창출할 수 있다', '녹색성장사업은 환경보호보다는 경제성장을 우선시 한다'였다. 조사 결과 평가항목 모두 평균값이 3점 이하로 나타났으므로 녹색성장사업이 비교적 탄소배출 감소와 일자리 창출 및 경제성장에 기여하는 하는 것으로 나타났다. 특히 녹색성장사업이 탄소배출을 줄인다는 항목에 대한 동의가 59.7%로 높게 나타났으며, 40대(63.1%), 강원(87.9%) 지역 중심으로 녹색성장에 대해 긍정적으로 평가하였다. 여기에서 다시 한 번 녹색성장사업을 '저탄소'로 수식한 슬로건에 대한 학습효과의 결과가 반영된 것으로 보인다. 특히 녹색성장사업이 환경보호보다는 경제성장을 우선시한다는 데 대해 동의하지 않은 비중이 3점(2.95)에 가깝다는 것은 녹색성장이 개발을 추구하지만 환경보호도 동시에 주력한다는 정부의 녹색성장사업 대국민 홍보전략 및 개발에 대한 기대가 반영된 것으로 보인다.(〈표 3-6〉 참조)

(2) 4대강사업에 대한 인식 및 태도

2010년 조사에 따르면 74.9%에 달하는 상당수 응답자들이 환경문제나 환경갈등에 대한 주요 정보를 TV를 통해 얻는 것으로 나타났다. 특히 주부(86.8%)와 고졸 이하(84.7%) 계층에서의 TV 비중이 높은 반면 20

대, 학생 계층은 상대적으로 인터넷을 통해 환경이슈 정보를 획득한다는 것을 알 수 있었다. 정부와 시민사회 간의 갈등을 야기하고 있는 4대강사업에 대한 매체, 특히 방송매체인 TV의 보도방식과 국민 인식에 미치는 영향을 분석한 윤순진·이동하(2010)의 연구에 따르면 4대강사업의 사회적 중요성에 비해 국내 정보전달의 두 축인 MBC와 KBS 모두 보도일수나 보도건수 빈도가 매우 낮았으며 기사 배치 순서 또한 비중이 낮았다. 4대강사업의 위법성에 따른 국민소송이나 종교단체 및 시민사회의 반대 의견에 대해서도 배제하고 축소했으며 4대강사업 관련 예산과 관련해서도 예산 규모 및 처리과정에 대한 보도가 아니라 여야 간의 대립 보도에 초점을 맞추어 또다시 반복되는 정쟁의 차원으로 인식을 유도했다는 것이다. 이런 연구결과는 왜 현 정부가 정부의 정책방향에 대해 유리한 여론을 형성하기 위해 친정부적 언론방송에 집착하는지를 이해하는 데 도움이 된다.

그럼에도 불구하고 이번 조사에서 제기한 사회적 주요 현안인 현 정부의 4대강사업에 대한 찬성과 반대 의견을 조사한 항목을 분석한 결과, 아래에서 보여 주듯이, 반대 40.2%, 찬성 19.9%로 4대강사업에 대한 국민들의 부정적인 의견은 여전히 높은 것으로 나타났다.(〈그림 3-4〉 참조)

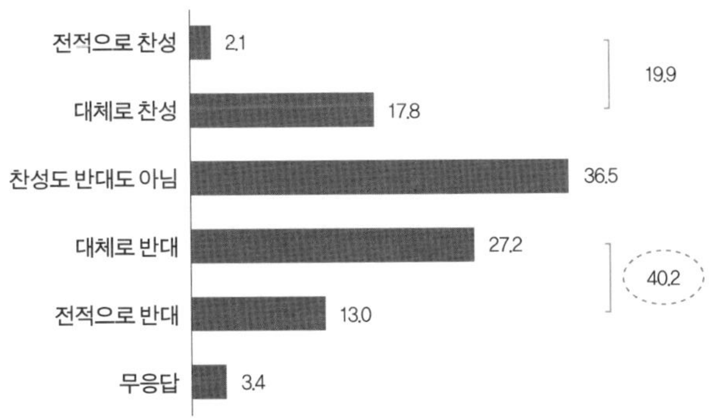

그림 3-4. 정부의 4대강사업에 대한 의견(단위: %)

표 3-7. 사회인구학적 특성별 4대강사업에 대한 찬/반 의견(단위: %)

구분		사례수	평균	표준편차	t / F	유의확률
전체		992	3.32	0.99		
성	남	506	3.28	1.05	-1.23	0.22
	여	486	3.36	0.93		
연령	만 20-29세	227	3.44	0.93	4.81	0.00**
	만 30-39세	264	3.40	0.94		
	만 40-49세	280	3.32	1.05		
	만 50-59세	221	3.11	1.03		
지역	서울	204	3.20	0.87	5.91	0.00**
	부산	71	3.08	0.89		
	대구	56	2.84	0.97		
	인천	57	3.54	1.02		
	광주	29	3.41	0.78		
	대전	30	3.67	0.96		
	울산	23	2.83	0.49		
	경기	239	3.43	0.96		
	강원	33	3.33	1.05		
	충북	29	3.79	1.24		
	충남	40	3.05	1.22		
	전북	33	4.15	0.67		
	전남	35	3.74	1.20		
	경북	51	3.20	1.11		
	경남	62	3.13	0.95		
혼인 상태	미혼	237	3.41	0.94	-1.48	0.14
	기혼	741	3.29	1.01		
	이혼/사별	14	3.64	1.08		
학력	고졸 이하	477	3.27	0.99	-0.50	0.61
	대졸 이상	514	3.36	1.00		
직업	화이트칼라	279	3.32	1.00	0.74	0.59
	블루칼라	300	3.32	1.01		
	자영업	161	3.20	1.09		
	가정주부	160	3.39	0.92		
	학생	69	3.39	0.84		
	기타	23	3.43	1.04		
월소득	200만 원 미만	117	3.51	1.11	4.11	0.00**
	200~300만원 미만	213	3.42	1.03		
	300~400만 원 미만	334	3.21	0.93		
	400~500만 원 미만	201	3.40	0.91		
	500만 원 이상	127	3.13	1.06		

*P 〈.05, **P 〈.01

4대강사업에 대한 찬반의견에 대해 전적으로 반대 5점, 전적으로 찬성 1점까지 전체 응답자들의 사회인구학적 특성별로 분석한 결과, 응답 평균값이 3.32로 부정적 견해가 높았으며, 고학력(대학 재학 이상), 저소득층(200만 원 이하) 및 전북지역을 중심으로 높게 나타났다. 통계적으로도 연령, 지역, 소득변수에서 유의미한 차이가 있는 것으로 확인되었다. 한편, 4대강사업에 대한 긍정적 평가는 연령층이 높아질수록, 500만 원 이상 고소득층, 울산과 대구지역을 중심으로 찬성 비중이 높게 나타났다. 이는 앞서 언급한 방송매체의 보도성향과 특히 TV에 의존하여 정보를 얻는 고연령대층, 보수적이며 여당에 대한 지지도가 높은 소득계층 및 지역의 찬성률이 높다는 점에서 그 개연성을 증명하고 있다.(〈표 3-7〉 참조)

4대강사업과 관련하여 정부는 녹색성장, 즉 친환경개발의 일환으로서 긍정적 측면을 부각시킨 홍보에 매진하였고, 대부분의 언론매체 또한 사업의 당위성을 유포해 왔다. 이에 대응해 학계, 종교계, 시민단체는 4대강사업의 부정적인 측면을 주장해 왔다. 4대강사업에 대한 긍정과 부정의견을 항목화하여 응답자의 태도(5점 척도)를 조사하였고 그 결과는 다음과 같다. 먼저 사업이 갖는 긍정 효과(5점 전적 동의) 측면에서는 평균값이 3점 이하로 나타나 대체로 부정적인 견해를 갖는 것을 알 수 있다. 4대강사업이 가져올 긍정적 효과로서의 '강 수질 개선'(2.71) 및 '녹색성장 기여'(2.65) 여부에 대해 부정적 견해가 높았다. 특히 정부의 대대적 홍보와 달리 국민들은 4대강사업이 수질 개선에 도움이 되지 않는다는 응답이 40.1%(전혀 도움 안 됨 16.8%, 대체로 도움 안 됨 24.2%)에 달한다. 또한 사전조사와 절차 없이 국민여론을 무시한다는 평가가 48.2%, 환경을 심각하게 파괴한다는 항목에 동의하는 비중도 51.3%로 높게 나타났다. 특히 이러한 부정적 시각은 남성, 20대와 30대 연령층, 학생 및 광주/전라지역에서 높게 나타났다. 반면에, 정부가 적

표 3-8. 4대강사업에 대한 의견(단위: %)

구분		전적으로 그렇다	대체로 그렇다	보통	대체로 그렇지 않다	전혀 그렇지 않다	모르겠다	평균
긍정적	경제 활성화	1.7	26.5	37.3	21.2	11.2	2.1	2.86
	강 수질 개선	2.9	23.9	30.2	24.2	16.8	1.9	2.71
	일자리 창출	3.2	30.3	35.1	20.1	9.6	1.8	2.97
	홍수 예방	3.2	25.5	35.2	21.2	12.8	2.1	2.85
	녹색성장 기여	3.2	17.3	35.2	25.7	15.9	2.7	2.65
부정적	예산낭비	12.1	31.2	31.5	15.8	7.0	2.4	3.26
	환경파괴 심각	13.5	37.8	28.5	13.9	5.1	1.2	3.41
	국민여론 무시	15.5	32.7	30.1	15.3	4.8	1.7	3.40
	부동산 투기 증가	10.8	30.5	36.3	16.6	3.3	2.5	3.30

표 3-9. 주요 배경 변수별 신뢰정도

구분	성별		연령		교육수준		지역	
	t	Sig.	F	Sig.	t	Sig.	F	Sig.
경제 활성화	-0.12	0.90	1.89	0.13	-1.43	0.15	8.68	0.00**
강 수질 개선	-0.83	0.41	3.70	0.01*	-2.40	0.02*	7.42	0.00**
일자리 창출	1.00	0.32	1.68	0.17	-0.88	0.38	5.45	0.00**
홍수 예방	-0.79	0.43	6.44	0.00**	-2.80	0.01*	6.36	0.00**
녹색성장 기여	0.68	0.50	3.69	0.01*	-2.08	0.04*	6.11	0.00**
예산낭비	2.37	0.02*	3.13	0.03*	3.32	0.00**	4.48	0.00**
환경파괴 심각	1.06	0.29	3.51	0.01*	3.47	0.00**	2.57	0.00**
국민여론 무시	1.55	0.12	1.27	0.28	1.45	0.15	5.53	0.00**
부동산 투기 증가	-0.98	0.33	3.84	0.01*	2.07	0.04*	2.32	0.00**

*P 〈.05, **P 〈.01

극 주장하고 홍보해 온 4대강사업의 경제 활성화와 일자리 창출 효과에 대해 부산/울산/경남지역과 주부, 저소득층 등 일부 집단을 중심으로 긍정적인 평가를 하는 것으로 나타났다.(〈표 3-8〉 참조)

이러한 4대강사업에 대한 일반인의 인식 및 태도를 성별, 연령별, 교육수준별, 지역별 요인들을 중심으로 그 차이 여부를 t/F-test를 통해 검증해 본 결과, 22조가 넘는 막대한 예산 투입으로 인한 분명한 '예산낭비'라는 항목에서 모든 변수가 통계적으로 유의미한 차이가 있는 것으로 나타났다.(〈표 3-9〉 참조)

3. 맺음말

이 글에서는 2007년과 2010년 환경갈등의식 조사결과를 바탕으로 한국인의 환경문제에 관한 인식수준을 비교분석하였다. 조사 분석결과에서 나타난 특징은 1, 2차 조사 모두 환경갈등을 한국사회의 심각한 사회갈등 중 하나로 인식하는 것으로 나타났으며, 특히 정부 주도의 개발사업을 통해 환경갈등을 직접 경험한 '지역'에서 인식하는 환경갈등의 심각성이 유의미한 결과를 보였다. 한국사회의 사회갈등 주범으로 시민들은 중앙정부의 책임이 가장 크다고 응답하였으며, 환경 관련 주체에 대한 신뢰 여부에 대해서는 개발사업의 주도적 역할을 담당하는 한국토지주택공사 등의 신뢰수준이 낮은 반면, 환경운동연합 등 환경단체에 대한 평가는 상대적으로 높게 나타났다. 1, 2차 조사 모두 환경문제의 개선이 중장기적으로 경제발전에 도움을 줄 것이라고 동의한 사람들의 비율이 높아 환경문제를 경제와 밀접한 관계로 인식하는 것으로 나타났다. 그럼에도 환경문제 해결을 위한 참여 의향 여부와 관련하여 집회나 후원금 등의 직접행동 방식으로 환경문제에 참여하고자 하는 응답자의 비중은 낮게 조사되었다.

이번 조사결과에서 눈에 띄는 점은 1, 2차 조사 모두 시민들의 개발기관에 대한 신뢰도가 높지 않으며 환경단체를 여전히 신뢰한다는 점, 이와는 달리 녹색성장사업과 그 일환인 4대강사업, 즉 국가개발주의에 대해 높은 기대수준을 보인다는 점, 환경갈등문제 해결을 위해 다양한 방식으로 참여하여 해결하려는 의지 부재의 정향을 보인다는 점이다. 즉 2010년 현재 실질적으로 4대강사업과 같은 높은 환경갈등을 야기하는 현안이 존재하여 이에 대해 응답자의 절반 정도(48%)가 '국민여론을 무시'하고 '예산을 낭비'한다고 응답하는 등 상대적으로 높아진 국민들의 환경의식 및 민주적 절차와 과정을 통한 문제해결 과정을 희망하는 것이 국민여론임이 재확인되었다. 하지만 동시에 이명박 정부의 녹색성장사업에 대해서 상당수 응답자들이 국내 환경문제 해결에 도움이 된다는 긍정적인 평가를 하여 개발에 대한 막연한 기대를 갖고 있었다. 또한 환경문제의 심각성에 대한 인식은 높지만 환경갈등문제 해결을 위한 참여의지는 낮아 결국 개발과 보존, 인식과 실천에 대한 모순된 가치가 한국인의 의식 속에 내재되어 있다고 볼 수 있다.

실상 한국사회에서 환경문제는 1980년대에 들어서야 주요 현안의 하나로 주목받기 시작하였고 그 관심도가 점차 높아졌다. 이러한 인식의 변화는 시민들을 대상으로 한 환경문제 중요성에 대한 조사결과의 변화 추이를 보면 알 수 있다. 1982년에는 응답자의 5.7%만이 환경문제가 다른 사회문제와 비교해서 가장 중요한 문제라고 응답하였으나, 1990년에는 20.8%, 1996년에는 33.1%로 증가했다(양종회, 1993, 구도완, 1999). 한국사회연구소의 2010년 한국인의 갈등의식 2차 조사에서는 38%가 환경문제에 관심이 있다고 응답했다. 환경문제에 대한 관심이 증가한 이유는 환경오염 및 환경악화가 증대되었기 때문이기도 하지만 더 중요한 요인은 주민들이 겪는 피해를 환경단체들이 함께 사회운동화했으며 이로 인해 환경문제에 대한 심각성을 시민들도 인지하여 여론이 조성되었고 이후 정치권과 함께 문제를 해결해 나가고 있기 때문이다. 이와 같이 환경갈등의 해결을 위한 시민사회와 정부 간의 협력은 민주사회의 특징이다.

이번 조사결과를 살펴보면, 국민들은 녹색성장사업의 일환인 4대강 사업을 통해 야기된 환경갈등에 있어서 민주적 절차와 과정을 통한 환경갈등 해결과정을 희망하는 응답을 보여 그동안 축적된 환경의식을 통해 시민사회와 정부 간 협력을 갈망하는 성숙한 민주주의 정책 수렴

과정을 요구하고 있음을 알 수 있다. 그러나 개발과 보전 사이에서 가치 갈등의 모습을 보이는 인식 저변을 통해 대형국책사업을 중심으로 펼쳐지는 한국 환경갈등의 특수성을 재확인할 수 있다. 즉 현 정부의 복고적 개발주의와 신자유주의가 결합한 권위적 신개발주의가 국가적 차원에서의 형식적인 친환경 논리를 내세우고 이를 홍보하는 신국책개발사업의 형태를 보이며 이러한 여론몰이의 결과 국민들의 실질적 환경의식은 후퇴하였고, 녹색성장사업이 국내 환경문제 해결에 도움이 된다는 긍정적인 평가를 내림으로써 환경과 개발 간의 모순된 가치 정향을 가지게 된 것으로 보인다.

앞서 언급했듯이 현 정부는 4대강사업을 UNEP에까지 모범적인 그린뉴딜 사업 '4대강 복원'(Four Major Rivers Restoration)으로 홍보하였다. 하지만 '복원'(Restoration)은 인공적으로 훼손된 하천을 자연상태로 돌려주는 것이지 자연적으로 흐르던 강에 개발 공사를 하는 것이 아니기 때문에 UNEP의 잘못된 평가를 바로잡기 위해서 한국 환경단체들은 국제적 단체 대표들의 4대강 현장방문을 추진하여 국제적 저항운동을 취하고 있다. 새만금 간척사업과 마찬가지로 시대상을 반영하지 못한 정책으로 인해 환경갈등이 야기되고, 원칙도 없고 투명하지 못한 사업목적은 중앙 및 지역정부 간의 혼란과 불신을 초래하며, 객관적 조사결과의 부재는 이해당사자 간의 갈등을 증폭시키는 원인이 된다.

우리사회 각 계층의 우려와 반대에도 불구하고 정부는 기존의 방침을 고수하며 밀어붙이기를 강행해 온 현실에서, 양평 두물머리 유기농단지 승소 판결이 정부의 4대강사업 속도전에 제동을 걸고 원점에서 재검토하는 계기가 되어야 할 것이다. 또한 시민들의 환경의식과 민주적 절차에 대한 요구를 수용하는 진정한 협치(governance)를 이루기 위해서는 시민사회의 보다 적극적인 대응과 참여의 노력이 절실하며, 그로 인해 한국에서 발생하는 미래 환경갈등의 중심에 더 이상 일방적 토건개발사업이 존재하지 않기를 기대해 본다.

참고문헌

구도완. 1999. 〈1980년대 이후의 한국인의 환경의식〉. 《환경정책》 7(2): 18-33.

구자건·이무춘. 2008. 《환경갈등과 사회영향평가 방법》. 연세대학교출판부.

김병완. 1993. 〈한국 행정부 내의 관료정치—환경정책에 대한 개발부처와 보전부처의 관계분석〉. 《한국행정학보》 27(1): 171-194.

김준한. 1996. 〈행정부와 대체적 분쟁해결제도〉. 《한국행정학보》 30(4): 37-53.

김철규. 2008. 〈한국의 개발주의와 환경갈등〉. 《한국사회》 9(1): 95-118.

김철규. 2009. 〈개발주의와 환경갈등〉. 《한국인의 갈등의식》. 고려대학교출판부.

문태훈. 2001. 〈보전과 개발을 둘러싼 중앙부서 간의 환경갈등 원인과 저감방안에 관한 연구〉. 《한국행정학보》 35(1): 1-18.

박기묵. 1997. 〈하천의 상 · 하류지역 간 물분쟁 해결모형—부산시와 대구시의 분쟁을 중심으로〉. 《한국행정학보》 31(4): 227-243.

박길성. 2009. 〈한국사회의 갈등 지형과 경향〉. 《한국인의 갈등의식》. 고려대학교출판부.

박태순. 2007. 《지자체 갈등의 유형과 특징》. 사회갈등연구소.

양종회. 1993. 〈우리나라 국민들의 환경문제에 대한 의식의 변화 및 사회적 기반〉. 《한국사회학》 26: 89-120.

윤순진. 2004. 〈환경갈등의 예방 · 완화 · 해소를 위한 환경영향평가제도 개선방안—시민참여적 사회영향평가의 제도화를 중심으로〉. 《한국사회와 행정연구》 15(1): 283-311.

윤순진·이동하. 2010. 〈4대강사업에 대한 TV 뉴스의 의제 설정과 프레임〉. 《에코》 14(1): 7-62.

윤인진. 2011. 〈한국인의 갈등의식 특성과 변화〉. 《고려대학교 갈등사회심포지엄 자료집》.

이상헌. 2010. 〈통합적 수자원 관리 원칙에 의한 4대강사업의 정당성 검토〉. 《에코》 14(1): 63-96.

이시재. 2002. 〈새만금사업의 의사결정과정의 적정성의 문제〉. 《에코》 2: 231-260.

정주철 · 임재영. 2007. 〈사회영향평가의 원칙 및 지침에 관한 연구—미국 사례를 중심으로〉. 《한국환경영향평가》 16(1): 45-58.

정희성 · 이창훈 · 김영미. 2005. 《환경갈등 현황 및 정책과제》. 한국여성개발원.

조명래 외. 2005. 《신개발주의를 멈춰라》. 환경과생명.

지속가능발전위원회. 2005. 《공공갈등관리의 이론과 기법》. 지속가능발전위원회.

환경부. 2000. 《21세기 국민환경의식 조사》. 환경부.

Scott, D. and Fern K. Willits. 1994. "Environmental Attitudes and Behavior: A Pennsylvania Survey." *Environment and Behavior* 26(2): 239-260

United Nations Environmental Programme. 2009. *Overview of Republic of Korea's Green Growth National Vision*. UNEP.

제4장

일상생활 영역의 갈등과 소통*

김선엽

1. 머리말

오늘날 한국 사회가 경험하고 있는 사회갈등은 거시적 차원에서부터 일상적 영역에 이르는 다양한 차원에 걸쳐 있다. 경제적 불평등이나 양극화로 인한 거시적 차원에서 사회집단 간 갈등 양상을 비롯하여 가족, 직장 등 일상생활의 여러 관계에서 갈등을 경험하고 있다. 흔히 미시적 차원의 갈등으로 일컬어지는 일상에서 개인들이 경험하는 갈등은 거시적 갈등에 비해 사회학적으로 덜 주목받아 온 것이 사실이다. 가족관계나 조직 내부의 갈등과 같이 특정 영역에서의 갈등을 다루는 접근들이 없지 않으나 전체 사회에서 발생하는 갈등의 일반적 양상에 관한 내용은 흔치 않다.

일상에서 사람들과 겪는 갈등은 인성과 같은 심리적 특성이나 상황적 요인에서 비롯되는 측면이 크다고 보는 경향이 있다. 그러나 일상영역

---

* 이 글의 연구작업은 고려대학교 교내연구비 지원에 의하여 수행되었음(Supported by a Korea University Grant)을 밝힌다.

에서 지속적으로 갈등을 경험하고 있다면 갈등의 배경에는 사회적 맥락과 구조적 요인이 작용하고 있다고 보아야 한다. 주지하듯이 일상의 사회관계는 거시적 사회구조를 반영함과 동시에 거시적 사회구조를 재생산하는 토대이다. 따라서 일상생활에서의 갈등 양상은 배경과 원인으로서의 거시 구조의 특징에 주목함과 함께 나아가 갈등의 사회적 효과를 고려하는 방식으로 설명되고 해석될 필요가 있다(김선업, 2006).

이 글에서는 가족생활을 비롯하여 일상의 여러 생활영역에서 한국인들이 실제 경험하고 있는 갈등을 대상으로 갈등의 사회학적 특성을 규명하고자 한다. 먼저 일상적 갈등에 관한 이론적 논의를 정리하고, 한국사회에서 발생하고 있는 거시 사회적 전환들이 일상적 갈등에 어떻게 영향을 미칠 수 있는가를 선행 연구를 통해 검토하고자 한다. 그리고 경제적 양극화를 비롯하여 고령화와 정보화의 3대 거시 사회적 전환에 주목하여 일상생활의 갈등에 미치는 영향과 의의를 설명하고자 한다.

경험적 분석에서는 2010년에 실시한 '제2차 한국인의 갈등의식조사' 결과에 근거하여 분석한다. 경험적 분석은 크게 두 가지 주제를 포함하는데, 하나는 일상적 생활영역에서의 갈등경험에 대한 분석이다. 가족, 직장, 이웃의 3대 일상영역에서 경험하고 있는 갈등의 수준과 특징을 인구학적 특성과 사회계층적 요인별로 비교분석한다. 일상적 갈등에 영향을 비치는 관련 요인들에 관한 체계적인 가설 검증 대신에 계층, 성, 연령별 집단마다 경험하는 갈등 양상의 경험적 일반화를 통해서 한국사회의 일상영역에서 발생하는 갈등의 특징을 사회집단별로 정리한다. 경험적 분석의 또 다른 주제는 일상생활 영역에서 사회집단 간 소통에 관한 것으로 오늘날 한국사회에서 제기되고 있는 소통의 문제를 사회집단 간 관계의 차원에서 규명하기로 한다. 이념, 세대, 계층 등 사회 범주가 다른 사람들과 소통과 단절이 어느 정도 이루어지고 있는

지를 경험적으로 확인한다. 이어서 이념 간 소통을 대상으로 소통에 영향을 미치는 사회적 요인이 무엇인지 성, 연령, 이념성향을 중심으로 진단한다.

2. 일상적 갈등에 대한 논의

1) 일상적 갈등 어떻게 볼 것인가? – 일상적 갈등에 대한 시각

일상적 갈등은 미시 사회적 맥락에서 발생하는 갈등이라는 측면에서 사회학적 의미를 둘러싸고 여러 가지 접근이 있어 왔다. 대표적 시각의 하나인 구조주의에 따르면 개인의 갈등경험은 거시 사회적 조건을 반영한다. 구조주의 시각들은 개인의 갈등경험은 일차적으로 불평등이나 배제의 사회구조로 인한 기회의 제한이나 차등적 자원배분의 결과로 해석한다. 구조적 차원의 모순이나 불평등의 심화에 따라서 잠재적 갈등이 현재화한다고 주장하는 마르크시즘의 고전적 논의 이래로 갈등을 촉발하는 구조적 유인으로 특정 계급·계층이 처한 특유의 구조적 조건을 강조해 왔다. 이 논리에 의하면 사회경제적 지위가 낮은 사람들과 피지배적 위치에 있는 사람들은 그렇지 않은 사람들보다 더 많은 갈등을 경험하며 일상적 관계의 차원에서도 박탈와 소외와 같은 갈등적 감정이나 인식을 더욱 강하게 지닌다.

그러나 일상생활에서 경험하는 갈등을 구조의 단순한 반영으로 환원할 때, 행위자들마다 구체적인 입장과 지향성을 진지하게 고려하기 어려울 뿐만 아니라, 일상생활 영역의 다기한 갈등을 자세히 풀이하기에는 부족함이 있다. 일상생활에서 경험하는 갈등은 거시적 조건으로부터 촉발되는 측면이 있음에도 불구하고 가족, 직장 등 생활영역마다 존재하는 특유의 환경으로부터 영향을 받을 뿐만 아니라 종종 갈등은 외부 환경에 대한 반사적 반응이라기보다는 역동적인 대응의 성격을 띠기도 한다. 부, 권력과 같은 희소자원을 상당 부분 소유하고 있지만 더 많은 자원을 얻기 위한 경쟁과정에서 더 많은 갈등을 겪을 수 있는가 하면, 하층이나 빈민들의 자조적 생활양식에서 확인되는 바와 같이 경제적 어려움에 적응하는 과정에서 갈등 대신에 집단 내부 결속과 협력적 관계가 오히려 강화되기도 한다.

집단이나 계층마다 공유하고 있는 문화나 집합적 의식은 갈등의 잠재성을 강화하거나 혹은 둔화시키는 기제라는 점에서 일상적 갈등의 분석에서 고려해야 하는 또 하나의 요인이다. 한국사회의 산업화 과정에서 평등주의적 심성이 상층에 대한 사회적 인정과 존경을 철회함으로써 극단적 박탈감이나 적개심을 낳았다거나(송호근, 2006), 산업화 과정에서 강화된 연고주의적 집단정체성이 오히려 계급갈등을 약화시켰다는 지적(김선업, 1992)들은 물질적 토대와 독립적인 문화적 자원이 작동하고 있음을 가리킨다.

문화적 접근이 사회성원들이 구조에 적응하는 과정에서 작동하는 사회 전체의 공유된 양식에 주목한다면, 역할이론은 보다 다각화된 미시적 상황에서 발생하는 역할들의 중첩성과 이에 따른 역동성에 초점을 둔다. 타인이나 기존 관습으로부터 받게 되는 역할기대들이 상충할 때 발생하는 역할긴장이나 역할갈등과 같은 개념들은 다양한 상황에서의 갈등의 중첩적 결과에 주목한다. 구조주의적 접근이 갈등의 잠재적 요건을 부각한다면, 역할이론은 심리적 징후로서 인지적이고 경험적 측면을 강조하는 셈이다. 나아가 개인이 경험하는 역할갈등의 수준은 사회변화의 속도 등 거시 사회적 조건에서 규정된다고 볼 때 역할이론은 미시적 상황과 거시 사회적 조건을 중개하는 이론적 자원으로서 의의가 있다. 예컨대 후기 산업화 과정에서 빠르게 변화하는 성과 연령을 둘러싼 새로운 기대에 적응하는 과정에서 역할갈등을 빈번하게 경험할 가능성이 크다. 한국사회에서 1997년 외환위기 이후 남성 가장의 권위 하락은 여성의 사회참여 증대와 맞물리면서 가족 내 갈등을 촉발하였으며, 높은 이혼율과 같은 극단적 형태로 나타난 바 있다. 일차적으로 경제적 문제로부터 유발된 갈등이 기존의 지위와 역할의 급격한 변화를 수반함으로써 보다 심각한 갈등으로 발전하는 사례이다.

이상의 논의를 정리하자면, 사회집단과 계층 간에 객관적으로 존재하는 격차와 불평등과 같은 거시 구조적 요인을 통해서 일상적 갈등의 기본 배경을 이해할 수 있다면 문화론이나 행위론적 시각을 채택함으로써 가족이나 직장 등 다양한 생활영역에서의 역할 변화나 특유의 문화적 반응으로써 갈등의 다양한 양상에 구체적으로 접근할 수 있다는 것이다. 따라서 일상적 갈등의 사회학적 의의를 탐구함에 있어 구조라는 외부 환경의 조건과 함께, 역할, 문화와 같은 행위적 측면을 입체적으로 고려하여 양자 간의 상호적 효과를 포착할 수 있는 시각이 요구되는 것이다.

2) 거시 사회적 전환과 일상영역의 변모

한국사회의 후기 산업화 과정에서 발생한 대표적인 거시 사회적 갈등 가운데 일상생활의 영역에 가장 큰 영향을 미친 갈등은 경제적 불평등의 심화로 인한 계급·계층적 갈등이다. 1980~90년대 노동계급 성장이 노사대립의 격화를 가져왔지만 경제적 불평등이 사회의 일상영역에서 사회적 균열 내지 갈등을 불러오는 근원으로 작동한 결정적 계기는 IMF경제위기였다. 경제위기 이후 노동과 자본은 물론 노동계급 내부의 경제적 양극화로 하층 계층을 중심으로 가족 내부 갈등이 고조되는 등(안병철·임인숙·정기선·이장원, 2001) 가족관계의 질적 저하를 가져왔다. 그런데 경제위기 이후 본격화된 신자유주의적 위험사회화 과정에서 가족 기능이 일방적으로 약화된 것만은 아니다. 한국사회에서 신자유주의적 사회질서로의 개편 과정이 전형적인 개인주의화의 길을 걷기보다는 오히려 가족중심적 결속을 강화하는 방식으로 가족중심주의적 대응을 강화해 왔다고 볼 때(장경섭, 2011) 경제적 위험이 가족관계에 미치는 영향은 보다 다양할 것으로 예견된다. 한편으로는 외부 어려움에 대응하는 과정에서 가족 간 협력이 증진되어 가족관계의 질이 향상될 수 있다. 그러나 다른 한편으로 노부모 부양과 자녀교육에 대한 부담에서 관찰되듯이 과도한 사회 외부의 압력으로 가족 기능의 과부화를 야기하여 가족 내부의 갈등이 촉발될 가능성도 적지 않다. 이렇듯 십여 년에 걸쳐 진행되고 있는 경제적 양극화가 사회문화적 영역으로 광범위하게 파급되면서 나타나는 다양한 양상은 특별한 주목을 요한다.

의식 차원에서의 집단 간 갈등과 단절은 사회관계의 근간을 형성한다는 점에서 사회적 배경에 대한 해명이 필요한 핵심 영역이다. 경제적 양극화가 주거 및 자녀교육의 차등화를 주축으로 하는 사회적 양극화로 이어지고 사회적 양극화는 소비생활을 중심으로 한 문화적 양극화를 거쳐 의식적 양극화를 초래하는 상황에 이르렀다는 진단(김문조, 2008)은 객관적 구조나 조건의 격차가 생활격차를 거쳐 의식과 일상의 차원에 도달했음을 의미한다. 오늘날 한국사회에서 이념, 세대 등 문화적 요인을 둘러싼 집단 간 소통 단절에 대한 우려에서 드러나듯이 일상의 행동과 의식이 구조적 차원의 경제적 갈등과 균열로부터 어느 때보다 크게 영향을 받고 있음은 분명해 보인다.

그럼에도 불구하고 한국사회의 의식과 문화적 양극화가 구조적 양극화에 상응하는 수준에 이르렀는가에 대해서는 논란의 여지가 있다. 예컨대 한국사회에서 일반 국민 사이의 이념적 대립은 정치집단이나 엘리트들 간의 그것에 비해서 뚜렷하지 않다거나(박길성, 2008), 한국사회에서 보수주의적 이념을 가장 견고하고 떠받치고 있는 층은 사회적 약자에 가까운 하층 계층이라는 지적(장덕진, 2008)들은 일상 수준에서 이념이나 계급 간 갈등 양상이 구조적 변화의 단순한 반영과는 차이가 있음을 시사한다.

점차 가속화되고 있는 인구의 고령화도 일상적 관계에 변혁을 가져올 수 있는 거시 사회적 배경의 하나이다(김선업, 2011). 고령화는 '다세대 관계(multi-generational relationship)'의 본격적 출현을 야기한다. 평균수명의 연장으로 출생서열에 따른 대(代)의 개념으로 볼 때 최소 3세대가 공존하며 향후 4세대의 공존도 보편화될 것으로 예상된다. 이와 같은 다세대 관계의 사회적 결과는 무엇인가? 생존과 활동기간이 길어지면서 발생하는 다세대 양상은 가족 내부와 전체 사회의 세대관계 모두에서 발생하는데 일차적으로 세대관계의 동학(動學)이 이전보다 훨씬 복합적임을 뜻한다(Bentson, 2001). 물론 다세대 관계는 새로운 사회적 연대와 문화적 통합에 기여할 수도 있다(Riley, 2000). 사회적 차원에서 폭넓은 경험과 지식이 축적되고 문화적 측면에서는 전통적 가치를 보존하고 여러 가치를 공유하여 다양성을 촉진시킬 수 있다는 것이다. 가족관계에 있어서 여러 세대 간에 걸쳐 자원의 상호전이가 이루어지는 호혜적 관계가 성립되며 개인 차원에서는 참여와 교류 범위가 확대됨으로써 다양한 지식과 경험이 상호 보완적인 다세대의 등장으로 연령적 연대가 촉진되고 사회통합이 용이해진다는 것이다.

반면 사회적 자원의 배분에서는 다자 간 제로섬 양상을 띠게 되며, 특히 '인구구조의 플랫화'로 연령집단별 크기가 비슷해짐으로써 연령 간 경쟁이 더 치열해지는 부정적 결과도 어렵지 않게 예견할 수 있다(Attias-Donfu and Arber, 2000). 특히 다세대 중간에 낀 '샌드위치 세대'

는 양면적 부담이 가중되어 복합적 갈등상황이 도래하며 문화적 측면에서도 옛 문화와 새로운 문화 간 소통의 어려움으로 문화적 긴장이 일층 심화될 수 있음에 유의한다. 한국사회의 고령화는 이미 시작된 것이 현실이지만 아직 본격화된 단계는 아니다. 서구의 고령사회에서 나타나는 연금 등 사회보험을 둘러싼 갈등과 같이 자원배분을 둘러싼 세대갈등이 전개되고 있다는 경험적 근거는 희박하다(박길성, 2011; 이병훈, 2011). 그럼에도 불구하고 경제활동으로부터 배제된 고령자 집단의 규모가 점차 확대되는 등 고령사회의 징후들이 점차 가시화되고 있으며, 노부모 부양과 불확실한 노후에 대한 불안으로 가족을 위시한 일상생활의 여러 영역에서 세대 간 혹은 세대 내 긴장이 심화되고 있는 양상이다. 더 이상 '자식으로서의 도리'라는 전통의 규범이 작동하지 않는 상황에서 노부모 부양이나 돌봄을 둘러싸고 빈번하게 발생하는 부부갈등이나 자녀 형제 간 갈등이 대표적 사례이다(송혜경, 2011). 고령화로 인한 세대관계의 잠재적 긴장 상황은 가족 내 세대관계에 한정되지 않는다. 고용을 둘러싼 직장에서의 노사 간 긴장이 점차 커지고 있으며, 점차 규모가 확대되는 비경제적 노령자 집단에 대한 부정적 사회 이미지도 확산되는 상황이다. 특히 연령주의의 문화적 관행이 온존하고 있는 상황에서 심화되는 고령화는 다기한 양상을 띠고 가족 내, 외부에서 복합적 갈등을 야기할 가능성이 크다.

고령화로부터 유발되는 갈등상황은 노사 간 혹은 세대 간 관계에 국한되지 않는다. 점차 장기화될 것으로 예상되는 노후생활에서 고령화 세대 내부의 경제적 격차로 노노(老老)갈등이 촉발될 수 있다. 특히 연금 수혜자 비율이 낮은 우리 현실에 비추어 노령자층 내부에서 연금비수급자와 수급자와의 경제적 격차는 고령화 사회에서 경제적 갈등의 또 하나의 잠재적 배경이다(김선업, 2011).

오늘날 일상적 소통과 교류는 더 이상 물리적 접촉에 국한되지 않는다. 90년대 말부터 본격화된 정보화로 소통과 교류에서 온라인이 차지하는 비중이 점차 확대되고 있다. 인터넷을 위시한 온라인 공간은 기존 사회관계의 근거와 달리 물리적 제약으로부터 자유로울 수 있기 때문에 새로운 교류와 소통의 잠재성이 큰 공간으로 평가된다(이호영, 2007). 또한 온라인 공간은 기존의 권력이나 불평등으로부터 소외된 집단이 자신을 표현하고, 집단 간 상호 이해를 촉진시키며 나아가 집단지성과 같은 창의적 지식이 창출되는 공간으로서의 의의가 있다(Leadebater, 2009). 토론과 숙의 과정을 거쳐 일상의 물리적 갈등이 해소됨으로써 사이버 공간은 갈등을 극복하는 새로운 통합의 장으로 활용할 수 있다. 오늘날 한국사회의 인터넷 공간이 지닌 적극적 의의는 결코 작지 않다.

그럼에도 불구하고 오늘날 사이버 공간이 적어도 집단관계의 맥락에서 소통이 촉진되는 장이라고 진단하기는 힘들다. 오히려 연령주의에 따른 배제와 이념주의적 대립이 물리적 공간에 비해 보다 명확한 공간이라는 평가가 설득력이 있다. 사이버 공간에서 '집단극화'가 발생하는 이유는 두 가지 배경과 관련이 있다(나은영, 2006). 하나는 오프 세계에서의 억제된 심성을 온라인에서 해소하려는 욕구로부터 기인한다. 연령주의를 예로 들어 보자. 과거에 비해서 연령에 따른 위계의 정도는 약화되고 있지만 개인적 관계나 조직적 상황에서 연령은 여전히 권위적 속성을 지닌다. 이처럼 집단극화하는 심성은 개인적 경험에서 연유하기도 하지만 기존의 나이 듦과 노인에 대한 부정적 이미지가 투영되는 데 기인한다. 인터넷 공간에서 집단극화가 발생하는 또 다른 배경은 '유유상종'이다. 인터넷 공간은 소수자의 활동이 최대한 보장되는 공간이기도 하지만, 이는 현실세계의 이슈와 중첩성이 낮은 이슈인 경우에 해당하는 것이며 세대나 이념문제와 같이 현실세계와의 중첩성이 큰 이슈인 경우에는 다수자에 의한 유유상종은 소수자에 대한 공격과 배제의 경향을 드러낸다. 중년과 노령층은 신문 등의 전통적 매체를 통해서 정보를 얻는 데 비해서 젊은 세대는 인터넷이 정보를 얻는 대표적 공간이며 최근에는 트윗 등 SNS를 통해서 다중적 접근이 이루어진다. 한국사회의 정보화 초기의 매체 접근성 격차는 줄고 있지만, 이를 활용하는 적극적인 수용력이나 활용도의 격차는 오히려 늘고 있는 상황이다. 이처럼 사이버 공간에서 '나이와 세대의 다름'은 '우리'와 '그들'이라는 이념적 편 가르기와 같은 집단범주화와 이미지 대립이 극심하게 작동하고 있으며 이는 다시 현실에 영향을 미치는 과정을 반복한다. 특히 인터넷은 정보를 얻고 자신의 인식에 대한 플레임을 형성하는 공간이라는 점에서 인식 차이를 확인함으로써 소통의 단절을 재생산하는 측면이 적지 않다.

지금까지 현재 한국 사회에서 진행되고 있는 경제적 양극화, 고령화, 정보화의 거시 사회적 전환이 어떻게 갈등을 야기할 수 있는가를 구조적 배경과 각 사회집단의 대응이라는 맥락에서 검토하였다. 이상의 논의를 기초로 일상영역에서 갈등의 사회집단별 분화의 특징과 사회학적 의미를 경험적 자료를 통해서 분석해 보자.

3. 일상생활 영역에서의 갈등-가족, 직장 및 이웃

1) 누가 갈등을 경험하는가?-집단별 갈등경험

먼저 지난 1년 동안 가족, 직장, 이웃관계에서 경험한 갈등률을 살펴보자. 갈등을 경험했다는 비율은 가족관계에서 53.5%, 직장관계에서 47.2%로 응답자의 반 정도가 가족과 직장에서 갈등을 경험하고 있다(〈표 4-1〉 참조). 갈등 양상을 방해 및 피해, 부정적 감정, 언어적 감정표출, 물리적 마

표 4-1. 생활영역별 갈등경험률(수치: %, 사례수)

생활영역	갈등경험 형태(복수 응답)2010년					갈등 없음	사례수
	방해·피해	부정적 감정	언어적감정표출	물리적 마찰	계(경험률)		
가족	22.0	42.6	31.4	5.6	53.5	46.5	1027
직장	18.3	42.7	14.8	1.9	47.2	52.8	778
이웃	9.4	15.0	8.8	1.6	20.9	79.8	1027

찰의 형태로 구분해 보면 부정적 감정과 같은 잠재적 갈등이 가장 많지만, 언어나 물리적 폭력으로 표출된 경우도 적지 않음을 알 수 있다.

직장갈등은 가족갈등에 비해서 상대적으로 밖으로 표출되는 갈등이 적고 부정적 감정에 머무르는 데 비해 가족갈등은 언어적으로 표출되는 경향이 크다. 이웃 간 갈등은 가족이나 직장관계에 비해 낮은 수준으로 약 1/5 정도가 경험하고 있지만 갈등 양상에 있어서는 직장갈등에 비해서 언어나 물리적으로 표출된 갈등의 비중이 높다.

(1) 성과 연령별 갈등경험

먼저 가족갈등을 살펴보자. 성별로 비교할 때 여성의 가족갈등 경험률이 57.7%로 남성의 49%에 비해 더 높다. 현재 가족에서의 경험하는 갈등수준이 과거에 비해서 더 악화되었는지는 판단할 수 없지만 가족의 기능과 형태적 전환 과정에서 여성들이 여전히 더 큰 부담을 경험하고 있음은 분명하다.

연령에 따라서 연령집단별로 구분해서 가족갈등 경험을 비교해 보면, 20대에서 가장 낮고 그 후 40대까지 갈등경험이 증가한 후 50대 이르러 다소 감소하는 양상을 보여 준다(〈표 4-2〉 참조). 연령별로 경험하는 일상적 관계의 갈등 추이에 대한 일반 이론은 알려진 바 없으나 생애주기별로 행복감과 심리적 안녕이 20대를 지나서 감소하다가 50대 이후 다시 증가한다는 이른바 'U커브' 이론(Clark, A et al., 1996)을 생각할

표 4-2. 성, 연령별 및 성에 따른 연령별 가족갈등 경험률(수치: %, F, p)

<table>
<tr><th>요인</th><th>구분</th><th>경험률</th><th>검증</th><th>요인</th><th>구분</th><th>경험률</th><th>검증</th></tr>
<tr><td rowspan="2">성별</td><td>남성</td><td>49.3</td><td rowspan="2">F=7.06
p=.008</td><td rowspan="4">남</td><td>20대</td><td>33.3</td><td rowspan="4">F=6.15
p=.000</td></tr>
<tr><td>여성</td><td>57.7</td><td>30대</td><td>51.1</td></tr>
<tr><td rowspan="4">연령별</td><td>20대</td><td>42.1</td><td rowspan="4">F=5.50
p=.001</td><td>40대</td><td>58.4</td></tr>
<tr><td>30대</td><td>55.3</td><td>50대</td><td>49.4</td></tr>
<tr><td>40대</td><td>59.2</td><td rowspan="2">여</td><td>20대
30대</td><td>51.8
59.6</td><td rowspan="2">F=.687
p=.560</td></tr>
<tr><td>50대</td><td>55.3</td><td>40대
50대</td><td>60.0
58.3</td></tr>
</table>

수 있다. 행복의 연령별 변화에 관한 U커브 이론을 역으로 해석하면 불행이나 갈등과 같은 부정적인 양상이 40대까지 증가하다가 50대 이후에 감소함을 의미한다.

그런데 50대에 이르러 가족갈등이 다소 감소하기는 하지만 감소의 폭이 크지 않고 30대와 비교할 때 큰 차이가 없으며 40대 이후 세대가 30대 이전 세대에 비해서 상대적으로 높은 갈등경험을 하고 있다는 점에서 전형적인 U커브 양상과는 다소 차이가 있다. 40대까지 증가한 갈등이 이후에 크게 감소하지 않는 것은 여러 측면에서 고찰할 수 있지만 일단 한국 가족 주기의 특성과 관계가 있다고 볼 수 있다. 50대 이후 가족갈등이 지속되는 가족 주기적 요인으로 자녀 세대와 노부모 세대에 대한 부양의 이중부담, 중년기의 불안정한 고용과 경제 상황, 부부 간 가치의 격차를 들 수 있다.

연령 세대별로 가족갈등 경험을 성별로 구분하여 비교해 보자. <그림 4-1>에서 보여 주는 바와 같이 성별로 생애주기에 따른 갈등경험 양상에 차이가 있다. 남성은 40대에 이르러 갈등경험 비율이 가장 높지만 그 이후로는 감소하는 역 U커브와 비슷한 추이를 보여 주는 데 비해서 여성의 경우는 20~30대에 이미 남성에 비해서 훨씬 높은 갈등경험률을 보여 주고 있으며 40대 이후에도 거의 감소하지 않고 있다. 이 같은 양상은 3

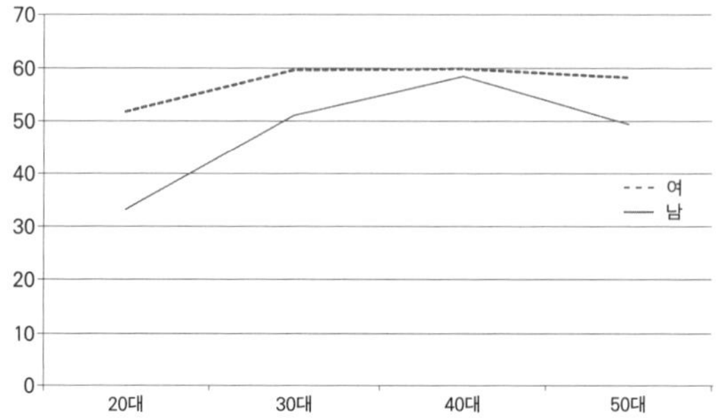

그림 4-1. 성별 연령별 가족갈등 경험률(수치: %)

년 전의 갈등의식 조사결과와도 일치하는 것으로써 오늘날 한국사회 가족갈등의 일반적 양상의 하나로 평가할 수 있다(김선업·윤인진, 2009).

여성은 남성에 비해서 젊은 시기에 예사롭지 않은 높은 수준의 갈등을 경험할 뿐 아니라 중년 이후에도 감소하지 않는다는 사실은 일차적으로 한국사회가 안고 있는 성불평등을 반영하는 결과로 판단된다. 그동안 여러 제도적 영역에서 양성 평등에 많은 진전이 있었음에도 불구하고 가족과 같은 사적 영역에서 갈등을 유발하는 불평등이 여전히 온존하고 있는 현실과 관계가 있다. 물론 객관적 차원에서 가족에서 여성 지위나 불평등이 과거에 비해서 더욱 악화되었다고 볼 수는 없다. 그러나 여성의 교육수준 향상과 가치관의 변화로 인지되고 학습된 평등성과 개인주의적 성향이 증가하고 있음에 비추어, 크게 개선되지 못한 성별 불평등과 성역할로 인한 불만이나 갈등은 더욱 증가할 가능성이 크다. 여성의 높은 가족갈등은 여성이 가족에서 수행하는 가족 내 역할과도 관계가 있다. 사회변화에도 불구하고 한국 가족에서 여성은 여전히 가족관계의 관리자 혹은 조정자라는 역할을 배타적으로 수행하고 있다. 가족 내에서 남편과 자녀의 돌봄을 전담해야 하며 약화되고 있지만 여전히 남편 부모에 대한 부양의 부담감으로부터 연유하는 갈등으로 해석할 수 있다.

성별 연령세대에 따른 가족갈등 양상에서 주목되는 또 다른 양상은 50대 이후에서 갈등경험의 성별 격차의 확대이다. 모든 연령세대에서 여성의 갈등경험률이 높지만 40대에 이르러 남녀 간 격차가 감소하다가 다시 50대에서 확대되고 있다. 남녀의 갈등경험의 격차는 지적한 바와 같이 가족 내의 성별 역할의 불평등과 부담을 반영한다는 점에서 50대 여성에서 부담이 가중되었음을 의미한다.

동시에 동일 연령세대로 부부관계를 유지하고 있는 남성과 여성의 성별 경험 차이가 확대되는 양상은 이 시기의 성역할의 정체성과 관련하여 해석할 필요가 있다. 특정 상황에서 갈등인식은 한편으로는 객관적 현실을 반영하지만 동시에 이에 대한 보다 적극적 대응의 의미를 띠기 때문이다. 남성은 대부분 일 중심으로 활동하고 인식하기 때문에 가족 내부 문제를 인식하지 못하거나 갈등상황이 있지만 이를 대수롭지 않게 여기거나 권위주의적인 전통적 방식으로 대응하는 경향이 있다. 상대적으로 남성의 성역할 정체성은 기존 방식을 고수하려는 경향이 있으며 느리게 변화한다면 여성은 상황에 따라서 빠르게 대응하고 이 과정에서 가족갈등을 보다 민감하게 인식하기 때문에 격차가 커진 측면이 있다. 어떻든 중년 후반기의 성별 갈등인식의 격차는 그 자체가 상황에 대한 상호 인식과 이해 결핍을 뜻한다는 점에서 향후 부부갈등의 잠재적 요인으로 작용할 가능성이 크다.

이번에는 집단별 직장갈등의 경험을 분석해 보자. 성별로는 직장갈등은 여성보다 남성이 더 많이 경험하고 있으며 연령별로는 대체로 나이가 들면서 감소하고 있다(〈표 4-3〉 참조). 연령세대별 직장갈등은 20~30대에 가장 높고 이후에 계속 감소하고 있어 앞서 살펴본 가족갈등 양상과 차이가 있다. 20~30대의 직장갈등률이 40~50대에 비해서 높게 나타난 것은 전자가 상대적으로 직장 내에서의 낮은 역할과 권위로 직장생

표 4-3. 성, 연령별 및 성에 따른 연령별 직장갈등 경험률(수치: %, F, p)

요인	구분	경험률	검증	요인	구분	경험률	검증
성별	남성	51.1	F=7.20 p=.00	남	20대	46.8	F=2.70 p=.04
	여성	41.3			30대	60.3	
연령별	20대	52.3	F=3.70 p=.01		40대	50.7	
	30대	52.3			50대	42.9	
	40대	46.3		여	20대	58.1	F=5.05 p=.00
	50대	36.8			30대	39.3	
					40대	39.4	
					50대	25.9	

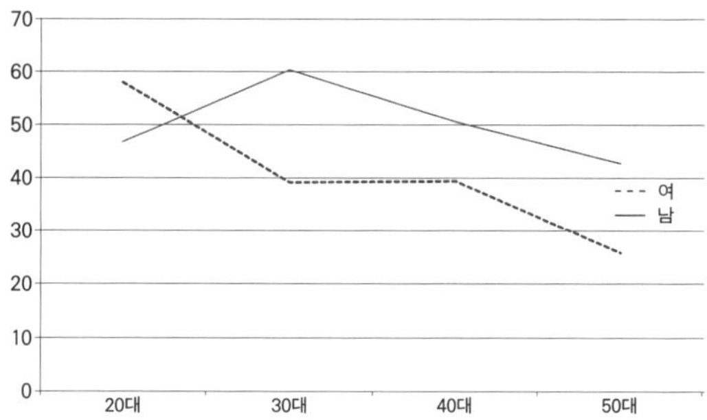

그림 4-2. 성별 연령별 직장갈등 경험률(수치: %)

활에서 더욱 많은 어려움을 경험하기 때문인 것으로 풀이된다.

성별에 따라서 직장갈등의 경험 양상을 연령별로 구분해 보면 남성과 여성의 연령별 갈등양상에 차이가 뚜렷하다(〈그림 4-2〉 참조). 남성은 30대에 직장갈등이 정점에 이르며 이후에 감소하는 데 비해서 여성은 20대에 가장 갈등경험률이 가장 높고 30대 이후 갈등이 크게 감소한다. 그래서 30대 이후에는 남성의 갈등경험률이 여성에 비해 높다. 연령에 따른 남성과 여성의 직장갈등 양상의 차이를 어떻게 해석할 수 있을까? 20대 여성의 직장갈등률이 남성에 비해 크게 높다는 것은 여성이 직장생활에 처음 들어서면서 겪는 갈등이 상대적으로 크다는 현실을 보여 준다. 상대적으로 낮은 임금이나 직급, 직장에서의 성불평등이 배경으로 작용한다고 추론할 수 있다. 그런데 30대에 이르러 여성의 직장갈

표 4-4. 성, 연령별 및 성에 따른 연령별 이웃갈등 경험률(수치: %, F, p)

요인	구분	경험률	검증
성별	남성	23.0	F=2.79 p=.10
	여성	18.8	
연령별	20대	18.7	F=.37 p=.78
	30대	21.1	
	40대	22.5	
	50대	21.1	

요인	구분	경험률	검증
남	20대	16.7	F=1.62 p=.18
	30대	27.3	
	40대	25.3	
	50대	21.2	
여	20대	20.9	F=.72 p=.54
	30대	14.7	
	40대	19.3	
	50대	20.9	

등률이 낮은 이유로는 직장생활 부적응이나 결혼으로 30대 이후에 일을 그만두는 사례가 많기 때문에 나타난 결과로 볼 수 있다.

한편 이웃과의 갈등경험은 성이나 연령에 따라서 유의미한 차이를 보이지 않는다(〈표 4-4〉 참조). 남성의 갈등경험률이 여성에 비해서 다소 높지만 의미 있는 격차로 보기 힘들다. 연령별로는 20대에 비해서 30대 이후에 다소 높지만 역시 의미 있는 차이는 아니다. 성별 연령에 따른 경험 양상도 크게 다르지 않다. 이웃갈등이 적어도 성과 연령과 관련한 구조적 맥락에서 발생하기보다는 주로 상황적 요인에서 연유하기 때문인 것으로 판단된다.

(2) 사회계층별 갈등경험

먼저 사회계층별 가족갈등 경험을 분석해 보면, 교육수준, (가구) 월수입, 주관적 (경제적) 계층의 3가지 요인 가운데 주관적 계층에 따라서 가족갈등 경험이 유의미한 차이를 보여 주고 있다(〈표 4-5〉 참조). 주관적 계층에 따라서 5개 집단으로 구분할 때 하층에서 특히 높고 계층이 높아질수록 가족갈등의 양상이 다소 둔화되고 있다. 결과적으로 하층과 상층의 가족갈등 경험률의 격차는 적지 않은 수준이다.

하층이 경험하는 심각한 가족갈등은 경제적 상황으로 인한 불안과

표 4-5. 사회계층별 가족갈등 경험률(수치: %, F, p)

요인	구분	경험률	검증	요인	구분	경험률	검증
교육 수준	고졸 이하	54.4%	F=0.39 p=.58	주관적 계층	하	61.6	F=1.84 p=.08
	대학 이상	52.5			중하	54.5	
월수입	300만 원 이하	52.5	F=.921 p=.40		중	52.2	
	300~400만 원	56.4			중상	49.8	
	400만 원 이상	51.5			상	49.2	

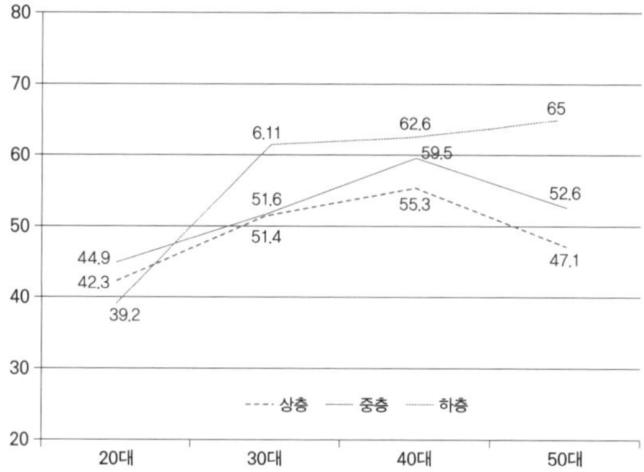

그림 4-3. 사회계층별 연령별 가족갈등 경험률(수치: %)

불만 등으로 가족관계가 원만하게 수행될 수 없음을 의미하며 이로 인한 가족기능의 약화로 현실 극복이 더욱 어려워지는 악순환이 발생할 가능성이 크다.

가족주기별로 경제적 형편이 가족갈등에 미치는 영향을 알아보기 위해서 3개의 주관적 계층별로 구분하여 연령세대별 갈등양상을 비교해 보자. 〈그림 4-3〉에서 나타나듯이 경제적 형편에 따라서 가족주기별 가족갈등의 양상이 다르게 전개되고 있다.

중층과 상층은 30대 이후에 증가하여 40대에 가장 높지만 50대에 이르러 감소하여 30대 갈등에 비해서 낮은 갈등을 보여 주고 있으며, 특히 상층에서 50대에서 갈등의 감소폭이 크다. 반면 하층은 30대에 가족갈등이 크게 증가하여 50대 이후까지 높은 수준을 유지하며 약화되지 않아 50대에 가족갈등률이 가장 높다. 즉 하층은 가족주기의 변화에도 불구하고 지속적으로 높은 가족갈등을 경험하고 있음을 보여 준다.

한편 교육수준, 월수입 및 주관적 계층에 따른 직장갈등 정도를 비교해 보면, 교육수준과 주관적 계층에 따라서 직장에서 경험하는 갈등 정도의 차이가 크다(〈표 4-6〉 참조). 주관적 계층이 형편이 낮을수록 직장에서 갈등을 더 많이 경험하고 있으며, 특히 하층의 경험률이 높다. 그러나 교육수준별로는 대학 이상이 고졸 이하에 비해서 갈등경험이 다

표 4-6. 사회계층별 직장갈등 경험률(수치: %, F, p)

요인	구분	경험률	검증	요인	구분	경험률	유의도 검증
교육수준	고졸 이하	43.9	F=3.3 p=.06	주관적 계층	하	60.0	F=4.43 p=.00
	대학 이상	50.4			중하	44.9	
월수입	300만 원 이하	46.2	F=0.17 p=.85		중	47.6	
	300~400만 원	48.6			중상	43.2	
	400만 원 이상	46.7			상	35.6	

표 4-7. 직업별 직장갈등 경험률(수치: %, F, p)

요인	구분	경험률	검증
직업 특성	경영전문관리	46.7	F=7.17 p=.00
	사무기술	58.2	
	자영업	30.4	
	판매서비스	43.2	
	기능숙련	54.0	
	단순노무	41.3	
정규직/ 비정규직	정규직	47.1	F=.10 p=.76
	비정규직	48.4	

표 4-8. 사회계층별 이웃갈등 경험률(수치: %, F, p)

요인	구분	경험률	검증	요인	구분	경험률	검증
교육수준	고졸 이하	22.5	F=1.38 p=.24	주관적 계층	하	34.2	F=7.86 p=.00
	대학 이상	19.5			중하	12.4	
월수입	300만 원 이하	24.9	F=3.12 p=.04		중	21.1	
	300~400만 원	20.8			중상	19.1	
	400만 원 이상	17.2			상	15.6	

소 높게 나타나 직장갈등은 계층 지위에 따른 요인과 함께 직업특성 등의 요인이 작용하고 있는 것으로 보인다.

직업특성별 직장갈등 경험을 비교해 보면, 사무기술직과 기능숙련직에서 갈등경험률이 가장 높은 반면, 자영업에서 가장 낮게 나타나고 있어 조직 상황에서 갈등을 더 많이 경험하는 것을 알 수 있다(〈표 4-7〉 참조). 또한 대체로 저연령층에서 갈등경험률이 높은 사실에 비추어 볼 때 자영업자의 연령이 상대적으로 높은 것도 낮은 갈등경험률을 보이는 이유의 하나로 판단된다. 정규직 여부에 따라서는 예상과는 다르게 차이가 거의 나타나지 않았다.

한편 이웃갈등은 경제적 요인에 따라서 경험률의 차이가 매우 크게 나타나고 있다(〈표 4-8〉 참조). 수입이 낮은 층에서 경험률이 높으며 특히 주관적 경제적 형편이 가장 낮은 층에서 갈등경험률이 높다. 이에 대해서는 두 가지 해석이 가능하다. 하나는 경제적 어려움으로 인한 부담과 심리적 긴장이 이웃관계에서 갈등이 표출되는 배경으로 작용하기 때문이다. 또 다른 해석으로는 계층적 위치가 낮은 층에서 상대적으로 근린관계가 발달하는 경향이 있어 빈번한 이웃과 교류과정에서 갈등경험도 상대적으로 많이 나타났을 가능성이 있다.

2) 갈등유형 분석

(1) 갈등유형과 일반적 경향

사회관계의 갈등 분석에서 갈등을 어떻게 규정할 것인가 대해서 매우 다양한 논의가 있다. 주요 쟁점의 하나는 갈등의 표출에 관한 것으로서 드러난 표출적 행위만을 문제 삼을 것인가 아니면 드러나지 않은 행위까지 포함할 것인가이다. 또한 직접적으로 대결의 상황까지 이르지 않고 상호배타적인 목적을 얻으려고 노력하는 경쟁까지 포함할 것인지 아니면 단지 상대방을 해치려는 드러난 폭력과 노력을 행사하는 적대적인 것에 한정할 것인지 등의 갈등의 차원과 영역을 둘러싸고 다양한 쟁점이 있다(한국여성개발원, 2005).

광의의 규정에 따르면 갈등에는 인지, 감정, 행동의 차원을 포함한다(Mayer, 2000). 인지적 갈등은 인간의 인지작용에 의해 유발되는 것으로 당사자들이 가지고 있는 욕구, 관심, 가치 등이 상대방과 상충했을 때 발생하며 감정적 갈등은 어떤 상태에 대한 감정적 반작용이나 어떤 종류의 불일치를 표현하고 그에 따른 상호작용을 의미하는 것으로 이때의 감정으로 두려움, 슬픔, 비통, 화 등이 포함된다. 즉 감정적 갈등은 상대방에 대한 적대감이나 악감정을 품는 등의 갈등형태를 지칭한다. 행동 혹은 표출형태의 갈등은 갈등이 직접 노출된 형태로서 갈등당사자가 느낀 부정적 상태를 실제 행동으로 표출하는 것이다. 그런데 표출적 갈등이라고 해서 항상 지속적인 부정적 느낌이나 감정에 기초하는 것만은 아니다. 시간적 흐름과는 관계없이 촉발되는 측면도 있기 때문이다.

여기에서는 광의의 규정에 따라서 잠재형, 누적 표출형, 돌발 표출형으로 구분한다(김선업, 2008). 잠재형은 상대방에게 표출되지 않은 채로 부정적 느낌이나 피해·방해 경험이 있는 경우를 말하며, 누적 표출형은 상대로부터의 방해와 피해 경험, 부정적 느낌이 지속되거나 누적되어 상대에게 부정적인 감정을 표출하거나 물리적 마찰의 갈등행동이 발생한 유형이다.

그런데 누적 표출형은 심리적으로 말다툼으로 표출된 경우도 있지만 육체적인 폭력 등 물리적인 차원에서 발생하기도 한다. 따라서 누적 표출형은 언어적 표출형과 물리적 표출형으로 다시 구분한다. 돌발 표출형은 부정적 느낌이나 피해·방해 경험과 같은 갈등상황이 진행되지 않았지만 우발적 요인 등에 의해서 상대에게 부정적 감정을 표출하거나

표 4-9. 생활영역별 갈등유형(수치: %)

영역	대상	잠재형	누적표출형			돌발 표출형	계
			언어적	물리적	계		
가족	전체	22.5	20.5	4.5	25.0	6.0	53.5
	갈등경험자 대비	41.9	38.4	8.4	46.8	11.3	100.0
직장	전체	32.5	10.9	1.4	12.3	2.3	47.2
	갈등경험자 대비	68.9	23.3	3.0	26.3	4.9	100.0
이웃	전체	3.3	3.9	4.9	8.8	8.9	20.9
	갈등경험자 대비	15.8	18.6	23.3	41.9	42.3	100.0

물리적 마찰이 발생한 유형을 가리킨다. 이들 갈등유형들은 갈등이 발생한 맥락과 원인, 그리고 갈등의 심각성에서 차이를 보여 줄 뿐 아니라 나아가 갈등의 해소와 조정방식에 미치는 의의도 적지 않다.

이상과 같은 갈등 유형에 근거하여 세 가지 일상적 관계에서 갈등유형의 분포를 비교해 보자(〈표 4-9〉 참조). 갈등경험자를 기준으로 할 때 이웃갈등은 물리적 표출형과 돌발 표출형이 압도적으로 많다(가족 4.5%, 직장 1.4%, 이웃 23.3%). 이웃갈등이 빈도는 두 갈등에 비해 적었지만 갈등으로 인한 심각성이나 효과가 그만큼 클 수 있다.

직장갈등은 다른 두 가지 갈등에 비해서 잠재형이 많은 반면, 표출유형은 상대적으로 적다. 직장의 공식적 조직환경에서 갈등표출을 용이하지 않기 때문으로 판단된다. 가족갈등은 언어적 누적 표출형은 적지 않으나 물리적 표출형이나 돌발 표출형은 상대적으로 적다는 것을 알 수 있다. 상대적으로 가족갈등은 오랜 기간 지속되지만 물리적 영역으로까지 발전하기보다는 언어적 차원에서 발생한다는 것이다.

이 같은 결과가 갈등관리에 미치는 함의를 지적한다면 가족갈등은 언어적으로 표출되는 갈등이 빈번하다는 점에서 이를 어떻게 효과적인 대화와 소통을 통해서 해소할 것인지가 중요한 과제이다. 직장갈등은 장기간 잠재해 있는 심리적 스트레스나 잠재적 요인을 미리 해소하는 방안이 긴요할 것이며, 이웃갈등은 돌발적으로 표출하는 측면 때문에 이들 요인을 어떻게 사전에 억제할 것인지에 관심을 가져야 할 것이다.

(2) 생활영역별 갈등유형

이번에는 가족갈등 유형을 갈등원인, 갈등상대를 기준으로 살펴보기로 한다. 가족갈등의 원인으로는 '성격 차이 등 심리적 문제'가 25.6%, '의견이나 가치관의 차이'가 23.6%, '서로의 입장을 잘 이해하지 못해서' 20.7%, '경제적 문제' 17.9%. '대화부족이나 대화방법의 차이' 12.2%의 순이다.

갈등유형을 가족갈등의 원인별로 분류해 보면 그 차이가 크지는 않으나 잠재형은 상대적으로 이유가 고르게 나타나고 있는 반면 돌발적

표 4-10. 갈등유형별 가족갈등의 원인(수치: %)

유형	심리적 문제	의견이나 가치관 차이	서로의 입장을 이해 못해서	경제적 문제	대화부족 대화방법 잘못
잠재형	41.9	39.8	41.8	42.0	40.4
언어적 누적 표출형	7.7	13.0	13.3	12.5	13.5
물리적 누적 표출형	41.9	37.4	38.8	34.8	42.3
돌발 표출형	8.4	9.8	6.1	10.7	4.4
계	100.0	100.0	100.0	100.0	100.0

표 4-11. 갈등상대별 가족과의 갈등경험률(수치: %)

갈등 유형	배우자	본인 부모나 형제자매	배우자 부모나 형제자매	자녀 손자손녀	그외 친척
생활이나 일에 심각한 지장	42.3	25.6	21.1	4.0	16.3
심리적으로 좋지 못한 감정 지속	52.2	25.1	16.3	6.4	12.6
심한 말다툼 등 감정적	59.3	25.0	9.9	4.5	8.3
육체적 마찰이나 폭력적 행동	41.4	15.5	13.8	8.6	24.1

* 주: 복수응답 허용.

표출형은 주로 대화방법의 문제점이나 서로에 대한 이해부족 원인이 다소 높다. 또한 물리적 누적 표출형은 심리적 문제나 대화부족과 상호 이해부족을 더 많이 꼽고 있어 이들 갈등의 심각성이 상대적으로 높다는 것을 알 수 있다(〈표 4-10〉 참조).

갈등 상대자로는 본인의 부모 형제자매나 자녀 손자와 같은 직계인 경우도 적지 않지만 배우자 및 배우자와 관련된 친족과 연관되어 있는 경우가 훨씬 더 많다(〈표 4-11〉 참조). 또한 서구사회와 같은 '좁은 친족관계'로 갈등 범위가 좁혀지고 있으며 핵가족 안의 인접 관계에 집중되어 있음을 알 수 있다. 핵가족 내부로 접촉 범위가 그만큼 제한적이기 때문이지만 집중된 가족관계에서의 갈등이 효과적인 중개자나 도움을 얻기 어렵다는 점에서 갈등이 오래 지속되고 그만큼 해결이 쉽지 않을 수 있다.

또한 동시에 배우자의 친척과 관련된 갈등 비율이 낮지 않다는 사실은 한국 가족관계의 특수성을 보여 주는 것이다. 고부갈등과 같은 전형적 가족갈등 양상이 약화되고 과거에 비해서 시가나 처가와의 관계가 개선되고 있음에도 불구하고 배우자 가족과의 갈등은 분가 이후 핵가족으로의 전환 과정에서 발생하는 적응의 어려움과 제도적 긴장의 산물로 해석된다(장경섭, 2001).

이제 집단별로 갈등유형을 비교해 보자. 먼저 성과 연령별로 가족갈등 유형을 비교해 보면 성과 연령에 따라서는 유의미한 차이는 아니지만 남성이 여성에 비해서 다소 돌발형이 높고, 연령별로는 20대와 30대에서 잠재형이 약간 높고, 40대와 50대에서 누적 표출형이 다소 높아 연령이 많을수록 갈등을 드러내는 경향이 더 높다(〈표 4-12〉 참조). 계층별로는 주관적 계층에 있어서 일부 유의미한 차이가 있는데, 특히 하층에서 물리적 누적 표출유형이 상대적으로 높게 나타나고 있다. 즉 하

표 4-12. 성별 연령별 가족갈등 유형(수치: %, F, x^2, p)

요인	구분	잠재	누적 언어	누적 물리	돌발	검증
성	남성	42.3	36.2	7.7	13.8	x^2=3.82 p=.28
	여성	41.5	40.5	9.0	9.0	
연령	20대	45.4	34.0	9.3	11.3	x^2=7.09 p=.63
	30대	46.1	36.8	9.2	7.9	
	40대	36.2	40.8	8.6	14.4	
	50대	42.1	40.5	6.3	11.1	
남	20대	50.0	30.0	10.0	10.0	x^2=75.19 p=.82
	30대	45.1	33.8	9.9	11.3	
	40대	41.1	36.7	5.6	16.7	
	50대	35.6	42.4	6.8	15.3	
여	20대	42.1	36.8	8.8	12.3	x^2=8.80 p=.46
	30대	46.9	39.5	8.6	4.9	
	40대	31.0	45.2	11.9	11.9	
	50대	47.8	38.8	6.0	7.5	

표 4-13. 사회계층별 가족갈등 유형(수치: %, F, x^2, p)

요인	구분	잠재	누적 언어	누적 물리	돌발	검증
교육수준	고졸 이하	41.0	37.3	9.2	12.5	x^2=1.45 p=.70
	대학 이상	43.0	39.4	7.6	10.1	
월수입	하	38.4	36.2	12.4	13.0	x^2=8.8 p=.11
	중	46.2	37.4	7.2	9.2	
	상	40.7	41.8	5.6	11.9	
주관적 계층	하	35.0	36.8	14.5	13.7	x^2=28.7 p=.00
	중하	40.2	43.3	7.2	9.3	
	중	50.0	31.3	9.1	9.7	
	중상	32.3	47.5	3.0	17.2	
	상	50.0	40.0	5.0	5.0	

층에서의 가족갈등이 상대적으로 누적적이고 폭력적 형태로 표출될 가능성이 크다는 것이다(〈표 4-13〉 참조).

직장갈등의 경우 성과 연령에 따른 갈등 유형의 차이는 거의 없지만 성별 연령에 따른 차이는 일부 관찰된다(〈표 4-14〉 참조). 남자의 경우 20대에서 돌발적 표출형의 비율이 상대적으로 높다. 통계적 유의성은 크지 않지만 성별과 연령별로 경험하는 갈등유형에 다소 차이가 있다. 여성의 경우 20대에 잠재형이 남성에 비해 상대적으로 많지만 나이가 증가하면서 돌발적 표출형이 점차 증가하고 50대의 경우에는 돌발적 표출형이 남성에 비해 오히려 높다. 즉 나이가 들면서 갈등의 표출양상이 비슷해짐을 알 수 있다.

계층적 요인별로는 주관적 계층에 따른 차이가 일부 발견되는데 상층

표 4-14. 성, 연령별 및 성에 따른 연령별 직장갈등 유형(수치: %, F, x^2, p)

요인	구분	잠재	누적 언어	누적 물리	돌발	검증
성별	남성	69.0	23.4	2.5	5.0	x^2=.58 p=.90
	여성	68.8	22.7	3.9	4.7	
연령별	20대	68.4	21.5	5.1	5.1	x^2=9.08 p=.43
	30대	73.0	22.6	0.9	3.5	
	40대	69.0	24.8	1.8	4.4	
	50대	61.7	23.3	6.7	8.3	
남	20대	55.6	25.0	8.3	11.1	x^2=18.91 p=.03
	30대	76.8	20.7	0.0	2.4	
	40대	72.4	23.7	0.0	3.9	
	50대	60.0	26.7	6.7	6.7	
여	20대	79.1	18.6	2.3	0.0	x^2=7.97 p=.54
	30대	63.6	27.3	3.0	6.1	
	40대	62.2	27.0	5.4	5.4	
	50대	66.7	13.3	6.7	13.3	

표 4-15. 사회 계층별 직장갈등 유형(수치: %, F, x^2, p)

요인	구분	잠재	누적 언어	누적 물리	돌발	검증
교육수준	고졸 이하	66.7	23.6	3.6	6.1	x^2=1.48 p=.69
	대학 이상	70.8	22.8	2.5	4.0	
월수입	하	71.3	18.9	4.9	4.9	x^2=4.31 p=.63
	중	67.7	25.0	1.6	5.6	
	상	67.8	25.6	2.5	4.1	
주관적 계층	하	65.6	27.1	6.3	1.0	x^2=23.18 p=.02
	중하	69.4	24.2	3.2	3.2	
	중	77.1	15.6	0.9	6.4	
	중상	66.7	28.6	0.0	4.8	
	상	56.8	24.3	5.4	13.5	

에서 돌발적 표출형의 비율이 높게 나타나고 있다(〈표 4-15〉 참조). 직업별로는 단순노무직에서 물리적 표출형이 높고 경영관리직과 기능숙련직에서 돌발 표출형이 다소 높다. 직업의 안정성도 갈등유형의 차이를 가져오는 배경으로 작용한다. 정규직에 비해서 비정규직은 물리적 표출갈등을 2배 정도 더 경험하고 있어 상대적으로 열악한 처우 등 비정규직을 둘러싸고 있는 상황이 갈등을 보다 물리적 형태로 표출하는 배경으로 작용하고 있다고 판단된다(김진영·송예리아, 2012)(〈표 4-16〉 참조).

한편 성별 및 연령별 이웃갈등 유형의 차이는 발견되지 않았다(〈표

표 4-16. 직업별 직장갈등 유형(수치: %, F, x^2, p)

요인	구분	잠재	누적 언어	누적 물리	돌발	계	검증
직업 분류	경영관리전문	64.3	28.6	0.0	7.1	100.0	x^2=24.36 p=.05
	사무기술	70.4	21.7	3.9	3.9	100.0	
	자영업	60.4	31.3	2.1	6.3	100.0	
	판매서비스	63.2	35.1	0.0	1.8	100.0	
	기능숙련	77.6	11.9	1.5	9.0	100.0	
	단순노무	78.9	10.5	10.5	0.0	100.0	
정규/비정규직	정규직	70.3	22.7	1.8	5.1	100.0	x^2=7.5 p=.11
	비정규직	66.3	22.5	6.7	4.5	100.0	

표 4-17. 성, 연령별 이웃갈등 유형(수치: %, F, x^2, p)

요인	구분	잠재	누적 언어	누적 물리	돌발	계	검증
성	남성	17.4	19.0	23.1	40.5	100.0	x^2=.66 p=.88
	여성	13.8	18.1	23.4	44.7	100.0	
연령	20대	25.6	14.0	25.6	34.9	100.0	x^2=7.51 p=.58
	30대	13.8	19.0	24.1	43.1	100.0	
	40대	15.2	24.2	19.7	40.9	100.0	
	50대	10.4	14.6	25.0	50.0	100.0	
남	20대	25.0	10.0	30.0	35.0	100.0	x^2=8.18 p=.52
	30대	15.8	23.7	21.1	39.5	100.0	
	40대	23.1	20.5	15.4	41.0	100.0	
	50대	4.2	16.7	33.3	45.8	100.0	
여	20대	26.1	17.4	21.7	34.8	100.0	x^2=10.13 p=.34
	30대	10.0	10.0	30.0	50.0	100.0	
	40대	3.7	29.6	25.9	40.7	100.0	
	50대	16.7	12.5	16.7	54.2	100.0	

표 4-18. 사회 계층별 이웃갈등 유형(수치: %, F, x^2, p)

요인	구분	잠재	누적 언어	누적 물리	돌발	계	검증
교육수준	고졸 이하	11.6	17.9	20.5	50.0	100.0	x^2=7.45 p=.06
	대학 이상	20.4	19.4	26.2	34.0	100.0	
월수입	하	11.9	19.0	31.0	38.1	100.0	x^2=12.01 p=.05
	중	16.7	12.5	16.7	54.2	100.0	
	상	20.3	25.4	20.3	33.9	100.0	
주관적 계층	하	9.2	12.3	35.4	43.1	100.0	23.38 p=.03
	중하	13.6	36.4	13.6	36.4	100.0	
	중	18.3	15.5	16.9	49.3	100.0	
	중상	26.3	23.7	13.2	36.8	100.0	
	상	10.5	21.1	36.6	31.6	100.0	

4-17〉 참조). 반면 계층별 차이는 비교적 뚜렷이 확인할 수 있는데, 학력이 낮고 수입과 주관적 계층이 낮은 층에서 물리적 누적 표출형의 비율이 상대적으로 높다(〈표 4-18〉 참조). 그런데 주관적 계층의 경우에는 상층에서도 물리적 누적 표출형의 비율이 역시 높아 상층과 하층 모두에서 누적적이고 심각한 갈등양상이 상대적으로 많이 발생하고 있음을 알 수 있다. 이 같은 결과는 계층에 따라서 근린관계의 질이 달라지고 있는 경향을 말해 주고 있는데, 전통적으로 하층에서 유지되어 왔던 공동체적 결속의 약화를 보여 주는 근거로 평가된다.

(3) 2007년 조사와의 비교

지금까지 설명한 주요 결과들은 2007년에 실시한 1차 갈등의식조사 결과와 비교해 보기로 한다. 3년간 시차를 두고 실시한 두 조사의 결과에는 공통점과 차이점이 발견되고 있다. 먼저 갈등경험률을 살펴보면 2007년에 비해서 세 영역에서 모두 감소하였다(가족 73.0% → 53.5%, 직장 63.9% → 47.2%, 이웃 42.3% → 20.9%).〔2007년의 구체적 결과는 김선업(2008), 김선업 · 윤인진(2009) 참조〕 그러나 이 결과만으로 지난 3년간 실제 갈등 양상이 감소되었다고 결론을 내리기는 어렵다. 제1차 2007

표 4-19. 2007년과 2010년 조사의 갈등유형 분포(수치: %)

영역	대상	잠재형	누적 표출형	돌발 표출형	계
가족	2007년	25.9	64.5	9.6	100.0
	2010년	41.9	46.8	11.3	100.0
직장	2007년	48.8	49.6	1.6	100.0
	2010년	68.9	26.3	4.9	100.0
이웃	2007년	56.8	40.6	2.7	100.0
	2010년	15.8	41.9	42.3	100.0

년 조사와 2차 2010년 조사 모두 전국의 성인남녀를 대상으로 하였으나 표집방법과 하위 표본의 비율에 다소 차이가 있다. 갈등경험률의 시기별 추이에 대한 명확한 결론은 시계열적 조사가 더 축적된 이후에 이루어져야 할 것이다.

한편 경험하고 있는 갈등유형별 분포에서 두 조사결과는 적지 않은 차이를 보여 주고 있다. 잠재형, 누적 표출형 및 돌발 표출형의 갈등유형에 있어서 3년 전 조사에 비해서 2010년 조사에서 모든 생활영역에서 누적 표출형은 감소한 반면, 잠재형과 돌발 표출형은 증가하였다. 특히 이웃갈등에서 잠재형이 가장 크게 감소하였고, 돌발 표출형이 가장 크게 증가하였다(〈표 4-19〉 참조).

누적 표출형은 비교적 오랫동안 감정 등이 쌓여 있다 밖으로 표출되는 갈등이고, 잠재형은 상대에게 표출되지 않는 상태로 잠복되어 있는 갈등인데 비해 돌발 표출형은 인지하지 못한 상태에서 갑자기 분출되는 갈등을 말한다. 지난 3년 동안 누적되어 표출되는 갈등이 감소하고 잠재형이 증가한 양상은 일단 외적으로 표출되는 갈등은 감소되었음을 의미한다. 그런데 잠재형과 돌발형의 증가는 어떻게 해석할 수 있을까? 잠재형은 상대가 인식하지 못한 상태로 존재하기 때문에 만일 어떤 계기로 갈등이 표출된다면 상대에게는 돌발적인 것으로 인식될 수 있다.

이러한 상황에서 상대가 인지하거나 느끼지 못한 갈등과 예상치 못한 돌발적 갈등이 동시에 증가한다.

그렇다면 이상에서 지적한 갈등유형 변화의 의미를 살펴보자. 첫째, 누적되어 표출되는 진행형 갈등이 감소했다고 볼 때 적어도 평소 상호 인식하는 갈등의 심각성은 다소 약화되었다고 볼 수 있다. 둘째, 상대가 인식하지 못한 상태에서 내연화된 갈등이나 갑자기 폭발하는 갈등은 사전에 예측하기 어려운 갈등이라는 점에서 갈등의 예측성은 오히려 감소되었다고 판단된다. 인식하고 표출되는 갈등의 약화에도 불구하고 사전에 예측성이 낮은 갈등이 증가하고 있어 사전에 보다 심각한 갈등을 억제하거나 관리하기가 그만큼 어려워지고 있음을 뜻한다.

갈등경험율과 경험하는 갈등유형에 있어서 두 시기 사이에 차이를 보여 주는 것과는 달리 연령, 성 및 사회계층 등 사회집단별 갈등경험에 있어서는 비슷한 경향이 발견되고 있다.

연령과 성에 따른 가족갈등 경험은 두 시기 모두 동일한 양상을 보여주고 있다. 남성은 40대 이후 감소하는 데 비해 여성은 모든 연령층에서 갈등경험률이 높고, 특히 40대 이후에 남성과의 격차가 증가하고 있다. 계층별 가족갈등 경험에 있어 두 시기 모두 하층에서 가족갈등의 경험이 증가하고 있어 경제적 요인이 갈등에 영향을 미치고 있는 양상과도 비슷하다. 이와 같이 두 시기의 조사에서 사회집단에 따른 갈등 추세가 비슷하게 나타나고 있는 것은 일상영역에서 갈등이 구조화되어 있음을 의미하는데, 특히 외적 요인으로부터 크게 영향을 받고 있음을 알 수 있다.

3. 일상에서 집단 간 소통

1) 일상생활에서 타 집단 간 소통 정도

일상생활에서 이념이 다른 사람끼리 소통이 얼마나 가능하다고 보고 있으며, 실제로 소통이 어떻게 이루어지고 있으며 또한 소통의 결과는 어떠한가? 이는 일상생활에서 실제 작동하고 있는 이념갈등의 양상을 판단하는 경험적 근거라는 점에서 주목할 필요가 있다. 이념을 비롯하여 연령, 학력, 경제적 형편, 지지 정당, 종교, 성별 및 취향과 기호가 다른 사람 간의 소통이 얼마나 가능하다고 보는지 알아보자.

다음 분석결과는 오늘날 한국 사람의 일상에서 이념 차이가 지지 정당, 종교와 함께 소통이 가장 어려운 속성으로 인식되고 있음을 보여준다(〈표 4-20〉 참조). 이념이 다른 사람과의 소통이 가능하다는 비율

표 4-20. 아래와 같은 사람들과 소통이 얼마나 가능하다고 보는가?(수치: %)

나와 ______	구분				소통점수(100점 만점)	
항목	소통됨	반반	소통 안됨	계	평균	표준편차
이념이 다른 사람과	17.4	48.1	34.5	100.0	44.7	19.6
나이가 많은 사람과	44.7	41.2	14.1	100.0	55.8	19.3
나이가 적은 사람과	40.6	41.9	17.5	100.0	57.8	19.5
학력이 높은 사람과	38.8	51.7	9.5	100.0	57.5	17.1
학력이 낮은 사람과	38.2	50.9	10.9	100.0	56.9	17.3
경제적 형편이 나은 사람과	39.9	48.7	11.4	100.0	57.5	17.6
경제적 형편이 못한 사람과	42.5	50.5	7.0	100.0	58.1	16.4
지지정당이 다른 사람과	19.0	53.2	27.8	100.0	46.8	20.0
종교가 다른 사람과	23.8	47.7	28.5	100.0	47.8	21.4
성별이 다른 사람과	36.5	55.7	16.7	100.0	57.6	16.4
취향/기호가 다른 사람과	40.6	52.6	16.7	100.0	53.7	18.0

* 주: 소통수준은 '소통이 매우 잘 안 된다'(0점), '소통이 잘 안 되는 편이다'(25점), '보통이다'(50점), '소통이 잘 되는 편이다'(75점), '소통이 매우 잘 된다'(100점)으로 측정했고 소통점수는 100점 만점으로 환산했다.

이 17.4%인데 비해 소통이 안 된다는 비율이 24.5%로 두 배에 이른다. 지지 정당과 종교가 다른 사람과의 소통이 된다는 비율은 각각 19%와 23.7%에 그쳐 소통이 안 된다는 비율에 크게 못 미치고 있다. 이념, 지지 정당, 종교와 같은 개인의 생각이나 지향성은 일종의 범주적 폐쇄성을 수반한다. 그래서 객관적 조건의 차이보다 생각과 인식의 차이는 일상적 대화와 소통을 더욱 어렵게 만드는 조건이 되고 있다.

반면 세대, 교육수준과 경제적 수준의 사회계층, 성별 차이에도 불구하고 소통이 가능하다는 비율은 소통이 안 된다는 비율을 크게 넘어서서 상대적으로 소통이 용이한 사회범주로 나타나고 있다. 빈부격차와 같은 계층 간 갈등 양상을 심각하게 인식하고 있음에도 불구하고 일상생활에서 경제적 조건이 다른 사람들과의 소통에 대해서 여전히 낙관하고 있음을 보여 준다. 한국사회에서 경제적 양극화를 특징으로 하는 구조적 불평등이 더욱 첨예화되고 있고, 일상영역에서 경험하는 갈등의 주요 배경으로 작용하고 있음에도 불구하고, 타 계급이나 경제적 조건이 다른 집단과의 소통이 불가능한 상황에까지 이르지는 않았음을 시사하는 결과로 판단된다.

11개 사회범주에 따른 소통의 차원을 구분하기 위해 이들 항목들의 요인분석을 실시하였다. 분석결과, 11개 사회범주들은 크게 두 개의 요인으로 구분되고 있는데, 요인 1에서는 경제적 형편, 학력수준, 성별, 연령 등 계층적 서열적 요인들이, 요인 2에서는 지지 정당, 이념 및 종교와 같이 이념성에 근거하는 요인들이 높은 부하량(loading valus)을 보여 준다(〈표 4-21〉참조).

요인 1의 8개 항목은 경제적 계층, 학력, 세대, 성과 같은 포괄적 의미의 계층요인에 따른 항목을 의미하며, 요인 2의 3개 항목은 신념 및 가치 등 포괄적인 이념성을 근거로 하는 항목을 의미한다. 따라서 요인 1

표 4-21. 사회집단 간 소통 항목의 요인분석 결과(수치: 요인부하량)

항목	요인 1	요인 2
경제적 형편이 못한 사람과	.740	.141
경제적 형편이 나은 사람과	.725	.020
학력이 낮은 사람과	.643	.140
학력이 높은 사람과	.632	.113
성별이 다른 사람과	.617	.312
나이가 많은 사람과	.538	.105
취향/기호가 다른 사람과	.510	.370
나이가 적은 사람과	.464	.229
지지 정당이 다른 사람과	.115	.827
이념이 다른 사람과	.129	.789
종교가 다른 사람과	.196	.621

표 4-22. 성별 연령별 사회집단 간 소통점수(수치 : 소통점수, F, p)

요인	구분	계층 간 소통	검증	이념 간 소통	검증
성	남성	46.0	F=.55 p=.45	57.6	F=2.86 p=.09
	여성	46.7		56.4	
연령	20대	46.5	F=.79 p=.50	57.3	F=.29 p=.83
	30대	46.7		57.1	
	40대	47.1		57.1	
	50대	45.1		56.4	

은 계층 간 소통, 요인 2는 이념 간 소통으로 규정하기로 한다.

먼저 성과 연령에 따라서 이들 두 차원의 소통점수를 비교해 보면 성별에 있어서는 계층 간 소통은 거의 차이가 없으며 이념 간 소통에서 남성의 소통점수가 약간 높다. 연령별로는 두 차원 모두 차이가 거의 없다(〈표 4-22〉참조).

교육수준, 수입 및 주관적 계층의 사회계층적 요인에 따른 차이를 보면, 먼저 교육수준별로는 계층 간 소통은 차이가 없는 반면 이념 간 소통의 차이가 크다. 교육수준이 대학 이상인 층의 소통점수가 낮은 고졸 이하에 비해서 높게 나타나고 있다(〈표 4-23〉 참조).

표 4-23. 사회계층별 사회집단 간 소통점수(수치 : 소통점수, F, p)

요인	구분	계층 간 소통	검증	이념 간 소통	검증
교육수준	고졸 이하	46.0	F=.05 p=.85	52.0	F=9.76 p=.00
	대학 이상	46.5		57.2	
월수입	하	46.8	F=.80 p=.45	56.4	F=.93 p=.40
	중	46.8		57.6	
	상	45.5		57.0	
주관적 계층	하	44.5	F=8.54 p=.00	55.4	F=6.12 p=.06
	중	46.7		57.5	
	상	49.3		58.3	
이념성향	보수	42.9	F=8.51 p=.00	56.9	F=2.69 p=.06
	중도	47.1		56.0	
	진보	47.9		57.8	

경제적 계층별로는 객관적 계층인 수입별로는 두 가지 소통 모두 차이가 없는 반면 주관적 계층별로는 두 차원의 소통점수의 차이가 발견되고 있는데, 특히 계층 간 소통에서 차이가 크다. 주관적 계층의식이 높을수록 계층 간 소통점수가 증가하며, 특히 하층과 상층의 격차가 매우 크다. 이념 간 소통의 경우는 하층의 소통점수가 특히 낮다. 이 같은 결과는 사회집단 간 소통이 경제적 조건과 관계가 있지만 객관적 계층 요인을 반영하기보다는 본인 스스로 규정하는 주관적 귀속의식의 영향을 크게 받고 있음을 의미한다.

이념성향별 차이도 발견되고 있는데 계층 간 소통의 경우, 보수에서 소통점수가 낮고 중도와 진보의 소통점수가 높은 반면, 이념 간 소통에서는 진보의 소통 점수가 보수와 중도에 비해서 높다. 이는 진보층에서 자신과 다른 이념이나 가치에 대해서 보다 적극적으로 대응하는 경향을 있음을 보여 주는 결과이다.

2) 이념 간 갈등과 소통

(1) 사회적 이념갈등의 일상생활에 대한 영향력

한국사회에서 거시 사회적 차원에서의 갈등과 일상에서 경험하는 갈등을 얼마만큼 연관시켜 인식하고 있을까? 지금까지 일상에서의 갈등의 경험을 거시 사회의 구조적 문제와 관련성을 통해 설명해 왔지만 기실 이는 이론적인 논의로서 성원들의 실제 인식은 다를 수 있다. 객관적인 구조적 갈등과 현실에 대한 인식과의 격차는 마르크스의 계급적 허위의식에서부터 지적되어 왔지만 그 이유는 단순하지 않다. 사회구조적 이슈나 쟁점들에 대한 인식이 본인의 일상생활에 지니는 의의를 점검하거나 성찰을 수반하지 않는 상황도 다분히 존재할 수 있겠지만 사회 차원의 심각성에 대한 인식이 반드시 자신의 입장이 위협받고 상황을 의미하지 않을 수도 있다.

사회적 차원에서 이슈화되고 있는 이념갈등의 사례를 통해서 이 문제를 살펴보자. 그렇다면 일상적 관계에서도 이념의 차이로 인한 갈등이 실증되고 있을까? 한국사회에서 이념갈등은 대표적인 사회갈등의 하나이며 특히 근자에 이르러 심화되고 있다는 보고들이 적지 않다(한준·설동훈, 2007; 윤인진, 2011). 그런가 하면 한국사회의 이념갈등은 일반 국민들 사이에 이념대립과 양극화가 커졌기 때문이 아니라 정치인을 비롯한 엘리트들 사이의 이념적 거리가 커졌기 때문이며(이내영, 2011), 언론에 의한 담론화를 통한 과잉이념화로(박길성, 2009) 규정하고 일상에서 경험하는 갈등과 사회적 차원의 이념갈등 사이에 간극이 존재한다고 지적하기도 한다.

거시 사회적 차원에서의 사회적 이념갈등과 일상생활에서의 이념갈등의 연관성을 확인해 보기 위해서 먼저 사회의 이념갈등이 개인의 일상생활에 얼마나 영향을 미치는가를 살펴보자. "우리 사회의 이념갈등

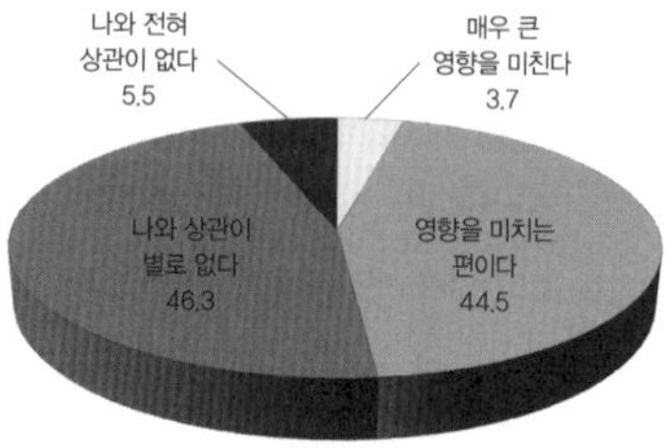

그림 4-4. 귀하께서는 우리 사회의 이념갈등이 귀하의 일상생활에 얼마만큼 영향을 미친다고 보십니까?(수치: %)

표 4-24. 연령별 사회계층별 사회적 이념갈등의 일상생활 영향력(수치: %, F, p)

요인	구분	영향력	검증	요인	구분	영향력	검증
연령	20대	45.9	F=.30 p=.82	월수입	하	50.1	F=1.04 p=.35
					중	48.4	
	30대	49.8			상	45.1	
	40대	48.6		주관적 계층	하	57.4	F=3.14 p=.01
	50대	48.2			중하	43.3	
교육수준	고졸 이하	45.6	F=2.55 p=.10		중	45.7	
	대학 이상	50.6			중상	44.2	
					상	54.9	

이 본인의 일상생활에 얼마만큼 영향을 미치는가"에 대해서 '영향을 미친다'는 반응(48.2%)과 '미치지 않는다는 반응'(51.8%)이 엇비슷하다(〈그림 4-4〉 참조).

그렇다면 이념갈등의 일상적 영향력을 차별적으로 평가하는 데 어떠한 사회적 요인이 작용할까? 먼저 한국사회의 이념적 차이를 설명하는 대표적인 집단범주로 인정되고 있는 세대와 계층집단별로 이념갈등의 일상적 영향력을 어떻게 인식하고 있는가를 살펴보자. 영향력 수치는 '매우 큰 영향을 미친다' 100점, '영향을 미치는 편이다' 67점, '나와는 별로 상관이 없다' 33점, '나와 전혀 상관이 없다' 0점의 가중치를 부여하여 최저 0점에서 최고 100점까지의 값을 지니도록 했다.

〈표 4-24〉는 연령세대를 비롯하여 교육수준, 가구소득 및 주관적 계층의 사회계층별로 사회적 이념갈등이 일상에 미치는 영향력 점수를 비교분석한 결과이다. 여기서 나타나듯이 연령, 세대별로 인식의 차이는 발견할 수 없으며 교육수준도 의미 있는 설명요인이 아니다. 반면, 자신의 경제적 형편에 대한 스스로의 평가인 주관적 계층에 따른 차이는 일부 나타나고 있다. 자신의 경제적 형편을 상층으로 규정하는 집단과 하층으로 규정하는 집단에서 사회적 이념갈등이 자신의 일상생활에 영향을 미친다고 보는 경향이 강하다. 주관적 계층 정체성은 자신의 객관적 경제적 형편을 기반으로 하지만 다른 한편으로 이에 대한 평가와 해석과정을 수반하기 때문에 자신들의 이해관계를 극단적으로 규정하는 상층과 하층에서 이념갈등의 현실적 영향력에 대해서 보다 민감하게 반응하고 있는 결과로 해석된다.

이번에는 자신에 대한 이념성향에 따라서 사회적 이념갈등의 일상적 영향력의 평가에 차이가 있는가를 살펴보자. 〈표 4-25〉를 분석해 보면, 이념성향은 사회적 이념갈등이 일상생활에 미치는 영향력을 평가하는 요인임을 확인할 수 있다. 이념성향이 진보인 사람들이 보수나 중도에 비해서 사회적 이념갈등이 자신의 일상생활에 미치는 영향을 보다 뚜렷하게 인식하고 있다. 그런 이유에 대해서는 보다 심층적 분석이 요구되지만, 중도나 보수층에서 거시 사회 차원의 이념갈등을 현실이나 일상의 문제와 크게 상관없는 바깥의 일로 간주하는 경향이 큰 데 비해서,

표 4-25. 이념성향별 사회적 이념갈등의 일상생활 영향력(수치: %, F, p)

구분	영향력 점수	검증
보수	41.1	F=14.69 p=.00
중도	40.1	
진보	57.9	

진보층은 현실에 대한 비판적 시각이 강하며 이념갈등을 통해서 사회 변화를 실현하려는 요구가 반영된 결과로 판단된다.

(2) 이념 간 소통 정도와 소통 방식

앞서 살펴본 바와 같이 일상에서 이념 간 소통이 어렵다고 보는 비율은 높지만 그렇다고 실제 대화가 이루어지는 비율이 낮은 것은 아니다. 이념 차이가 있는 사람과 평소 대화를 하고 있다는 비율은 40%로서 세대 차이가 있는 사람과의 대화 정도와 비슷한 수준이다(〈표 4-26〉 참조).

이념 간 소통이 이루어지는 사회적 경로를 확인하기 위해서 연령, 계

표 4-26. 이념과 세대 차이가 있는 사람과 대화 정도(수치: %)

	자주	가끔	거의 안 함	계
이념 차이가 있는 사람과	2.2	35.8	61.9	100.0
세대 차이가 있는 사람과	2.7	40.9	56.4	100.0

표 4-27. 연령, 주관적 계층 및 이념성향별 이념 간 대화 정도(수치: %, F, p)

연령				주관적 계층			이념성향		
20대	30대	40대	50대	하	중	상	보수	중도	진보
34.8	37.5	43.5	35.1	36.0	42.3	35.8	38.6	30.0	44.2
F=.189 p=.11				F=2.03 p=.12			F=8.39 p=.00		

표 4-28. 성에 따른 연령, 주관적 계층 및 이념성향별 이념 간 대화 정도(수치: %, F, p)

	연령				주관적 계층			이념성향		
남성	20대	30대	40대	50대	하	중	상	보수	중도	진보
	37.5	44.6	49.4	45.1	41.0	50.6	43.0	50.4	36.3	46.8
	F=1.29 p=.28				F=1.78 p=17			F=3.40 p=.03		
	연령				주관적 계층			이념성향		
여성	20대	30대	40대	50대	하	중	상	보수	중도	진보
	31.8	30.2	37.1	25.2	29.9	35.4	28.2	25.6	24.5	41.0
	F=1.43 p=.23				F=1.15 p=.33			F=1.56 p=.00		

층 및 이념성향별로 이념 간 소통 정도를 살펴보기로 한다. 연령, 계층 및 이념성향별로 이념 차이가 있는 사람과의 소통 정도를 비교해 보면, 통계적으로 유의미한 수준은 아니지만 연령별로는 40대, 주관적 계층에서는 중간층이 하층이나 상층에 비해서 대화 정도가 약간 많다(〈표 4-27〉 참조). 이념성향에 따른 차이가 비교적 큰 것으로 나타나는데 중도에 비해서 보수나 진보의 대화 빈도가 상대적으로 많다.

그런데 연령과 이념성향별 대화 정도는 성별로 양상이 상당히 다르다(〈표 4-28〉 참조). 연령별로 40대와 주관적 계층에서 중간층의 대화 빈도가 높은 것은 남녀 모두에서 나타나지만 이를 이념성향별로 구분해 보면 차이가 있다. 여성은 진보층이 보수나 중도층에 비해서 대화하는 정도가 높은 데 비해(진보 41.0%, 보수 25.6%, 중도 23.5%) 남성은 보수층의 대화 정도가 가장 높아(보수 50.4%, 진보 46.4%, 중도 36.3%)의 순으로 성별로 대화를 주도하는 이념성향이 다르게 나타나고 있다. 성별 이념성향에 따른 양상이 다르게 나타난 것은 상대적으로 보수성향과 중도성향의 여성의 대화 정도가 적은 반면, 진보층의 대화 정도가 높기 때문이다. 즉 진보층에서는 남성과 여성의 대화 정도에 큰 차이가 없는 반면 중도와 보수에서는 여성의 대화수준이 낮으며 특히 보수층에서 낮아 보수층 여성의 대화수준은 남성의 절반 수준에 그치고 있다.

연령별 대화 정도 역시 성별 차이가 적지 않다. 남성의 대화 정도는 20대를 제외하고 30대 이상에서는 큰 차이가 없으며 50대의 대화 정도도 타 연령층과 비슷하다. 반면 여성은 특히 40대까지 큰 차이가 없지만 50대에 이르러 크게 낮아진다. 여성이 나이가 들면서 탈이념화된다거나 정치나 이념에 대해 무관심해졌기 때문이라는 해석도 가능하지만, 생활에 대한 관심이 정치나 사회에 대한 관심을 앞서고 있어 이념적 교류가 그다지 생산적이지 못하다고 보는 데도 이유가 있을 것이다.

표 4-29. 이념 차이, 세대 차이가 있는 상대와 소통방식(수치: %)

항목	상대가 나를 설득	내가 상대를 설득	서로 자신만의 주장	서로 주의를 기울임	계
이념 차이가 있는 사람과	8.2	18.5	14.8	58.5	100.0
세대 차이가 있는 사람과	10.3	26.1	8.7	54.6	100.0

표 4-30. 배경변인별 이념 차이가 있는 상대와 소통방식(수치: %)

요인	구분	상대가 나를 설득	내가 상대를 설득	서로 자신만의 주장	서로 주의를 기울임	계
성	남성	9.0	22.3	13.7	54.9	100.0
	여성	7.0	12.7	16.6	63.7	100.0
연령	20대	5.1	20.3	13.0	60.8	100.0
	30대	9.7	10.7	22.3	57.3	100.0
	40대	11.0	18.1	11.8	59.1	100.0
	50대	4.9	27.2	11.1	56.8	100.0
월수입	300만 원 미만	9.0	16.4	12.7	61.9	100.0
	300-400만 원	4.2	22.7	18.5	54.6	100.0
	400만 원 이상	10.9	16.8	13.9	58.4	100.0
주관적 계층	하	9.0	20.3	20.3	50.4	100.0
	중	6.3	21.1	11.3	61.3	100.0
	상	9.6	13.0	13.0	64.3	100.0
이념 성향	보수	10.5	21.1	14.7	53.7	100.0
	중도	9.7	21.4	13.6	55.3	100.0
	진보	6.3	15.6	15.6	62.5	100.0

이념이 다른 상대와 대화를 하는 경우에 상대와의 소통방식을 '내가 상대를 설득', '상대가 나를 설득'의 일방향 소통, '서로 주의를 기울였다'의 쌍방향 소통, 서로 자신의 주장만을 하는 일방향 비소통으로 구분해 볼 때, 서로 주의를 기울인다는 소통적 쌍방향성이 반수 이상(58.5%)으로 대화를 하는 경우에 소통 정도는 낮지 않다(〈표 4-29〉 참조). 일방향 소통이 1/4 정도인데 이 중에서 내가 상대를 설득하는 경우가 상대가 나를 설득하는 경우보다 2배 정도 많다. 다른 이념 간 대화의 방향성 양상을 세대관계와 비교해 볼 때 서로 주의를 기울이는 쌍방향적 소통 비율은 비슷하지만 서로 자신만의 주장을 하는 일방향 비소통 방식은 이

념 간 소통에서 다소 높고(이념 간 대화 13.8%, 세대 간 대화 8.7%) 내가 상대를 설득한다는 소통은 세대 간 갈등이 더 많다. 즉 이념 간 소통은 세대 간 소통에 비해서 대립적 소통이 약간 많은 특징을 보여 준다.

이념 간 소통방식을 성, 연령, 계층별로 비교해 보면(〈표 4-30〉 참조), 먼저 성별로는 남성이 여성에 비해서 자신이 상대를 설득한다는 비율이 높은(남성 22.3%, 여성 12.7%) 반면, 여성에서는 서로 주의를 기울인다는 평가가 다소 높아(여성 63.7%, 남성 54.9%) 남성이 일방향 소통을 더 많이 경험하고 있다. 앞의 대화 정도 분석에서 여성은 남성에 비해서 이념 간 대화를 적게 하는 것으로 나타났지만 소통 방향은 남성에 비해서 개방적이다. 다른 한편으로는 남성이 자신의 이념에 대한 자신감과 정체성이 더 강하기 때문에 상대를 설득하는 경험이 높게 나타났다고 볼 수 있다.

연령별로는 자신이 상대를 설득한다는 비율은 50대(27.2%)와 20대(20.3%)에서 높은 반면, 서로 자신만의 주장을 한다는 비율은 30대가 타 연령층에 비해 높다(30대 22.3%). 반면 연령별로 서로 주의를 기울인다는 쌍방향 소통은 차이가 없다. 즉 30대에서 대립적 소통이 상대적으로 많으며 20대와 50대에서 자신이 상대를 설득한다는 비율이 높아 이들 연령층에서 자신의 이념에 대한 신념과 정체성이 보다 강하다고 평가할 수도 있다.

수입과 주관적 계층별로 소통방식에 다소 차이가 있다. 주관적 계층별로 하층에서 서로 자신만의 주장을 하는 경우가 상대적으로 많은 반면, 서로 주의를 기울인다는 쌍방향 소통은 적다. 그런데 수입별로는 하층에서 서로 주의를 기울인다는 쌍방향 소통이 오히려 많아 주관적 계층과 대조되는 경향을 보여 준다.

이념성향별 차이로는 보수층에서 상대가 나를 설득하거나 내가 상대를 설득한다가 약간 높은 반면, 진보층에서는 서로 상대방의 생각에 주의를 기울인다는 긍정적 평가가 약간 높아 진보층에서 쌍방향적 소통경험이 다소 많다.

4. 맺음말

지금까지 일상생활에서의 갈등에 대한 경험적 분석결과들을 정리해 보고 결과의 함의를 지적해 보자. 먼저 가족, 직장 및 이웃관계의 일상생활영역에서 경험하는 갈등에 대한 분석에서 세 가지 생활영역별로 구분하여 분석한 갈등의 경험과 유형에는 공통점과 적지 않은 차이가 존재함을 확인할 수 있었다. 가족, 직장, 이웃의 순으로 경험하고 있는 갈등경험은 발생하는 정도와는 별도로 특유의 갈등유형을 보여 주고 있다. 가족갈등에서 언어적 누적표출 형태가 두드러진 반면 직장갈등은 잠재적 형태도 내연되어 있는 경우가 많았다. 이웃갈등은 경험빈도는 적었지만 높은 갈등 촉발성과 비예측성을 지닌다는 점에서 특별한 대응이 요구되는 갈등으로 평가된다.

성, 연령 그리고 사회계층적 요인은 갈등의 경험과 유형을 설명하는 요인으로서 한국사회에서 이들 요인을 중심으로 일상적 갈등의 분화가 전개되고 있음을 확인할 수 있었다. 가족갈등과 직장갈등의 경우 특히 연령적 분화가 성에 따라 다르게 전개되고 있음에 유의할 필요가 있다. 이는 한국사회에서 성을 둘러싼 구조적 상황적 배경에 차이가 여전히 존재하고 있음을 말해 주는 결과로서 주목할 필요가 있다. 계층적 요인에 따라서 갈등의 경험과 경험하는 갈등유형의 차이가 적지 않음도 확인할 수 있었다. 주관적 계층요인은 객관적 조건에 비해 갈등경험과 유형의 차이를 보다 명확히 설명하는 요인이다. 주관적 계층이 하층인 경우에 갈등경험률이 높고 더욱 심각한 갈등유형을 경험하는 것은 일상의 생활과 관계에 경제적 조건과 이에 대한 정체성 요인이 크게 작동하고 있음을 보여 주었다. 계층적 정체성은 객관적 현실을 기반으로 하고 있지만 이를 근거로 일상의 갈등이 심화되고 있음에 비추어 볼 때, 현실의 경제적 조건을 재생산해 내는 부정적 연결고리로 작용할 수 있음에 주목해야 한다. 이는 한국사회의 경제적 양극화나 불평등이 정체성을 매개로 일상의 맥락에서 보다 지속적으로 작동하고 있음을 보여 주는 사례로 평가된다.

일상영역에서 사회집단 간 소통에서도 객관적인 계층적 요인보다 이념과 정체성의 차이가 소통을 더 어렵게 하는 요인으로 확인되었다. 사회집단별로는 성과 주관적 계층, 이념성향에 따른 차이가 작지 않았다. 이념 간 소통과 갈등에 관한 분석결과들은 한국사회에서의 거시 사회적 이념갈등과 실제 일상사회에서 경험하는 이념갈등 사이에 연관성이 없지 않으나 일상적 경험이 거시적 상황을 반드시 그대로 반영하지 않는다는 사실을 동시에 확인해 준다. 이념적 정체성이 거시적 갈등과 일상생활의 갈등을 매개하는 주요 연결고리가 되고 있지만 사회적 차원의 갈등인 이념적 갈등이 일상세계와 유리된 채 진행될 가능성도 적지 않다는 진단을 하게 된다. 이로 인해 현실에서 이루어지는 소통 경험에 대한 분석결과는 긍정적 시그널로 해석할 수 있는 측면도 있다. 사회집단별 차이가 없지 않으나 이념 간 쌍방향적 소통이 이루어지는 경우가 예상보다 많았으며 소통의 방식도 대체로 긍정적이다.

기실, 갈등의 존재 자체는 부정적이지 않다. 일상에서의 갈등은 한편으로는 객관적 현실에 대한 좌절과 어려움을 반영하지만, 이를 극복하기 위한 적극적인 시그널의 의미를 포함하고 있기도 하다. 그러나 해결의 실마리를 찾지 못하고 지속되는 갈등은 현실을 더욱 어렵게 하며 대립과 적대를 고착화한다. 우리에게 주어진 과제는 갈등을 겪으며 이를 극복하기 위한 새로운 동력을 창출하고, 나아가 통합의 계기를 만들어내는 일이다. 지금은 사회적 조건으로부터 유발된, 그리고 정체성을 매개로 일상에 광범위하게 작동하고 있는 갈등 시그널에 대해 적극적으로 대응해야 할 시점이다.

참고문헌

김문조. 2008.《한국사회의 양극화》. 집문당.

김선업. 2011.〈저출산 고령화와 사회문화갈등〉.《저출산 고령화와 사회갈등 세미나 발표집》. 보건사회연구원.

김선업. 2008.〈일상적 갈등의 분화와 교차〉.《한국사회》9(1): 53-94.

김선업. 1992.〈한국사회 연줄망의 구조적 특징〉.《한국사회학》26(2): 1-33.

김선업 · 윤인진. 2009.〈갈등의식 갈등경험 및 갈등대처 양식의 일반적 특징〉. 윤인진 외.《한국인의 갈등의식》. 고려대학교출판부. 39-76쪽.

나은영. 2006.〈인터넷 커뮤니케이션—익명성, 상호작용성 및 집단극화를 중심으로〉.《커뮤니케이션 이론》2(1): 93-127.

박길성. 2011.〈한국사회의 세대갈등—연금과 일자리를 중심으로〉.《한국사회》12(1): 3-26.

박길성. 2008.〈한국사회의 갈등지형과 경향〉.《한국사회》9(1): 5-30.

송다영. 2011.〈저출산 고령화시대 가족 내부의 갈등〉.《저출산 고령화와 사회갈등 세미나 발표집》. 보건사회연구원.

송호근. 2006.《한국의 평등주의—그 마음의 습관》. 삼성경제연구소.

안병철 · 임인숙 · 정기선 · 이장원. 2001.《경제위기와 가족》. 생각의나무.

윤인진. 2011.〈한국인의 갈등의식의 특성과 변화—2007년과 2010년 한국인의 갈등의식조사 결과 분석〉.《분쟁해결연구》9(2): 135-166.

이병훈. 2011.〈저출산 고령화와 일자리 갈등〉.《저출산 고령화와 사회갈등 세미나 발표집》. 보건사회연구원.

김진영 · 송예리아. 2012. 〈고용형태와 주관적 경제수준에 따른 대인갈등의 차이와 심리적 안녕〉. 《한국사회학》 46(1) : 101-129.

장경섭. 2011. 〈'위험회피' 시대의 사회재생산—가족출산에서 여성출산으로〉. 《가족과 문화》 23(3): 1-23.

장경섭. 2001. 〈가족이념의 우발적 다원성—압축적 근대성과 한국가족〉. 《정신문화연구》 24(2): 161-202.

이내영. 2011, 〈한국사회 이념갈등의 원인—국민들의 양극화인가, 정치엘리트들의 양극화인가?〉. 《한국정당학회보》10(2): 251-287.

이호영. 2007 《인터넷상의 문화권력과 미래변화》. 정보통신정책연구원.

한국여성개발원. 2005. 《국민통합을 위한 사회 갈등해소 방안》. 한국여성개발원.

한준·설동훈. 2007. 〈한국사회 이념갈등의 현황과 구조〉. 한국정치학회·한국사회학회 공편. 《한국사회의 새로운 갈등과 국민통합》. 인간사랑.

Attias-Donfut. C., and Arber, S. 2000. "Equity and Solidarity across the Generations." Sara Arber and Claudine Attias-Donfut (eds). *The Myth of Generational Conflict: The Family and State in Ageing Societies.* Routledge. pp.1-21.

Bentson, V.A. 2001. "Beyond the Nuclear Family: The Increasing Importance of Multigenerational Bonds." *Journal of Marriage and Family* 63: 1-16.

Clark, A., Oswald, A., Warr, P. 1996. "Is Job Satisfaction U-shaped? in Age?" *Journal of Occupational & Organizational Psychology* 69: 57-81.

Giddens. A. 1998. 《사회구성론》(원제: *The Constituition of Society*). 황면주 · 정희태 · 권진현 역. 자작아카데미.

Leadebeater, C. 2009. 《집단지성이란 무엇인가?》(원제: *WE-THINK : Mass Innovation not Mass Production Here Comes Everybody*). 이순희 역. 21세기북스.

Mayer, B. 2000. *The Dynamics of Conflict Resolution: A Practitioner's Guide.* San Francisco, CA: Jossey-Bass.

Riley, M. W. 1988. "On the Significance of Age in Sociology." In M. W. Riley with B.J. Huber and B. B. Hess (eds), *Social Change and the Life Course, Vol. 3, Social Structures and Human Lives.* Newbury Park: Sage Publications.

제5장

젠더질서 변동의 긴장과 아버지 자녀 돌봄*

조윤경

1. 머리말

한국에서는 1990년대 후반부터 신자유주의화가 진전되면서 노동시장의 불안정성이 가속화되어 근속연수 기간이 축소되고 비정규직이 노동시장에서 차지하는 부분이 꾸준히 증가하고 있다. 노동환경의 변화로 기존의 가족임금제에 기초한 남성단독생계부양자 모델이 흔들리기 시작했고 수정-단독부양자모델 또는 공동부양자모델로 변형되면서 남성을 공적 영역에, 여성을 사적 영역에 위치시키는 근대적 성별 분업질서가 재편 중이다. 더불어 여성교육의 확대와 평등의식의 고

---

* 이 글은 부산대학 여성연구소에서 발행하는《여성학연구》제22권 1호에 게재한 논문 〈'아버지 자녀양육서'에 내재한 젠더 질서—아버지됨과 남성성의 관계를 중심으로〉를 바탕으로 고려대학교 사회학과 '한국사회연구소'와 'BK갈등사회인재양성교육연구단'에서 2010년 12월에 '한국리서치'에 의뢰하여 실시한 〈제2차 한국인의 갈등의식〉 조사결과를 보충, 글의 논지를 확대·재구성한 것임을 밝힌다.

취 등 다양한 사회적 요인들에 의해 여성의 경제활동 참여가 증가하고 여성의 취업은 선택이 아닌 필수 사안이 되고 있다. 기혼 여성 그리고 미혼 여성의 경제활동 참가율을 비교해 보면, 1980년에는 각각 40.0%, 50.8%에서 1990년에는 각각 46.8%, 45.6%로 기혼 여성이 미혼 여성의 경제활동 참가율을 앞질렀으며 2000년대 이후는 기혼 여성과 미혼 여성의 경제 참여율의 차이가 1% 내외로 근소해지고 있다(통계청, 2008). 이러한 변화 상황에서 남성생계부양자모델이 무너지고, 여성의 소득이 가족경제와 생계유지에서 차지하는 비중이 확대됨에 따라 모성이 담당해 온 돌봄노동의 공백을 보완할 사회적 분담과 부모가 함께 자녀 돌봄을 공유해야 한다는 성별 공유책임의식이 확산됐다(백진아, 2009: 169).

그러나 젠더질서의 재편 속에서도 규범의 수준에서는 여전히 근대적 성별 분업질서가 유지되고 있는 것으로 나타났다. 즉 여성의 경제활동이 증가하면서 기존에 여성들이 주로 담당했던 돌봄 영역에 남성들의 참여가 사회적으로 요구됨에도 불구하고 가족규범은 남성=공적 영역, 여성=사적 영역이라는 근대적 성별 구도를 넘어서지 못하고 있다. 이것은 아버지 역할을 규정하는 데서도 다시 한 번 확인된다. 가장 희망하는 아버지에 대해 아버지 스스로는 '경제적으로 능력 있는 아버지'라는 응답이 28.2%로 가장 많았고, '친구같이 지낼 수 있는 아버지'(26.2%), '가정적으로 자상한 아버지'가 24.3%로 나타났다. 즉 아버지들이 자녀 돌봄에 관심을 가지고 스스로가 이상적인 아버지 역할을 친구 같고, 자상하고, 가정적인 아버지로 자리매김하지만 아버지의 중요한 역할은 공적 영역의 노동자로서의 가계부양자 역할임을 알 수 있다(김혜영, 2008: 179). 남성을 공적 영역의 노동자로서 자리매김하는 가족규범은 여성에게도 강하게 자리하고 있었다. 강이수(2011: 269)에 따르면, "여자가 일을 하더라도 가정의 주된 생계책임은 남자가 져야 한다"는 문항에 대해서 비취업 여성은 취업 남성 56.5%보다 높은 79.0%의 동의율을 보여 전통적인 성별 분업 이데올로기를 가장 강하게 갖고 있는 집단으로 나타났다. 다시 말해, 남성의 단독생계부양자모델은 붕괴되고 있지만 근대적 성별 분리적 가족규범은 여전히 존속하는 젠더질서 변동 안에 긴장, 즉 젠더긴장을 발견할 수 있다.

이 글에서는 이러한 문제의식을 '아버지 자녀양육서'에 투영시키고자 한다. 여기서 '아버지 자녀양육서'란 아버지들에게 돌봄경험, 돌봄기술을 제공하거나 아버지 돌봄이 자녀에게 주는 과학적 영향력을 제시하여 아버지들의 자녀 돌봄 참여를 독려하는 육아서적을 의미한다. 1990년대 후반부터 여성의 절반가량이 경제활동에 참여하면서 자녀 돌봄의 대안으로서 아버지에 대한 고민이 시작되었고 아버지를 주제로 한 서적의 출판이 꾸준히 이루어지고 있다. 그러나 이들 논의는 아버지가 자녀 돌봄에 주체로서 참여해야 한다는 점에 동의하고 있지만 '아버지 자녀양육서'에서 제안하는 돌봄의 방식은 기존의 성별 분업질서에 토대하고 있다. 따라서 '아버지 자녀양육서'는 현재의 젠더질서의 변화와 그 안에 여전히 존재하는 근대적 성별 질서를 제시하여 젠더질서 속에 내재된 긴장을 드러내 주는 유용한 자료로서 의미를 지닌다.

특히 이 글에서는 '아버지 자녀양육서'에 내재된 젠더질서를 아버지됨과 남성성의 관계를 통해 분석해 보고자 한다. 이 관계를 통해 이 글에서는 '아버지 자녀양육서'에서 제안하는 아버지 돌봄에 대한 논의가 젠더질서에 도전하기보다는 오히려 기성의 젠더질서를 재생산하며 기존의 남성성에 기초하고 있음을 밝히려 한다. 즉 이 연구는 '아버지 자녀양육서'가 아버지의 자녀 돌봄 참여를 독려하여 남성성이 돌봄을 수용하는 방식으로 변화한다는 사실을 보여 주면서도 그 기틀이 남성성

에 뿌리하는 아이러니함을 고찰하려 한다.[1)]

2. 이론 및 문헌 검토

맞벌이 가족의 증가와 부부간의 평등의식이 강조되는 가운데 아버지들의 자녀 돌봄에 대한 사회적 요구가 증가하면서 아버지에 대한 연구도 점증하고 있다. 한국에서 아버지에 대한 연구는 가사책임과 자녀양육에 참여하는 부모경험을 통해 역할 변화를 경험하는 개인 수준의 변화를 논의한 연구에서부터(강란혜, 2000; 황정해, 2000; 황정해 · 이정덕, 2000; 황정해 · 백경임, 2004; 김혜선, 2005) 아버지들의 돌봄을 독려하거나 저해하는 기업문화, 복지정책 등과 같은 사회구조적인 원인을 찾는 연구들에까지(김혜영 외, 2008; 이숙현 · 권영인, 2009; 윤홍식 외, 2010) 다양하고 광범위하게 걸쳐 있다.

이 글에서는 기존의 연구들을 기반으로 하여 여기에 남성성이란 관점을 통해 아버지들의 자녀양육을 고찰해 보고자 한다. 아버지됨(fatherhood)으로 축약될 수 있는 아버지의 사회적 지위, 실천, 정체성은 남성성(masculinities)이라는 문화적 범주와 결부시켜 사고될 수 있다. 서구의 페미니스트적 관점을 따른 연구에서 남성성은 단일한 존재로 축

1) 대부분 '아버지 자녀양육서'는 아버지로서 부모경험을 한 저자가 자녀를 둔 남성을 독자층으로 하여 서술된다. 이 때문에 '아버지 자녀양육서'는 전 학령인구를 독자로 하는 교과서나 일반 대중을 겨냥하는 신문과 같은 담론으로서의 위상을 가지지는 않는다. 하지만 '아버지 자녀양육서'는 오늘날 아버지의 돌봄 참여를 독려하는 사회적 요구를 여실히 반영한다는 점에서 그리고 아버지들의 다양한 대응 방식을 중층적으로 보여 준다는 점에서 한국의 '아버지됨'의 현재를 보여 줄 수 있는 유용한 자료로서 가치를 지닌다. 즉 '아버지 자녀양육서'는 양적인 측면에서 담론으로서의 효과가 추정될 수는 없지만 현재의 '아버지됨'을 드러내 주는 질적인 자료로서 의미가 있다.

약될 수 없으며 고정된 역할이 아니라 구체적인 지역, 역사, 사회적 관계 안에서 형성되는 역동적인 과정이다. 따라서 남성성은 현재 사회에서 안정된 것이라기보다는 변화하기 쉽고 잠재적인 것이며 유연한 개념이라 할 수 있다. 서구에서 1950년대에는 성장, 결혼, 가족부양으로 이어지는 표준적인 남성 생애경로가 남성성을 보증해 주는 것이었던 반면, 1970년대에는 부양자로서의 역할을 거역하고 자신의 개인적인 즐거움을 추구하는 남성, 결혼을 미루는 새로운 남성성이 등장하기 시작했다. 현재 남성성은 자녀를 돌보는 방향으로 전환하고 있으며, 이것은 남성성의 변화 또는 남성성의 위기로 설명되기도 한다(Brittan, 1989: 3-4). 그러나 이러한 다양성이 전제되는 가운데서도 다양한 남성성 안에 내재되어 있는 공통분모는 '남성에 대한 여성의 예속'과 '여성에 대한 남성들의 우월성'으로 남성성은 권력화된 젠더관계 안에서 형성되며 재생산된다(Haywood and Ghaill, 2003: 8-10).

시·공간에 따라 다양하게 구성된 남성성 중에서 이 글에서는 서구에서 형성되고 오늘날에 동서양의 공간을 떠나 헤게모닉 남성성[2)]으로 자리하고 있는 근대적 남성성을 살펴보고자 한다. 근대적 남성성은 근대성을 규정하는 주요 사건인 산업화와 결부하여 사고될 수 있다. 산업화 이후로 서구사회에서 남성들은 자신의 정체성을 '일'과 '일에 대한 성

---

2) 코넬(R. W. Connell, 1995)은 안토니오 그람시(Antonio Gramsci)의 '헤게모니' 개념을 수용하여 고정되지 않고 관계의 변화 안에서 구성되는 남성성을 개념화시켰다. 그는 특정 시기에 다양한 남성성 중에서 가장 구속력이 강하고 가장 바람직한 방향이라고 생각되며, 국가나 사회, 조직에서 힘과 특권을 유지하는 데 기본 요소가 되는 남성성을 '헤게모니적 남성성(hegemonic masculinity)'이라고 규정했다. 헤게모닉 남성성을 점유하고 있는 남성은 더 우월한 위치를 주장할 수 있다. 헤게모닉 남성성에 포함되지 않는 남성성은 '주변화된 남성성'(marginalized masculinity)으로 헤게모닉 남성성에 대해 예속적인 지위를 가지게 된다. 이 연구에서는 오늘날 헤게모닉 남성성의 지위를 차지하고 있는 근대적 남성성의 개념을 중심으로 논의를 전개하고자 했다.

취'를 중심으로 발전시켰다(Tolson, 1977: 13). 이로 인해 남성들은 노동자로서의 경험을 통해서만 자신의 가치를 느끼게 되고, 특히 노동을 하는 부양자로서의 역할을 수행하면서 진정한 남성임을 확인받게 된다. 여기서 남성다움의 구체적인 목록은 노동자로서의 덕목 그리고 부양자로서의 덕목과 크게 다르지 않다. 구체적으로 '남성다움'은 책임감, 합리성, 자제력, 결단력, 여성 보호적 태도를 포함함으로써 남성다움과 일은 동일시 된다(조한혜정, 1995: 242, Carrigan et al., 2006: 28).

이 과정에서 성공하는 노동자에게 필요한 덕목은 성공적인 남성이 되기 위한 덕목과 일치한다. 특히 자본주의 사회에서 '경쟁'이 긍정적인 덕목으로 정당화되면서 남성은 자본주의 기업사회에 조응하는 노동자로 사회화된다. 남성은 경쟁적 게임, 스포츠, 직업에 참여하면서 이상적 덕목으로서 '경쟁'을 체화한다(Brittan, 1989: 98). 그렇지만 남성성을 구성하는 덕목은 남성들 사이의 '경쟁'뿐만 아니라 남성들 사이의 '연대'를 포함한다. 키드(Kidd, 1987: 259)는 남성들이 스포츠를 매개로 하여 연대와 단결을 공고히 하는 과정에 대해 설명하고 있다. 남성들은 스포츠를 통해 상대방 팀에 대항하여 함께 경쟁한다는 '아군 의식' 그리고 서로 자극을 주고 경쟁하며 힘과 기술을 길러 가도록 돕는다는 '동료의식'을 체화한다. 이러한 관점에서 '근대적 남성성'은 근대화 이후의 남성들이 성취해야 하는 구체적 목표, 이 목표를 체득하기 위한 사회화 과정 그리고 이것을 가능케 하는 성별 분리적 구조까지를 아우르는 개념으로 이해될 수 있다.

한편 또 다른 관점은 하나의 이데올로기로서 남성성에 접근한다. 이때 남성성은 여성성과 반대되는 개념이라기보다는 남성성은 여성성을 구성하는 기준이 된다. 즉 남성성과 여성성을 규정하는 중심 개념 자체가 남성성이라는 것이다. 여기서 남성성과 관계된다고 생각되는 구체적인 의미들은 단단한, 합리적인, 강한, 거친, 문명, 정신, 지배적인, 과학, 능동적인, 경쟁, 객관적인, 공적인, 추상적인, 독립적인, 공격자, 자아, 질서, 전쟁, 신중, 정신, 이성, 지성, 자아, 깊이, 실제, 적극적 등이다. 반면, 여성성은 남성성을 기준으로 하여 그에 대한 반대 항들로 구성되며 여성성은 구체적으로 부드러운, 비합리적인, 약한, 자연, 육체, 종속적인, 예술, 수동적인, 사적인, 소극적인과 같은 목록들로 구성된다(정희진, 2011: 20-22).

앞의 논의들에 기초하여 이 글에서는 '근대적 남성성'을 정의하면서 '근대적 남성성'을 구성하는 구체적인 덕목과 구체적인 덕목이 재생산되는 성별 이분법적 구조에 주목한다. 따라서 이 글에서는 남성=공적 영역의 행위자, 여성=사적 영역의 행위자로 보는 근대적 성별 구조 안에서 남성들이 그들의 삶을 통해 체득하고 구현해야 하는 구체적 목록들을 '근대적 남성성'이라 정의하기로 한다. 이 목록에는 노동자로서의 능력, 남성연대, 경쟁, 무감정, 정신, 공적임 등과 같은 근대적 남성성을 구성하는 이데올로기적 내용들이 포함된다.

그러면, 아버지됨을 앞에서 제시한 남성성의 관점에서 조망한다는 점은 어떠한 의미를 가질 수 있을까? 기존의 국내 연구에서는 아버지들의 자녀 돌봄을 비판적인 관점으로 분석해 왔다. 이들 논의는 생활시간 조사방법을 통해 남성과 여성 사이의 돌봄 시간의 비균등성을 보여 주거나 남성들의 돌봄 종류의 제한성을 지적했다(손문금, 2005; 장혜경, 2006; 김진욱, 2008; 김혜영, 2008). 이러한 현상의 바탕에는 여성의 취업은 긍정하면서도 돌봄노동의 책임을 받아들이려 하지 않는 남성들의 태도, 즉 남성들의 의식과 행동의 지체(lag)가 놓여 있다(신경아, 2009: 36). 다시 말해, 여성의 노동시장 참여라는 경제적인 조건은 변화함에도 남성들의 가족규범은 공적 영역의 노동=남성, 사적 영역의 돌봄자=여성으로 규정하는 근대적 가족규범에 여전히 놓여 있기 때문이다.

이런 문제의식의 연장선에서 기존의 연구들은 젠더긴장이 가족갈등으로 이어진다는 것을 규명하고 있다. 이 논의는 남성들이 사적 영역에 들어오는 속도가 여성이 사회적 노동에 진출하는 속도에 조응하지 못해 발생하는 취업여성의 가족갈등을 조망하고 있다. 예를 들면, 김진욱은 성별과 가구 유형에 따른 생활시간 구조를 분석했는데 무급가사노동 부담은 거의 전부가 어머니에게 집중되어 있었다. 또한 맞벌이를 하는 경우 아버지들의 가사노동 분담이 더 커야 할 것이라는 일반적인 기대와는 달리 맞벌이 아버지들의 가사노동 분담시간은 홑벌이 가족의 아버지들과 거의 차이를 보이지 않았다(김진욱, 2008: 209). 이는 장혜경의 연구에서도 다시 한 번 확인된다. 그는 개별 가족에서 수행하고 있는 아동 돌봄의 노동실태를 파악하고자 돌봄노동에 대한 시간조사를 실시했다. 그 결과 어머니와 아버지 간의 돌봄 시간의 차이는 약 10배에 달했고 그나마 아버지들의 돌봄 참여는 주말에 집중되어 있어 일상적인 자녀 돌봄 책임은 어머니의 몫으로 남겨졌다(장혜경, 2006: 103). 손문금은 '일과 가족(work-family)'의 관계에 주목하면서 총노동시간, 유급노동시간, 무급노동시간, 여가시간을 중심으로 남성과 여성의 생활시간의 양의 차이를 밝혔다. 분석결과 여성은 남성보다 유급노동시간은 적지만 무급노동시간이 약 3시간 정도 더 많으므로 여성은 남성보다 총노동시간의 양이 많고 여가시간은 적은 것으로 나타났다(손문금, 2005: 150). 이들 연구는 공통적으로 부부가 분담하는 가사노동 절대시간의 차이, 그리고 여성들의 이중 부담의 증가를 일-가족 사이에서 발생하는 가족갈등의 주요 원인으로 지목하고 있다.

그러면, 이러한 젠더긴장에서 '아버지'를 논의하는 것은 어떠한 의미가 있는가? 이런 논의의 의의는 남성들의 돌봄 참여가 무비판적으로 환영받는 가운데 아버지 돌봄에서 나타나는 제한점들을 드러내 준다는 데 있다. 동시에 이런 논의는 남성들의 돌봄 참여를 독려할 수 있는 정책적 고민들을 독려하는 동인이 되고 있다. 이 글에서는 기존의 연구에 기대어 남성 자녀 돌봄의 참여 시간과 돌봄 종류의 한계를 전제한다. 더 나아가 필자는 '아버지됨'을 '남성성'의 관점에서 분석하여 남성의 돌봄 참여 자체가 기존의 성별 이분법적 젠더질서를 완화하기보다는 기존의 남성성을 재생산하는 과정임을 보여 주려 한다.

이때 남성성을 통해 아버지 돌봄을 조망하는 일은 다음과 같은 3가지 측면에서 유용하다. 첫째, 아버지됨과 남성성 사이의 관계 설정을 시도할 수 있다. 기존의 아버지 연구에서는 '아버지'와 '남성' 또는 '아버지됨'과 '남성성' 사이에 대한 구분이 명확히 시도되지 않았다. 남성이 아버지가 되고 아버지는 남성이라는 점이 전제되었을 때 이러한 구분은 크게 중요하지 않았다. 그러나 이 양자를 구분할 때 우리는 '남성성'이 '아버지됨'에 영향을 주는 것, 반대로 '아버지됨'이 기존의 '남성성'에 영향을 주는 것, 그리고 양자가 결합하는 것과 같은 다양한 관계성을 분석하면서 양자 관계의 명료성을 확보할 수 있다.

이에 연장선에서 이 글에서는 '아버지', '남성', '아버지됨', '남성성'이라는 각각의 용어를 구분하기로 한다. '아버지'는 자녀를 둔 개별 남성으로 구성된 집합을 대표하는 일반명사로서 사용하고, '남성'은 공적 영역에서 활동하는 개별 남성으로 구성된 집합을 표현할 때 사용한다. 또한 이 글에서 '아버지됨'은 아버지가 어머니, 자녀와 같은 가족관계 안에서 사유될 때 그리고 아버지가 가족의 범위를 넘어서 공적 영역과 결부될 때 이 용어를 사용한다.[3] '남성성'은 성별 분업 상황에서 남성에

---

3) 홉슨(Babara Hobson)과 모건(David Morgan)은 '아버지'와 '아버지됨'의 용어를 다음과 같이 정의했다. '아버지'는 "특정 개인에게 적용하여 그 자녀양육 과정에 관

게 귀속된다고 생각되는 이데올로기적 구성물을 의미하며, 이것이 성별 분업 상황을 정당화하거나 재생산할 때 남성성이란 용어를 사용한다.

둘째, 남성성을 통해 아버지됨을 고찰하는 것은 아버지됨에 내재하고 있는 권력성을 드러내 준다. 남성성은 젠더관계 안에서 발생하는 권력성에 토대하고 있다. 이 때문에 아버지됨에 내재하고 있는 권력성의 문제는 남성성의 개념을 사용할 때 더욱 두드러지게 나타날 수 있다. 결국 이 과정을 통해 이 글에서는 '아버지 자녀양육서'에서 제시한 아버지들의 자녀양육 방식이 기존의 젠더관계를 전복하는 것이 아니라 기존의 젠더관계를 유지하는 메커니즘의 일부이며 오히려 기존의 남성성과 깊게 연루되어 있다는 사실을 보여 주려 한다.[4)]

심을 둘 때" 사용했고 '아버지됨'은 "아버지가 어머니 자녀와 관련된 용어 속에서 이해되고 아버지로서 남성을 문화적으로 코드화한 것으로 이해"될 때 사용했다 (Hobson and Morgan, 2002: 10–11). 여기서는 홉슨과 모건의 '아버지'와 '아버지됨'의 개념에 착안하여 본문에서와 같이 용어를 정리하기로 한다.

4) 그러나 여성성과 남성성으로 분리하는 기존의 젠더 패러다임은 성적 소수자의 경험을 반영하지 못한다. 페미니스트들이 폐기하고 변형되어야 한다고 주장하는 남성성은 여성에서 남성으로 전환하려는 성적 소수자들에게는 그들이 도달해야 할 '도착지'며, 도착하지 못하더라도 남성과 여성 사이의 경계에서 추구하여야 할 이상이기 때문이다. 따라서 이분화된 젠더 규범을 논의하는 것은 현재의 젠더 불평등을 논의하는 데는 유용한 개념이지만 그 자체가 소수자의 경험을 배제하는 한계를 동시에 지닌다(나영정, 2011: 98). 이러한 한계는 이 글도 지니고 있다. 그러나 필자는 소수자들의 젠더 경험이 현재의 남성성을 조망할 수 있는 유용한 프리즘을 제공한다고 생각한다. 즉 이들은 남성성이 그들에게 하나의 종착점이 된다는 점에서 현재 남성성이 가지고 있는 헤게모니적인 공고함을 드러내 주며 동시에 남성성이 반드시 페니스와 관련되지 않는다는 점에서 남성성이 가지는 우연성을 보여 준다. 이처럼 이 글에서는 성별로 이분화된 젠더 패러다임이 젠더관계를 바라보는 절대적인 기준은 아니라는 점을 전제한다.

3. 연구대상 및 연구방법

이 글에서는 고려대학교 사회학과 '한국사회연구소'와 'BK21갈등사회인재양성교육연구단'이 2010년 12월에 '한국리서치'에 의뢰하여 실시한 '제2차 한국인의 갈등의식조사' 자료를 사용한다. 근대적 젠더 구조의 변화로 인해 발생하는 구조적 긴장은 개인의 수준에서는 가족갈등에 대한 의식을 통해 조망할 수 있을 것이다. 따라서 이 글에서는 가족갈등 의식을 중심으로 하여 근대적 젠더질서가 경험적 수준에서는 어떻게 배치되고 있는지에 대해 살펴보려 한다.

더불어 '아버지 자녀양육서'에 대한 문헌분석을 시도한다. 문헌분석은 많은 수의 자료를 다룰 수 있게 해 주며 각 자료에 대한 깊이 있는 분석을 가능하게 한다는 장점을 지닌다(Giddens, 2009: 50). 따라서 이 글에서는 '아버지 자녀양육서'에서 아버지 역할, 부부 역할, 자녀양육의 목표, 아버지 양육 시간에 대한 내용을 추출하여 앞의 내용이 근대적 남성성에 주는 함의를 분석하려 한다.[5)]

아버지를 주제로 한 출판물들은 아버지들의 자녀양육 참여를 독려하는 '아버지 자녀양육서'가 주종을 이루고 있다. 구체적으로 '아버지 자녀양육서'는 '남성의 위기'로 대표되는 중년 아버지들의 가족 부양자로서의 고뇌와 가족에서의 주변화 현상에 대해 위로하고 해결책을 제

5) 이러한 방법이 기준에 의해 내용을 선별한다는 점에서 방법론으로서 '내용분석'과는 동일한 지점이 있으나 이것에 대한 계량적인 분석을 시도하지 않는다는 점에서는 '내용분석'과는 다르다. 또한 질적 자료를 분석한다는 점에서 '담론분석'과도 일부분 동일하지만 '아버지 자녀양육서'가 아버지들에게 주는 영향력을 분석에서 제외했다는 점에서 '담론분석'과도 차이를 둔다. 담론분석의 관점에서 '아버지 자녀양육서'는 아버지들의 자녀 돌봄 참여를 독려하고 책이 제안하는 돌봄의 방식으로 아버지들을 포섭할 수 있다는 점에서 '아버지 자녀양육서'는 담론으로서의 위치도 가질 수 있다. 이 부분에 대해서는 차후의 연구를 통해 밝혀 나가기로 하겠다.

시하는 것에서부터(정우택, 2009: 18) 역사 속에서 아버지 자녀양육의 역할 모델을 찾는 역사적 소고를 거쳐(홍승우, 2008: 5), 아버지 자녀양육의 역할 모델을 국내와 국외 명사들의 아버지를 중심으로 탐색하고(김대범, 2011: 7; 오승훈, 2008: 6) 여성 중심의 돌봄 문화와 남성을 돌봄에서 배재하는 사회구조에 대한 성찰을 시도하는 논의에 이르기까지 다양한 주제에 걸쳐 있다(권복기 외, 2002: 344).

이 글에서는 국내에 시판되고 있는 '아버지 자녀양육서' 중에서 다음의 기준에 충족되는 서적만을 연구대상으로 한다. 첫째, '돌보미'로서 아버지에 대한 고민이 사회적으로 불거진 1990대 후반 이후의 출판물에 한정했다. 한국에서 자녀를 돌보는 아버지에 대한 논의는 맞벌이가 증가하고 가족의 돌봄 기능이 약화되는 시점에서 아버지가 자녀 돌봄을 위한 하나의 대안으로 부상하면서 시작됐다. 따라서 이 시기의 '아버지 자녀양육서'는 현재 사회가 아버지들에게 요구하는 아버지 역할과 아버지상을 반영하여 아버지 연구를 위한 자료로서 유용하다.

둘째, '아버지 자녀양육서'에서 번역본은 제외하고 한국에서 출간된 서적만을 연구대상으로 한다. 번역서는 해외 출판물 중에서 한국의 상황에 비추어 일정한 의미를 가질 때 출판될 수 있다. 즉 번역서는 한국적 상황을 직접적으로 반영하지는 않지만 한국적 상황을 간접적으로 읽을 수 있는 자료이기도 하다. 그렇지만 이 글에서는 좀 더 한국 상황을 드러내 주는 한국인 저자가 한국인 아버지를 대상으로 한 서적만을 연구대상에 포함하기로 한다.

셋째, '아버지 자녀양육서' 중에서 그 독자층을 유아기 및 어린이기 자녀를 둔 아버지로 설정한 서적을 분석한다. 아동의 연령에 따라 부모의 자녀양육 방식이 달라지는데, 특히 성별에 따른 대응방식은 영아기보다 자녀가 유아기와 어린이기에 이르렀을 때 더욱 강화된다. 따라서 이 글에서는 '아버지 자녀양육서'에 내재한 젠더질서에 관심을 두고 있기 때문에 영아를 대상으로 한 '아버지 자녀양육서'보다는 유아와 어린이를 둔 아버지를 대상으로 하는 '아버지 자녀양육서'를 고찰한다. 다만 영아기, 유아기, 어린이기, 청소년기, 성인기와 같이 각각의 생애주기별로 아버지 역할이 명시되어 있는 경우는 유아기, 어린이기에 해당하는 부분만을 연구대상에 포함한다.

이러한 기준에서 선정된 '아버지 자녀양육서'를 분류하면 다음의 '아버지 자가 상담서', '아버지 자녀 조언서', '아버지 놀이 개발서', '아버지 양육 과학서'와 기타인 '아버지 양육 잠언서', '아버지 교육 지침서'로 크게 5가지 유형으로 나뉠 수 있다. 우선, '아버지 자가 상담서'는 저자들이 자녀양육 과정에서 경험했던 정서적인 곤란, 극복과정, 자녀양육의 해결과정을 제시하여 아버지 스스로 양육의 문제점을 개선하도록 돕고자 한다. 일부 '아버지 자가 상담서'는 일반적인 양육과정보다는 자녀교육이나 경제교육과 같은 특정 주제에 초점을 맞추어 자신의 양육담을 제시하기도 한다.

한편 '아버지 자녀 조언서'는 아버지들이 자녀에게 전수해야 할 직업 선택의 기준, 자녀들의 성정을 가꾸는 방법, 생활 속에서 갈등을 해결하는 지혜, 타인의 마음을 움직이는 기술 등과 같은 삶의 경륜에 토대한 지침이나 처세술을 '～해라', '～하지 마라', '～보아라'와 같은 문체를 통해 제시한 책이다. 또 다른 유형으로 '아버지 놀이 개발서'는 아버지들에게 구체적으로 자녀와 함께 놀이 할 수 있는 다양한 놀이들을 제안하여 아버지들의 자녀양육에서의 수월성을 높이는 것을 목적으로 한다.

마지막으로 아버지 돌봄이 자녀에게 주는 영향력을 전문가적인 시각에서 분석한 '아버지 양육 과학서'가 있다. '아버지 자가 상담서', '아버지 놀이 개발서'는 아버지를 대상으로 아버지의 시각에서 양육의 기술을 제안했다. 반면에 '아버지 양육 과학서'는 아버지의 시각이 아닌 양육 전문가인 심리학자, 정신병리학자, 교육학자의 시각에서 아버지들의 양육 참여가 자녀에게 주는 소위 '아빠 효과'를 분석한다. 이 과정을 통해 '아버지 양육 과학서'는 아버지들의 양육 참여 또는 비참여가 자녀의 학업능력, 성취도, 자아존중감, 사회적 유능감, 대인관계에 초래하는 긍정적 또는 부정적 영향력을 근거로 하여 아버지들의 자녀양육 참여를 독려하는 방식을 취한다.

기타로서 '아버지 양육 잠언서'는 자녀에게 좋은 아버지가 되기 위한 일상적인 실천, 좋은 아버지가 되기 위해 경계해야 할 일, 다른 가정의 사례에서 얻을 수 있는 교훈들을 짧은 잠언의 형태로 읽기 쉽게 제시하고 있다. 그리고 '아버지 교육 지침서'는 '아버지학교' 또는 '아버지 소그룹 모임'에서의 아버지 교육을 위한 교재로 출간되었으며 이는 자신의 아버지에 대해서 기술하는 공란, 현재의 가족을 그려 보는 공란 등을 포함하여 좋은 아버지가 되기 위한 자기 성찰의 시간을 제공한다.

'아버지 자녀양육서'는 위와 같이 5가지 유형으로 분류되지만 이것은 강조점의 차이라 할 수 있다. 대부분의 '아버지 자녀양육서'는 아버지 돌봄을 기록한 수기로서 자신의 돌봄경험을 근거로 하여 자녀와 함께 할 수 있는 놀이방법이나 아버지가 자녀에게 해 주어야 하는 조언을 제안하기도 하고 '아빠 효과'를 논의하기도 한다. 다시 말하자면 '아버지 자녀양육서'는 자가 상담서, 조언서, 놀이 개발서, 양육 과학서로서의 성격이 서로 중첩되어 나타난다고 할 수 있다. 따라서 앞에서 제시한 각각의 유형은 다른 유형과 서로 배타적인 관계에 있기보다는 일부 서로의 내용이 중첩되어 나타난다. '아버지 자녀양육서'의 유형과 그에 따른 구체적 책 목록은 다음과 같다.

표 5-1. '아버지 자녀양육서'의 유형별 분류

유형	아버지 자가 상담서	아버지 자녀 조언서	아버지 놀이 개발서	아버지 양육 과학서	기타
책제목	《아빠 노릇》, 《좋은 아빠 되기 프로젝트》, 《아버지가 나서면 딸의 인생이 바뀐다》, 《아버지를 위한 변명》, 《아버지 되기는 쉬워도 아버지 노릇하기는 어렵다》, 《아버지 리더십》, 《아버지 파워 시대 父親力》, 《강남아빠 따라잡기》, 《사랑에 서툰 아빠들에게》, 《아버지 자리찾기》, 《친구같은 아빠되기》, 《아버지는 희망입니다》, 《아무리 바빠도 아버지 노릇은 해야지요》 등등	《내 아들의 인생을 위하여》, 《아빠가 딸에게 들려주고 싶은 것에 대하여》, 《아버지가 딸에게 전하는 52가지》, 《현명한 아버지가 아이의 미래를 바꾼다》, 《아버지가 아들에게 들려주는 삶의 황금률》, 《아들아, 1미터만 더 파보렴》, 《아들에게 건네주는 인생의 나침반》, 《아버지가 딸에게 들려주는 따뜻한 잔소리》, 《아버지가 아들에게 들려주는 유쾌한 잔소리》 등등	《애들아 아빠랑 놀자》, 《아이의 미래를 바꾸는 아빠의 놀이혁명》, 《아빠 놀아줘》, 《키짱 몸짱 자신감짱 아빠표 체육놀이》, 《아빠 놀이학교》	《엄마가 모르는 아빠 효과》, 《엄한 아버지의 명품교육》, 《이제는 아버지가 나서야 한다》, 《아이를 행복하게 만드는 아빠 양육》	아버지 양육 잠언서: 《행복한 아버지 학교》 아버지 교육지침서: 《위대한 자녀를 만드는 아버지 학교》
권수 (총40)	18	11	5	4	2

4. '아버지 자녀양육서'에 내재한 근대적 성별 분업질서의 재생산

1) 남성성을 재현하는 아버지 돌봄

여기에서는 현재 젠더질서의 변화와 존속을 설명해 주는 주요 자료로서 '아버지 자녀양육서'에 주목하려 한다. 대부분 '아버지 자녀양육서'는 아버지로서 부모경험을 한 저자가 자녀를 둔 남성을 독자층으로 하여 서술된다. 이 때문에 '아버지 자녀양육서'는 전 학령인구를 독자로 하는 교과서나 일반 대중을 겨냥하는 신문과 같은 담론으로서의 위상을 가지지는 않는다. 하지만 '아버지 자녀양육서'는 오늘날 아버지의 돌봄 참여를 독려하는 사회적 요구를 여실히 반영한다는 점에서 그리고 아버지들의 다양한 대응 방식을 중층적으로 보여 준다는 점에서 한국의 '아버지됨'의 현재를 보여 줄 수 있는 유용한 자료로서 가치를 지닌다. 즉 '아버지 자녀양육서'는 양적인 측면에서 담론으로서의 효과가 추정될 수는 없지만 현재의 '아버지됨'을 드러내 주는 질적인 자료로서 의미가 있다.

산업자본주의 발달 이후로 공적 영역과 사적 영역의 분화가 강화되면서 공적 영역에서 노동자로서의 삶이 남성 생애의 중심을 이루었다. 공적 영역이 그들 삶의 중심이 되면서 경쟁심, 합리성, 계산성, 이기주의, 공적임, 질서, 자아, 정신, 지성, 강한, 거친, 문명, 지배적인, 과학, 능동적인 등과 같은 공적 영역을 운영하기 위해 필요한 덕목은 동시에 남성성을 구성하는 목록이 된다. 즉 성공적인 노동자에 의해 요구되는 특질은 성공적인 남성성의 특질과 면밀히 관련되는 것이다(정희진, 2011: 21; Tolson, 1977: 13).[6] '아버지 자녀양육서'에서도 아버지 역할은 이러한 공적 영역을 운영하는 남성성에 의해 구성되었다.

'아버지 자녀양육서'에서는 자녀의 놀이 친구, 자녀의 학습 지도자, 인생의 안내자라는 아버지의 역할에 주목한다.[7] '아버지 자녀양육서'는 자녀가 아버지와 함께 놀이하면서 체득하는 긍정적인 경험을 다음

---

6) 본문에서 제시된 구체적인 남성성은 서구의 중산층, 백인, 비장애 남성성을 구성하는 목록들이며, 코넬(Connell, 1995)의 용어를 빌리자면 현재 자본주의 사회를 지배하는 '헤게모닉 남성성'이라 정의할 수 있다.

7) 이 글에서는 '아버지 자녀양육서'를 분석하는 과정에서 '아버지 역할'이라는 용어를 사용한다. 왜냐하면 '아버지 자녀양육서'가 근본적으로 기능주의의 역할론에 기초하고 있기 때문이다. 역할은 주어진 사회적 지위에 있는 사람이 따르는 사회적으로 규정된 기대이며 특정 개인의 행위를 지시하고 억제하는 규정력을 갖는다(Giddens, 2003). 이러한 관점에서 '아버지 자녀양육서'는 아버지들에게 '돌보미'로서의 새로운 역할을 부여하며 아버지들에 자녀양육 참여를 독려하는 목적을 가진다. 따라서 이 글에서는 '아버지 자녀양육서' 안에 나와 있는 역할론을 언급할 때는 '역할'이라는 용어를 사용하기로 한다.

과 같이 제시한다. 아빠와의 놀이는 스릴과 서스펜스로 가득 차 있고 아빠는 아이와 동등하게 경쟁하기 때문에 아이는 아빠와의 놀이를 통해서 경쟁의 원리를 익히게 된다. 또한 아이는 아빠와 함께 놀이하면서 모험에 도전하고, 자신의 세계를 넓히며, 다른 사람과 관계를 맺는 법, 비지니스 감각 등을 체득한다(김병후, 2006: 135, 146; 권오진·권기범, 2008, 7; 중앙M&B, 2008: 58; 김도연, 2009: 3; 유영준, 2009: 14; 김성묵, 2010: 227; 김영훈, 2010: 152-153; 한준호, 2010: 235; 이충헌, 2011: 79, 88). 브리튼(Britten, 1989: 98)의 논의를 빌리자면, 앞에서 제시한 경쟁의 원리, 모험에 대한 도전, 세계 확장, 사회성, 직업윤리 덕목은 자본주의 경제체제에서 남성성을 대표하는 긍정적인 덕목이며 이러한 덕목은 자본주의 경제체제 기능에 부합한다고 평가받을 수 있다. 따라서 '아버지 자녀양육서'가 제시한 아버지 역할은 자본주의 남성성에 뿌리하고 있다.

'아버지 자녀양육서'에서 또 다른 아버지의 역할은 자녀의 '교육 담당자'로서의 역할이다. '아버지 자녀양육서'에 따르면, 아버지는 최고의 선생님으로서 자녀의 학습 기초를 키워 주며 논리적 사고를 향상시키고 교육을 매개로 세상과 자녀를 중재한다. 또한 아버지는 자녀의 책 읽는 습관을 잡아 주며 책을 함께 읽으면서 자녀의 어휘력, 독해력, 견문, 호기심, 탐구심을 향상시키는 교육자로서의 역할을 담당한다. 뿐만 아니라 아버지는 자녀에게 논리적 사고를 전수하여 자녀가 수학을 잘할 수 있도록 도와주어 아버지와의 관계 자체는 자녀의 학습에 긍정적인 효과를 가져온다(정송, 2003: 40; 서정홍, 2004: 50; 자녀사랑을실천하는아버지모임, 2005: 87; 이상화, 2007: 68, 78; 이해명, 2007: 21; 김대중, 2008: 35; 박성규, 2009: 57; 김영훈, 2010: 23, 118-119; 장경근·정채기, 2010: 116; 김대범, 2011: 91). 여기서 아버지의 돌봄의 세계는 사고력, 논리력, 수학적 능력으로 남성성을 대표하는 이성의 원리로 구성된다.

한편, 또 다른 '아버지 자녀양육서'에서의 아버지 역할은 '인생의 안내자'이다. 여기서 안내자로서의 아버지 역할은 전통적인 아버지들의 역할이라 할 수 있다. 예를 들어 조선 중기 사회의 아버지들은 '엄부'로서 대표되는 권위적이고 엄격한 아버지상을 넘어서 사군자의 도리, 세상에 대한 처세, 인생을 살아가는 데 필요한 지침을 자녀에게 충고하는 등 '인생의 안내자'이기도 했다〔조윤경, 2011(d): 208〕. 이때 아버지는 한 가족의 정신적 리더 또는 훈육자로서 자녀를 공적 영역으로 이끌어 주는 연결고리가 된다. 이에 연장선에서 '아버지 자녀양육서'에서도 아버지는 자녀에게 약속을 꼭 준수할 것, 가치 있다고 생각되는 일을 고를 것, 남들과의 언쟁을 피할 것, 중도를 지킬 것, 자신의 감정을 조절할 것, 순간순간 최선을 다할 것, 철저하게 일을 처리할 것, 다른 이를 위해 봉사할 것, 다른 사람과 협동할 것, 어려운 일이 있어도 인내할 것, 남의 허물을 들추지 말 것, 휴식의 중요성을 이해할 것, 부모를 공경할 것, 당당하게 말할 것과 같은 공적 영역의 규범과 질서를 자녀에게 전수하는 역할로 자리매김한다(이평, 1999: ⅱ-ⅲ; 이홍렬, 2000: 214; 정송, 2003: 40, 159; 장경근 · 정채기, 2005: 175 · 2010: 214; 박찬희, 2007: 5-6; 김대중, 2008: 39; 박성희, 2008: 38; 이상각, 2008: 153; 유현민, 2011: ⅲ-ⅳ). 따라서 '아버지 자녀양육서'에서 놀이를 통해 사회성을 길러 주고 교사로서의 역할을 하며 기존의 규범과 질서를 전달하는 아버지의 역할은 기존의 성별 대립항에서 남성성을 구성하는 의미들을 재생산한다.

라로싸(LaRossa, 1997: 30)는 마쉬(Margaret Marsh, 1990)의 논의를 인용하여 아버지들이 자녀 돌봄 과정에서 남성성과 가정성을 결합시키는 과정을 '남성적 가정성(masculine domesticity)'으로 명명했다. 동일한 맥락에서 '아버지 자녀양육서'에서 제안하는 아버지들의 자녀 돌봄 방식은 기존의 젠더질서를 완화하거나 변화시키는 것을 목적으로 하기보다는 오히려 아버지의 돌봄을 남성성과 결합하여 성별 이분법을 재생산하는 결과를 수반했다. 따라서 '아버지 자녀양육서'에서 제안된 아버지들의 역할은 오히려 기존의 남성성을 전제하여 새로운 젠더질서를 창조하는 데는 실패했다고 할 수 있다.[8)]

그러면 남성성이 왜 아버지됨을 통해 재현되는가? 즉 남성성이 아버지됨이라는 통로를 통해서 발현되는 이유는 무엇인가? 여기에는 탈산업사회의 도래라는 경제조건의 변화가 그 배경으로 작용한다. 오늘날 탈산업사회에서는 일자리들이 대개 사물보다는 사람을 다루는 능력을 요구하고 대인관계의 기술을 더 요구하는 한편 기계를 다루는 기술의 필요성은 줄어들고 있다(Hochschild, 2009: 24). 다시 말해 탈산업사회에서는 남성적인 결단과 과감함도 필요하지만 동시에 '포용', '이해', '공감', '소통'과 같은 여성적 가치들이 역시 중요해진다(엄기호, 2011: 151). 이는 감정을 배려하고, 분노를 조절하며, 상대방의 말을 경청하고 교감하는 것과 같은 여성적 가치가 공적 영역의 조직을 운영하는 새로운 원리로 부각되고 있다는 것을 의미한다(Illouz, 2010: 33).

그런데 지금까지 남성은 공적 영역의 원리를 통해 자신의 남성성을 구성해 왔다. 이러한 맥락에서 공적 영역의 원리가 여성적 가치를 수용하는 방향으로 변화하고 있기 때문에 지금은 남성이 공적 원리의 하나로서 여성적 가치를 수용하는 중요한 시점이 된다. 특히 아버지들은 자녀 출생을 통해 돌봄에 참여할 기회가 부여되기 때문에 아버지들은 공

---

8) 아버지들이 공적 영역과 마주하는 돌봄 영역에 집중한다는 사실은 실제 아버지들에 대한 조사에서도 나타났다. 김혜영의 연구에 따르면, 아버지들의 자녀 참여도가 높은 돌봄 영역은 '아이의 놀이 상대'가 되어 주거나 '생활습관에 대해 지도하는 것'에 집중됐다(김혜영 외, 2008: 124). 따라서 아버지의 역할이 강화되고 실제로 과거와 비교해 상대적으로 높은 사회적 압력과 참여도가 나타나지만 아버지들의 돌봄은 공적 영역과 관련한 부분에 집중하고 있어 기존의 공적 주체로서의 남성성을 재생산하는 역할을 한다.

적 영역의 여성적 가치를 구현할 수 있는 더 유리한 조건을 가진다. '아버지 자녀양육서'에서도 대화, 경청, 이해, 배려와 같은 기존의 여성적 가치를 통해 자녀와 관계를 형성할 때 아이들과의 친밀성이 강화될 뿐만 아니라 자신의 잃어버렸던 감정과 관계맺기 능력을 회복할 수 있다고 설명한다(자녀사랑을실천하는아버지모임, 2005: 53; 박광철, 이경식, 2006: 35-36; 2007: 88; 권오진, 2008: 146; 김성묵, 2010: 19, 77; 장경근·정채기, 2010: 90, 149). 그러므로 '아버지 자녀양육서'가 담고 있는 여성적 가치는 부모 체험에서 오는 특유의 경험에 토대하기도 하지만 '여성적 가치'라는 새로운 공적 원리를 수용한 결과로서도 이해될 수 있다.

2) 부모 역할에서의 성별 역할 분리와 자녀양육원리의 표준으로서 남성성

(1) 부모 역할에서의 성별 역할 분리와 근대적 남성성의 재생산

아버지들이 자녀 '돌보미'로서의 새로운 의무를 부여받으면서 아버지는 자녀의 어머니인 아내와 협력적인 돌봄의 공유자로서 부상한다. 이때 아버지는 자녀 돌봄을 매개로 하여 자녀의 1차 자녀양육자인 어머니와 협력적 관계를 맺는다. '아버지 자녀양육서'에서는 협력성에 기반이 되는 친밀성을 강조하는 방식으로 양자의 관계를 설명한다. '아버지 자녀양육서'에서는 '좋은 아버지'가 되기 위해서는 '좋은 남편'이 되어야 한다고 주장한다. 아버지는 남편으로서 자신의 권위를 세워 주는 가장 강력한 후원자인 아내를 사랑하고 존중하고, 아버지들이 아이와 놀아 주는 일은 '아내의 지친 심신을 달래도록' 하는 목적을 지니며, 아이에 대한 이해도를 높이기 위해서는 부부가 '친밀성을 유지하며 행복해야' 하고, 때로는 아내를 '여왕처럼 모셔야' 하는 것으로 부부관계가 재설정된다(서진석, 2003: 250-251; 정송, 2003: 76; 자녀사랑을실천하는아버지모임, 2005: 145; 김병후, 2006: 80-81; 이승욱, 2006: 32; 박광철, 2007: 47; 심수명, 2008: 49; 최강희, 2008: 221; 김성묵, 2010: 208; 김지룡, 2010: 91; 강현식, 2011: 166). 즉 '아버지 자녀양육서'에 따르면, '좋은 아버지됨(good fatherhood)'은 '좋은 남편됨(good husbandhood)'으로 발전해야 하는 새로운 사명을 부여받는다.

그러나 '아버지 자녀양육서'에서 나타난 부부관계의 친밀성에 대한 제안이 기존의 어머니가 수행했던 일상적인 돌봄노동을 아버지도 함께 공유해야 한다는 주장으로 나아가지는 못하고 있다. 대부분의 '아버지 자녀양육서'에서는 부부관계의 친밀성이나 협력성을 강조하면서도 근대적인 성별 이분법에 기반하는 아버지 역할과 어머니 역할의 차이를 강조하기 때문이다.

> 아버지는 가족과 사회를 연결하는 존재이므로 성 역할을 가르쳐 줄 뿐만 아니라 세상에 적응하는 능력을 갖출 수 있도록 도와주고 사회의 가치 또는 도덕관에 대해서도 교육시킨다. 아버지가 존재함으로써 아이들은 분노와 같은 충동을 조절하여 궁극적으로 사회화 훈련을 실행할 수 있다. 이때 아버지들의 적절한 권위는 아이들의 성장 발달에 도움이 된다(김병후, 2006: 127).

> 가정에서 어머니의 양육 방법과 아버지의 양육 방법은 좀 다른 면이 있습니다. 어머니가 말을 많이 이용한다면 아버지는 몸을 많이 사용합니다. 어머니가 개인적인 안전과 주의 깊은 행동을 강조한다면 아버지는 성취와 독립, 그리고 모험과 도전을 강조합니다. 어머니가 감싸 주고 위로하는 경향이 있다면 아버지는 행동규칙을 정하고 지키도록 독려합니다(김성묵, 2008: 195).

> 엄마와 아빠의 차이는 여자와 남자의 차이이기도 하다. 엄마가 상황을 감성적으로 판단하는 데 반해 아빠는 보다 논리적이고 분석적이다. 아빠는 엄마가 미처 보지 못한 부분을 정확하게 지적한다. 이러한 전혀 다른 성향은 서로 조화를 이루었을 때 완전해진다. 엄마와 아빠의 영향이 서로 조화를 이룰 때 아이는 보다 완전한 사람으로 성장할 수 있다(김영훈, 2010: 19).

앞의 문구에서 엄마는 감성, 공감 능력, 아이의 일상적 돌봄의 책임자로 설명된 반면 아빠는 객관적이고 논리적인 판단에 근거하여 도덕성을 훈육하고 사회성을 길러 주어 가정 밖의 세계로 자녀를 이끌어 주는 연결고리 역할을 한다(정송, 2003: 51; 김병후, 2006: 127; 김성묵, 2008: 195; 최강희, 2008: 186; 김영훈, 2010: 19, 23; 김지룡, 2010: 70). 이것은 여성=감정 그리고 남성=공적 영역이라는 성별 분업을 전제하는 기능주의 속에 나타난 전형적인 가족상과 일치한다. 파슨스(Talcott Parsons, 1995)는 산업화 이후 여성은 '정서적'인 활동을 하도록 특화되고 남성은 과업을 중시하고 가족과 여타의 제도를 연결시켜 주는 특수한 성별 노동분업을 하게 된다고 주장했다(Parsons, 1995: 161-162). 이러한 파슨스의 주장은 여성과 남성 역할 사이에 나타나는 위계질서 그리고 갈등관계를 간과했다는 맹점을 지닌다. 그렇지만 현실적으로 파슨스의 가족이론은 여성의 역할과 남성의 역할을 규정짓는 가족 이데올로기로서 작용했고 '아버지 자녀양육서'에서도 이러한 성별 분업적 노동체계가 어머니 양육=정서와 관련한 돌봄, 아버지 양육=공적 영역과 관련한 돌봄으로 반영되어 있다. 즉 '아버지 자녀양육서'는 부부관계를 친밀한 관계로서 재설정하는 등 남성성이 더 양육적인 방식으로 변화한다는 사실을 보여 주었다. 동시에 '아버지 자녀양육서'에서는 아버지의 역할을 공적 영역에 위치시키며 '아버지 자녀양육서'에서 제시한 아버지 역할은 근대적 남성성에 토대했다.

(2) 남아와 여아에 대한 양육원리의 표준으로서 남성성

'아버지 자녀양육서'가 성별 역할의 분리에 기초한다는 점은 성별에 따른 자녀의 양육원리에도 나타났다. '아버지 자녀양육서'에서는 기업주의적 남성성을 하나의 지향점으로 하여 여아를 양육할 것을 권고하면서도 동시에 전형적인 여성성을 강조하고 있었다. '아버지 자녀양육서'는 자존감, 실력, 예쁜 마음씨를 여성이 따라야 하는 '신삼종지도(新三從之道)'로 제시하며, 항상 몸가짐을 가지런히, 단정히, 깔끔히 하고, 어른 앞에서는 공손하며, 미소 띤 얼굴로 상대방을 대하고, 착하고 좋은 마음씨를 지니는 것과 같은 관계 형성의 측면을 강조하거나 엄마에게 신선한 야채를 고르는 법과 요리를 배우고, 다른 사람에게 봉사하고 베푸는 돌봄 행위를 익힐 것을 제안한다(이평, 1999: 23, 27; 장경근·정채기, 2005: 110; 박찬희, 2007: 52, 185; 이상각, 2008: 61; 김성춘, 2010: 182).

앞에서와 같이 여아에게 여성성을 강조하기는 하지만 전반적으로 '아버지 자녀양육서'는 자녀양육의 공통 원리로서 남성성을 표준으로 상정했다. '아버지 자녀양육서'에서는 여아를 양육하는 양육의 원리로서 자본주의 사회의 공적 운영원리가 되는 남성성을 적극적으로 수용한다. 이들 논의는 킨들런(Kindlon, 2006)이 촉발한 '알파걸' 논의에 기초를 둔다. 킨들런은 1960, 1970년대 페미니즘 운동 이후에 여성 세대들은 남성들보다 학업성적도 우수하고 남성들이 진출하는 분야에 진출하여 좋은 성과를 기록하고 있다고 설명하면서 이들을 '알파걸'로 호명했다. '알파걸'의 논의에서는 아버지들의 역할에 주목하는 데 아버지는 딸들에게 남자들을 다루는 법, 경쟁사회에서 대처하는 법 등을 전수하여 딸의 성공에 견인차 역할을 한다는 것이다.

한국의 '아버지 자녀양육서'에서도 '알파걸'의 논의 위에서 딸들을 자본주의 사회에서 성공시킬 수 있는 다양한 방법을 제안하고 있다. '아버지 자녀양육서'는 딸을 전문직 여성으로 키우기 위해 경쟁력을 갖춰 주며 승부욕과 도전을 즐기도록 조언하고 일찍부터 금융교육을 시작하여 '부자 마인드'를 키워 주며, 스포츠를 통해 체력을 배양하고 조직의 원리를 경험할 수 있도록 해야 한다고 설명한다(이평, 1999: 204;

장경근·정채기, 2005: 11; 박찬희, 2007: 38; 이상각, 2008: 61; 최강희, 2008: 186; 김성춘, 2010: 100). 즉 딸을 둔 아버지를 대상으로 씌어진 '아버지 자녀양육서'에서 여아 양육의 기본원리는 경쟁, 전문적 능력, 체력, 재정관리 능력과 같은 자본주의 사회에서 긍정적으로 통용되는 기업주의적 남성성에 초점을 맞추고 있다.

여아의 양육의 원리가 기존의 남성성을 수용한 반면 남아의 양육원리에서 그 역은 성립하지 않았다. 남아의 양육의 원리는 강한 남성성, 남성으로서의 유대감, 스포츠, 자존심, 활력과 같은 남성성에 기초한 것에서부터 성실, 정직, 용기, 원칙, 책임, 헌신, 배려, 조화, 겸손 등과 같은 보편적인 도덕률을 구성하는 목록들로 구성됐다(송길원, 1999: 54; 이상각, 2002: 218·2008: 188; 박종효, 2003: 102; 김영훈, 2010: 25, 203-204). 그러나 보편적인 도덕률에 대한 언급에서는 추상적인 수준의 도덕률이 언급될 뿐 이러한 도덕률을 실천하는 데 일부분이 될 수 있는 구체적인 돌봄 행위나 돌봄의 기술에 대한 언급은 부재했다. 즉 '아버지 자녀양육서'에서는 아버지들의 자녀양육을 독려하여 돌봄 행위나 돌봄 기술을 수용하고는 있지만 이러한 돌봄 행위나 기술을 자녀에게 전수해야 하는 긍정적인 행위로서 수용하고 있지 않았다. 즉 남아들에게 구체적인 돌봄 행위에 참여하여 돌봄의 양식을 체득하도록 독려하는 조언은 '아버지 자녀양육서'에서 나타나고 있지 않다.[9] 따라서 '아버지 자녀양

9) 예외적인 경우로서 이충헌의 《아들은 아빠가 키워라》에서는 "아들이 부엌에 드나드는 것을 적극 환영"해야 하고 "다른 사람을 배려하고 다정한 모습을 보였을 때 칭찬"하며 돌봄경험을 아들에게 제공하기 위해 "식물이나 반려 동물을 기르도록" 권장하고 있어 돌봄의 원리가 남아에 대한 양육의 원리로 도입되고 있다(이충헌, 2011: 236, 239, 244). 따라서 최근의 '아버지 자녀양육서'의 논의가 아들에 대한 돌봄을 장려하는 방향으로 변화할 수 있는 가능성을 이충헌의 논의를 통해 예상할 수 있다. 하지만 지금까지의 출간된 '아버지 자녀양육서'는 대체적으로 아들에게 구체적인 돌봄 행위에 참여할 것을 장려하는 내용은 부재했다.

육서'가 여아 양육의 원리로서 남성성을 적극적으로 수용한다는 점에서 그리고 남아 양육의 원리에서 돌봄 행위에 대한 언급을 배제했다는 점에서 '아버지 자녀양육서'는 남성성을 양육에서의 표준 덕목으로 상정하고 있었다.

헤이우드와 게일(Haywood and Ghaill, 2003: 63, 65)의 연구에 따르면 현재의 학교 교육은 자본주의 사회의 요구를 충족시키기 위한 지속적인 실천으로 구성되며, 이 실천들은 변화하는 요구에 맞추어 조절된다. 학교의 커리큘럼을 포함한 교육실천은 자본주의 사회에 쓸모 있는 노동자를 생산하는 것을 목표로 한다. 동일한 맥락에서 '아버지 자녀양육서'에서도 자본주의 사회에서 사회화의 기준이 되는 기업주의적 남성성이 아버지들의 자녀양육 기준이 된 것으로 보인다. 이러한 '아버지 자녀양육서'의 제안은 남성성만을 양육의 이상적인 원리로 상정한다는 위험성을 내포한다. 따라서 '아버지 자녀양육서'는 돌봄 실천을 독려하여 남성성의 변동을 예고하면서도 기존의 남성성을 표준양육원리로 제시하여 남성성의 헤게모니를 돌봄 영역으로 확장하는 결과를 수반한다.

그러므로 '아버지 자녀양육서'는 성별 분업화된 부모 아래서 남성성을 표준으로 하는 자녀양육을 상정하여 '아버지 자녀양육서'가 제시한 아버지들의 자녀양육은 기존의 남성성에 뿌리 했다. 뿐만 아니라 '돌봄'이라는 행위가 다음 세대에게 전수해야 하는 덕목에서 배제됨으로써 '아버지 자녀양육서'의 돌봄 제안은 한시적일 뿐만 아니라 한계를 가지게 된다.

3) '시간의 질'의 문제와 부양자 역할의 강조

성별 분업체계의 그늘 아래서 아버지를 포함한 남성은 '일'을 중심으로 자신의 삶을 전개해 왔다. 산업화 이후 성별 분업노동이 강화되면서 '일'은 남성성을 규정하는 핵심요소가 된다. 산업화 이후 소비와 생산이, 가정과 직장이, 공동생활과 사생활이 분리되면서 남성은 직장으로 가는 생산자이고 여성은 가족에 남아 어머니로서 아내로서 기능하는 '성 분화'가 발달했다. 현대의 가정은 소비의 한 단위가 되며 여성은 소비의 주요 담당자로, 남성은 공적 영역의 주요 생산자로 구분되는 성별 분업노동이 시작되는 것이다(Hamilton, 1982: 35, 39). 결과적으로 산업화 이후의 질서는 '남성'과 '일'을 동의어로 만드는 역사적 기점이 된다.

이러한 현상은 산업화 당시 남성 노동조합원들이 제기한 가족임금체계로 인해 더욱 강화됐다. 당시 남성들로 구성된 노동조합은 남성들이 가족의 재정적 책임을 지고 여성이 가족에 소속되어 여성의 생계는 남성을 통해서만 해결되는 가족임금체계를 주장했다(Hartman, 1985: 73-74). 가족임금체계는 가족을 부양하기에 충분한 임금인데 여기서 부양자는 항상 남성이다. 따라서 가족임금체계는 남성이 여성보다 상대적으로 높은 직장, 높은 임금을 가져야 한다는 통념을 합리화한다. 또한 가족임금체계하에서 부양자는 항상 남성이기 때문에 기혼 여성에게는 자신의 노동력이 가지는 가치 이하의 수준으로 임금 지급이 가능하며 이는 여성 저임금의 중요한 원인이 되기도 한다(조주은, 2004: 60). 즉 가족임금체계 안에서 '일'은 아버지됨을 구성하는 주요한 요건이 된다. 이처럼 아버지가 되어 일을 통해 가족의 부양자가 되고 성취를 이루는 것, 직업을 중심으로 자신의 정체성을 발달시키는 것은 남성성의 핵심이 된다.

다만, 일이 아버지됨과 관련할 때 일은 도구적인 의미를 넘어서 '가족부양'과 '가장으로서의 책무'라는 새로운 수사를 얻는다. 실제의 연구에서 아버지들은 아버지 역할에서 중요한 요소를 자녀를 부양하는 일로

표 5-2. 혼인상태별 남성 경제활동 참가율(단위: %)

	기혼 남성	미혼 남성
1980	88.3	52.4
1990	88.2	43.2
2000	84.3	50.2
2005	83.8	53.7
2006	83.7	52.8
2007	81.1	51.1
2008	83.8	51.4

* 출처: 통계청, 〈경제활동인구연보〉, 2008.

인식했고 아버지가 되면서 일에 대한 책임감이 더욱 강화되는 경향을 보였다(황정해, 2000: 48; 황정해 · 백경임, 2004: 58, 70). 아버지들의 일에 대한 책무의식은 혼인상태별 남성들의 경제활동 참가율을 통해서도 살필 수 있다. 〈표 5-2〉에서 보면 미혼 남성들보다 기혼 남성들의 경제활동 비율이 월등히 높게 나타나고 있다. 물론 표에서는 기혼 남성들이 미혼 남성에 비해 연령이 높기 때문에 경제활동 참여 비율이 자연스럽게 상승한다는 점을 반영하고 있지는 않다. 하지만 표에서는 기혼 남성들의 경제활동 참가율이 다소 감소함에도 불구하고 아버지들에게서 '일'은 부양자로서 아버지됨을 구성하는 핵심 요건임을 여전히 보여 준다.

아버지를 가족부양자로 전제하는 관점은 '아버지 자녀양육서'가 제안하는 아버지들의 자녀 돌봄 시간 안에도 내재해 있다. '아버지 자녀양육서'에서 제시한 자녀와 교감 시간은 짧게는 1분, 길어도 20분을 넘기지 않는다. 이 정도의 짧은 시간은 최소한의 시간을 투자해서 가족관계로부터 소외되지 않으려는 전략이며, 현실성도 없고 남성의 가족관계 회복에 기여하지도 않는 것으로 평가될 수 있다(신경아, 2007: 37). 하지만 '아버지 자녀양육서'에서는 이 시간을 '아빠의 권리와 권위'를 만들고, '자녀와 즐겁게 산책하거나 놀 수 있는 시간', '아이들이 기분이 좋으면 속마음을 술술 얘기해 줄 수 있는 시간', '아이의 마음속에 쉽게 들어갈 수 있는 시간', '자녀가 스스로를 사랑하고 올바르게 처신할 수 있도록 충분히 도울 수 있는 시간', '자녀에게 긍정적인 영향을 줄 수 있는 시간'으로 설명했다(권오진, 2005: 4; 김성묵, 2010: 177; 김영훈, 2010: 97; 서석진, 2010: 20; 강현식, 2011: 201). 그런데 아버지들의 돌봄 참여 시간이 매우 제한적임에도 불구하고 아버지 '자녀양육서'에서는 돌봄 시간의 '양'은 큰 문제가 되지 않는다. 그 근거는 아버지에게 돌봄 시간의 '양'보다는 '질'이 중요하기 때문이다.

> 흔히 맞벌이하는 엄마보다 전업주부인 엄마가 아이에게 쏟는 정이 더 많다고 생각하기 쉽다. 똑같이 적용하면, 주말에만 아이랑 시간을 보내는 아빠보다 주중에도 많은 시간을 낼 수 있는 아빠가 아이와 더 많은 애정표현을 주고받을 것이라고 생각하기 쉬울 것이다. 그러나 아닐 수 있다. 하루 종일 아이와 떨어져 있었다는 죄책감 때문에 저녁 시간에 압축적으로 아이와 교감을 나누는 맞벌이 엄마가 더 많은 정을 쏟을 수도 있고, 하루 종일 집안일과 육아를 같이 하면서 지친 전업주부가 오히려 밀도 높은 교감을 나누지 못할 수도 있다. 아빠 역시 주중에 시간을 내지 못한 미안함 때문에 주말의 시간을 알차게 보낸다면 주중에 많은 시간을 낼 수 있는 아빠보다 오히려 아이와 더욱 밀도 높은 교감을 형성할 수 있을 것이다(서석진, 2010: 45).

앞에서 아버지의 양육 참여는 '양'의 문제가 아닌 '질'의 문제로 환원됐다. 시간을 '얼마나' 많이 보내는가가 아니라 '어떻게' 보내는가가 또는 '무엇'을 하는가가 중요하다. 이들 논의는 아버지들이 주중에 자녀와 시간을 함께 보내지 못할지라도 주말의 시간을 알차게 보낸다면 주중에 많은 시간을 낼 수 있는 아빠보다 더욱 밀도 높은 교감을 형성할 수 있다고 주장한다. 즉 아버지들의 돌봄의 시간의 부족 문제는 '시간의 질'이 상쇄할 수 있다는 것이다. 아버지의 돌봄은 어머니가 줄 수 없는 매우 특유한 성격의 것이기 때문에 '양' 자체는 크게 문제될 것이 없다. 즉 '아버지 자녀양육서'에서 '아버지가 줄 수 있는 것은 따로 있기' 때문에 양육 시간의 정도와 관련 없이 아버지의 자녀 돌봄은 자녀양육 과정에서 충분한 의미가 있고 자녀 성장에 필수적이다(김병후, 2006: 297-298; 이해명, 2007: 21; 박성규, 2009: 115; 김영훈, 2010: 29; 서석진, 2010: 45; 강현식, 2011: 201; 이충헌, 2011: 79). 결과적으로 '아버지 자녀양육서'에서는 아버지들의 돌봄 시간을 '최소화'하는 전략을 취함으로써 아버지의 자녀 '돌보미'로서의 역할은 가계부양자로서의 아버지의 남성성을 훼손하지 않는다.

가족의 가계부양자 역할을 특징짓는 '일' 중심성은 남성들의 갈등 양상에서도 반복됐다. 이 책의 제4장에서 밝혀졌듯이 성별 직장갈등 경험은 남성이 51.1%, 여성이 41.3%로 남성이 여성보다 갈등경험이 높았다(〈표 5-3〉 참조). 남성들은 노동시간이나 일에 대한 헌신도가 여성보다 일반적으로 크기 때문에 '일'에 대한 관련성이 여성보다 커져 남성들은 여성보다 직장갈등 경험에 더 많이 노출되어 있는 것으로 보인다. 다시 말해 남성들의 강한 '일' 관련성은 '일'에 대한 갈등 양상에서도 표출되었다고 할 수 있다.

표 5-3. 성별, 연령별 직장갈등 경험률(단위 %)

<table>
<tr><th colspan="2">구분</th><th>경험률</th><th>검증</th><th colspan="2">구분</th><th>경험률</th><th>유의도 검증</th></tr>
<tr><td rowspan="4">성별</td><td rowspan="2">남성</td><td rowspan="2">51.1</td><td rowspan="4">F=7.20
P=.00</td><td rowspan="4">남</td><td>20대</td><td>46.8</td><td rowspan="4">F=2.70
p=.04</td></tr>
<tr><td>30대</td><td>60.3</td></tr>
<tr><td rowspan="2">여성</td><td rowspan="2">41.3</td><td>40대</td><td>50.7</td></tr>
<tr><td>50대</td><td>42.9</td></tr>
<tr><td rowspan="4">연령별</td><td>20대</td><td>52.3</td><td rowspan="4">F=3.70
P=.01</td><td rowspan="4">여</td><td>20대</td><td>58.1</td><td rowspan="4">F=5.05
p=.00</td></tr>
<tr><td>30대</td><td>52.3</td><td>30대</td><td>39.3</td></tr>
<tr><td>40대</td><td>46.3</td><td>40대</td><td>39.4</td></tr>
<tr><td>50대</td><td>36.8</td><td>50대</td><td>25.9</td></tr>
</table>

표 5-4. 성별에 따른 주변 사람과의 갈등 정도

독립변수	배우자와의 관계	자녀와의 관계	직장상사 /직장동료와의 관계
남성	2.25(.80)	1.84(.81)	2.19(0.88)
여성	2.42(.83)	1.19(.92)	2.06(.90)

* 주: 괄호 안에는 표준편차 값이 제시되었다.

'한국인의 갈등 의식' 조사에서는 주변 사람들과의 갈등 정도를 5점 척도로 조사했는데, 갈등이 전혀 없다가 1점이고 매우 자주 갈등을 경험한다가 5점에 해당한다. 〈표 5-4〉에서는 성별에 따른 주변 사람들과의 갈등 정도에 대한 5점 척도에서의 평균값을 제시했다. 분석결과, 여성은 배우자와의 관계, 부모와의 관계에서 남성보다 더 높은 갈등경험률 수치를 보였고 남성의 경우에는 직장 내에서의 갈등경험률이 여성보다 높게 나타났다. 즉 구체적으로 갈등경험을 하게 되는 관계를 살펴볼 때도 여성은 사적 영역과 관련하는 자신의 배우자와 자녀와의 관계에서 오는 갈등경험이 남성보다 높았다. 반면에 남성은 공적 영역과 관련하는 직장상사/직장동료와의 관계로 인한 갈등경험이 여성보다 높았다. 따라서 관계의 측면에서도 남성은 공적 영역과 관련하는 사람들과 그리고 여성은 사적 영역과 관련하는 사람들과 갈등을 경험하는, 갈등에서의 성별 분리현상이 나타났다. 따라서 '아버지 자녀양육서'가 아버지 역할을 규정하는 데 토대하고 있는 남성들의 '일' 중심성은 경험적 수준에서는 남성들의 직장갈등 양상을 통해서도 재현되는 것으로 이해할 수 있다.

그러면 시간이 왜 '아버지됨'을 평가하는 데 중요한 준거가 되지 못하는가? '아버지 자녀양육서'에서는 아버지들을 생계부양자로 전제하고 있기 때문이다. 사회적으로 주관적으로 '일'은 남성성을 구성하는 핵심 요건이다. 진정한 남성은 아내와 자녀를 위한 좋은 부양자여야 하며 좋은 아버지가 되는 것은 노동을 통한 결과인 임금을 얻는 것에 토대해 있다(Brandth and Kvande, 1998: 299). 이러한 상황을 고려하여 '아버지 자녀양육서'는 아버지들의 부양자로서의 역할을 아버지의 제1역할로 상정한 것이다. 그리고 이 때문에 '아버지 자녀양육서'에서는 아버지 돌봄 시간의 '양'에 대해 큰 의미를 부여하지 않고 '돌보미'로서의 아버지 역할을 수행할 수 있는 전략을 모색한 것이다. 즉 '아버지 자녀양육서'에서 시간의 '양'을 고려하지 않은 시간의 '질'의 문제는 부양자 역할과 '돌보미' 역할 사이에서 갈등하고 있는 아버지들에게 일종의 타협점을 제공한다. 따라서 '아버지됨'이 변화하고 있는 시점에서도 아버지 자녀 돌봄에서 '시간의 질'의 문제는 아버지들이 여전히 부양자로서의 책무가 더 크다는 사실을 역설적으로 보여 주며 아버지들의 부양자 역할이 직업구조에서 뿐만 아니라 자녀 돌봄의 맥락 안에서도 강화될 수 있는 가능성을 제시한다.

그러면 여기서 '아버지와 자녀가 '양'이 아닌 '질'적으로 좋은 시간을 보냈다'고 판단할 수 있는 근거는 무엇인가? '아버지 자녀양육서'에서 시간의 질을 평가하는 기준은 '아버지와 자녀 사이에 감정 교감이 얼마나 가능한가'이다. 구체적으로 '아버지 자녀양육서'에서는 아버지와 자녀의 시간을 의미 있게 만들려면 자녀에 대한 감정교류, 감정표현, 솔직함, 아이에 대한 존중, 밀도 높은 교감이 형성되어야 한다고 말한다(김병후, 2010: 144; 김영훈, 2010: 29; 서석진, 2010: 45; 강현식, 2011: 201; 권오진, 2011: 200). 즉 양질의 시간을 구성하는 핵심은 아버지와 자녀 사이의 정서적 교류이며 '아버지 자녀양육서'에서 남성 돌봄은 감정적인 측면에 집중된다.[10)]

---

10) 혹실드(Alie Russell Hochschild, 2003)는 계급에 따라 부모자녀 관계에서 '감정'을 다루는 방식이 달라진다고 설명했다. 하층계급은 아이들이 지위를 존중하도록 가

그러나 우리가 누군가를 돌본다고 말할 때 우리는 돌봄을 받는 사람에게 정서적인 만족감뿐만 아니라 실제적이고 물리적인 돌봄을 제공해야 한다. 아버지 돌봄을 감정의 측면에서만 논의하는 것은 '아버지들이 실제적이고 물리적인 돌봄에 참여하지 않는다'는 사실과 그 실제적이고 물리적인 돌봄은 아버지들이 아닌 다른 사람, 주로 어머니들에게 의해 수행된다는 사실을 은폐한다. 즉 '시간의 질'에 대한 논의는 독립된 시간을 필요로 하고 자녀의 일상의 리듬과 강하게 결부되어 있는 '돌보기(care for)'는 어머니들에 의해 수행된다는 사실과 시간에 크게 구애받지 않는 감정적 연루성을 의미하는 '마음쓰기(care about)'는 주로 아버지들이 참여한다는 사실을 간과한다(Dermott, 2008: 62). 따라서 '아버지 자녀양육서'에서 '시간의 질'의 문제는 아버지들이 '일' 중심의 남성성을 유지하며 일상적인 돌봄에서 배제되어 있다는 사실을 무비판적으로 전제하는 한계를 가진다.[11)]

르치며 부모라는 지위에서 발생하는 권위를 통해 아이에 의지에 반대되는 통제를 한다. 즉 자녀 훈육과정에서 아이의 감정보다는 아이가 명령을 듣고 따라야 하는 행동에 대한 관리가 중요하다. 반면에 중간계급은 부모와 자녀 사이의 감정교류를 강조하고 아동 스스로 자신의 감정을 조절 · 관리할 수 있도록 통제한다. 통제를 위한 권위는 부모의 지위에서 발생하는 것이 아니라 대화를 통해 아이와 협상된 법칙에서 발생한다. 혹실드에 따르면, 부모의 자녀 교육방식은 결국 노동자가 직장에서 하는 일과 연속성을 가진다. 이 때문에 중간계층의 경우는 감정관리가 필요한 관리직, 교육, 전문직에 종사하는 비율이 높기 때문에 아이들에게도 감정을 존중하는 교육방식을 선택하게 된다(Hochschild, 2003: 200-202). 이렇게 보면 '아버지 자녀양육서'에서 나타난 아버지와 자녀 사이의 감정적 유대에 대한 조언은 중산층 계급문화를 세대 이전을 통해 재생산하는 과정으로 이해될 수 있다.

11) 이와 대조적으로 부양자, 즉 노동자로서의 아버지들은 자신을 노동자로 평가할 때 '노동시간'을 중요한 기준으로 선정했다. 훌륭한 노동자는 자신의 일에 많은 시간을 투자하는 사람이다. 시간은 좋은 아버지가 되기 위해서는 중요 변수가 아니었지만 좋은 노동자가 되기 위해서는 중요 변수로 작용했다(Dermott, 2008: 62).

4. 맺음말

지금까지 이 글에서는 젠더질서가 변화하는 사회적 조건 속에서 여전히 상존하고 있는 근대적 젠더질서 사이의 젠더긴장을 '아버지 자녀양육서'에 대한 분석을 중심으로 살펴보았다. '아버지 자녀양육서'에서는 '아버지됨'과 '남성성'의 관계는 첫째, '아버지됨'이 '남성성'에 기초하여 '남성성'이 '아버지됨'을 구성하는 방식으로 '아버지 자녀양육서'에서는 아버지의 '놀이 친구', '교육자', '인생의 조언자'로서 역할은 경쟁의 원리, 모험에 대한 도전, 세계 확장, 사회성, 공적임, 질서, 정신, 지성과 같은 남성성을 구성하는 목록들을 재생산했다. 즉 아버지들은 돌봄에 남성성을 결합하여 돌봄을 남성화하는 경향을 보였다.

둘째, '아버지 자녀양육서'에 나타난 '아버지됨'이 '남성성'을 재생산하는 방식으로 '아버지됨'은 남성성을 구성했다. '아버지 자녀양육서'에서는 '좋은 아버지'가 되기 위해서는 '좋은 남편'이 되어야 한다고 설명하며 부부간의 친밀성과 협동성을 강조하면서도 여성=감정 정서 그리고 남성=공적 영역의 연결고리라는 근대적 성별 분업질서에 기반하여 부부관계를 설명했다. 이러한 성별 분업질서는 아동의 성별에 따른 양육의 원리를 다르게 구성하는 데에까지 나아가고 있다. 그렇지만 아동에 따른 성별 분리가 나타나는 속에서도 경쟁, 전문성, 유능함, 스포츠, 활력 등으로 구성된 기업주의적 남성성을 양육원리의 표준으로 상정하여 '아버지 자녀양육서'가 제시한 아버지 역할은 기존의 남성성을 재생산했다.

셋째, '아버지 자녀양육서'는 남성성과 아버지됨의 접점인 '일'을 중심으로 하여 '아버지됨'을 설명했다. '아버지 자녀양육서'는 아버지의 돌봄 참여 시간을 5분, 10분으로 제안했고 시간의 '양'에 대한 논의는 배제한

채, 시간의 문제를 '질'의 문제로 환원하고 있어 이것은 아버지의 주요 역할이 '돌보미'가 아니라 생계부양자임을 역설적으로 보여 주었다.

특히 가족의 가계부양자 역할을 특징짓는 '일' 중심성은 남성들의 갈등 양상에서도 반복됐다. 즉 남성들은 노동시간이나 일에 대한 헌신도가 여성보다 일반적으로 크기 때문에 '일'에 대한 관련성이 여성보다 커져 남성들은 여성보다 직장갈등 경험에 더 많이 노출되어 있는 것으로 보인다. 구체적으로 주변 사람들과 갈등을 경험하는 양상에서도 여성은 배우자와의 관계, 부모와의 관계에서 남성보다 더 높은 갈등경험률을 보였고 남성의 경우에는 직장 내에서의 갈등경험률이 여성보다 높게 나타났다. 따라서 '아버지 자녀양육서'가 아버지 역할을 규정하는 데 토대하고 있는 남성들의 '일' 중심성은 경험적 수준에서는 남성들의 직장갈등 양상을 통해서도 재현되는 것으로 이해할 수 있다.

그러므로 이 연구는 '아버지 자녀양육서'의 논의를 통해 '남성성'이 돌봄을 수용하는 방식으로 변화하여 근대의 성별 이분법 질서가 변동한다는 사실과 동시에 '아버지 자녀양육서'가 제안하는 아버지들의 자녀양육 방식은 기존의 남성성에 기초하고, 남성성을 강화하고, 남성성과 서로 부합하여 기존의 근대적 젠더질서와 강하게 결부됨을 제시했다. 따라서 '아버지 자녀양육서'는 기존의 남성성을 그대로 수용하여 기존의 젠더질서를 넘어서는 새로운 남성성을 성찰성하는 데까지 발전하지 못했다.

이상의 글을 통해 '아버지 자녀양육서'가 아버지들의 자녀 돌봄 참여를 제안하면서도 근대적 남성성과 연루하는 역설적인 의미를 드러내어 아버지들의 돌봄 참여를 무비판적으로 환영하는 흐름을 경계하고자 한다. 그렇다고 필자가 아버지들의 자녀 돌봄 참여를 부정적이거나 의심스런 시선으로 바라보아야 한다고 주장하는 것은 아니다. 그보다 필자는 이 글이 아버지들의 돌봄 참여를 통해 남성성이 돌봄을 수용하는 방식으로 변화하고 이것이 젠더 평등에 기여할 수 있는 방향은 무엇인지를 모색하기 위한 사전작업으로 이해되기를 기대한다.

참고문헌

강란혜. 2000. 〈한국과 일본 아버지의 자녀양육행동의 비교—직업관과 자녀관을 중심으로〉. 《아동학회지》 21(2): 119-132.

강이수. 2011. 〈일-가족 가치관과 구조적으로 제약된 '선택'〉. 《일·가족·젠더》. 한울아카데미.

강현식. 2011. 《아이를 행복하게 만드는 아빠 양육》. 소울메이트.

권오진. 2011. 《아빠학교》. 상상공간.

권오진. 2005. 《아빠의 놀이 혁명》. 웅진주니어.

권오진·권기범. 2008. 《아빠 놀이학교》. 포북.

권복기 외. 2002. 《아빠 뭐해?》. 이프.

김도연. 2009. 《키짱 몸짱 자신감짱 아빠표 체육놀이》. 로그인.

김대범. 2011. 《아빠 공부》. 책비.

김대중. 2008. 《친구같은 아빠되기》. 브렌즈.

김병후. 2006. 《아버지를 위한 변명》. 리더스북.

김선업. 2011. 〈한국인의 일상생활에서의 갈등〉. 고려대학교 한국사회연구소 학술심포지움자료.

김성묵. 2010. 《좋은 아빠 되기 프로젝트》. 두란노.

김성춘. 2010. 《아빠가 딸에게 세상을 꿈꾸게 하다》. 비지니스세상.

김영훈. 2010. 《엄마가 모르는 아빠효과》. 베가북스.

김지룡. 2010. 《아빠 100배 즐기기》. 21세기북스.

김진욱. 2008. 〈일하는 어머니들의 이중노동부담에 관한 실증연구〉. 《한국사회복지정책》 35: 197-220.

김혜선. 2005. 〈첫 아버지됨의 경험〉. 《아동학회지》 26(5): 73-87.

김혜영 · 황정미 · 선보영 · 김정기. 2008. 《남성의 부성경험과 갈등에 관한 연구》. 한국여성정책연구원.

나영정. 2011. 〈남성/비남성의 경계에서〉. 권김현영 · 루인 · 정희진 · 나영정 · 엄기호 · 한채호 엮음. 《남성성과 젠더》. 자음과모음. pp. 95-127.

박광철. 2007. 《행복한 아버지 학교》. 문예춘추.

박성규. 2009. 《엄한 아버지의 명품교육》. 미디어윌.

박성희. 2008. 《현명한 아버지가 아이의 미래를 바꾼다》. 가야북스.

박찬희. 2007. 《아버지가 딸에게 전하는 52가지》. 은진미디어.

박효종. 2003. 《아들에게 건네주는 인생의 나침반》. 아라크네.

백승현. 2006. 《두란노 아버지학교 10년, 그 성과와 평가》. 두란노 아버지학교 10주년 기념 논문집. 두란노 아버지학교.

백진아. 2009. 〈한국의 가족 변화 — 가부장성의 지속과 변동〉. 《현상과 인식》33(1): 204-284.

서석진. 2003. 《애들아~아빠랑 놀자》. 한울림.

서정홍. 2010. 《아무리 바빠도 아버지 노릇은 해야지요》. 보리.

손문금. 2005. 《맞벌이부부 여성의 이중부담과 시간의 특성—'생활시간조사' 자료를 중심으로》. 한국학중앙연구원 한국학대학원 사회학과 박사학위논문.

송길원. 1999. 《아들아, 1미디만 더 파보렴》. 살림.

심수명. 2008. 《위대한 자녀를 만드는 아버지학교》. 도서출판 다세움.

신경아. 2009. 〈일-가족 양립논의의 현황과 쟁점〉. 《일 · 가족 · 젠더 — 한국의 산업화와 일-가족 딜레마》. 한울아카데미.

신경아. 2007. 〈산업화 이후 일-가족 문제의 담론적 지형과 변화〉. 《한국여성학》 23(2): 5-45.

오승훈. 2008. 《아버지란 이름으로》. 파라북스.

유영준. 2009. 《아빠 놀아줘》. 랜덤하우스.

유현민. 2011. 《내 아들의 인생을 위하여》. 버들이야기.

윤홍식. 2010. 〈남성의 돌봄 참여〉. 윤홍식 · 송다영 · 김인숙 엮음. 《가족정책》. 공동체. pp.123-141.

이상각. 2008. 《아버지가 아들에게 들려주는 유쾌한 잔소리》. 형설라이프.

이상각. 2008. 《아버지가 딸에게 들려주는 따뜻한 잔소리》. 형설라이프.

이상각. 2002. 《아버지가 아들에게 들려주는 삶의 황금률》. 책이있는마을.

이상화. 2007. 《아빠 하루 10분이 아이의 공부머리를 깨운다》. 명진출판.

이숙현 · 권영인. 2009. 〈기업의 가족 친화적 문화와 아버지의 자녀양육 참여 — 일-가족갈등의 매개효과를 중심으로〉. 《가족과 문화》 21(1): 1-28.

이승욱. 2006. 《사랑에 서툰 아빠들에게》. 브리즈.

이충원. 2011. 《아들은 아빠가 키워라》. 글담.

이평. 1999. 《아빠가 딸에게 들려주고 싶은 것에 대하여》. 밀알.

이해명. 2007. 《이제는 아버지가 나서야 한다》. 동아일보사.

이홍렬. 2000. 《아버지 되기는 쉬워도 아버지 노릇하기는 어렵다》. 중앙M&B.

임인숙. 2006. 〈한국 언론의 부권상실론의 변화와 정치성〉. 《가족과 문화》 18(4): 65-92.

엄기호. 2011. 〈신주유주의 이후, 새로운 남성성의 가능성/불가능성〉. 권김현영·루인·정희진·나영정·엄기호·한채호 엮음. 《남성성과 젠더》. 자음과모음. pp.147-166.

일루즈, 에바(Eva Illouz). 2010. 《감정 자본주의》. 돌베개.

자녀사랑을실천하는아버지모임. 2005. 《행복한 가정을 위한 아버지 자리찾기》. 뜨인돌.

장경근·정채근. 2010. 《아버지 리더십》. 신원문화사.

장경근·정채근. 2005. 《아버지가 나서면 딸의 인생이 바뀐다》. 황금부엉이.

장혜경. 2006. 《가족 내 돌보노동 실태조사》. 한국여성개발원.

정나연. 2008. 《아빠노릇》. 책그릇.

정송. 2003. 《아버지는 희망입니다》. 새로운 제안.

정우택. 2009. 《아버지의 날개》. 휴먼드림.

정희진. 2011. 〈편재(遍在)하는 남성성, 편재(偏在)하는 남성성〉. 권김현영·루인·정희진·나영정·엄기호·한채호 엮음. 《남성성과 젠더》. 자음과모음. pp.15-34.

조윤경. 2009. 〈한국사회의 아버지 돌봄 참여를 위한 부모 감정 코칭프로그램 기초연구〉. 《코칭연구》 2(2): 117-141.

조윤경. 2011(a). 〈협동조합형 공동육아에 참여한 아버지들의 돌봄의 의미화와 가족관계의 변화—성 인지 관점에서 본 남성 돌봄과 아버지됨의 재구성을 중심으로〉. 고려대학교 대학원 박사학위 논문.

조윤경. 2011(b). 〈협동조합형 공동육아에 참여한 아버지들의 자녀 돌봄 재구성〉. 《가족과 문화》 23(1): 170-205.

조윤경. 2011(c). 〈한국사회의 아버지들의 자녀양육〉. 《민족문화논총》 47: 149-191.

조윤경. 2011(d). 〈조선중기 재지사족 가문 아버지들의 자녀양육에 대한 검토〉. 《인문학연구》 82: 191-213.

조주은. 2004. 《현대가족이야기》. 이가서.

중앙M&B. 2008. 《아버지 파워 시대 父親力》. 중앙M&B.

초도로우, 낸시(Nancy, Chodorow). 2008. 《모성의 재생산》. 한국심리치료연구소.

최강희. 2008. 《강남아빠 따라잡기》. 한국경제신문.

통계청. 2008. 〈경제활동인구연보〉.

파슨스, 탈코트(Talcott Parsons). 1995. 〈미국가족—인성 및 사회구조와의 관계〉. 박숙자 역. 《가족과 성의 사회학—고전사회학에서 포스트모던 가족론까지》. 사회비평사. pp.151-180.

킨들런, 댄(Kindlon, Dan). 2006. 《알파걸》. 미래의창.

하트만, 하이디(Hartman, Heidi). 1985. 〈자본주의, 가부장제, 성별분업〉. 여성평우회 편저. 《제3세계 여성노동》. 창작과비평사. pp.54-97.

혹실드, 앨리 러셀(Arlie Russell Hochschild). 2009. 《감정노동—노동은 우리의 감정을 어떻게 상품으로 만드는가》. 이매진.

홍승우. 2008. 《조선 남자 아이를 키우다—현대 아빠 홍승우의 만화로 보는 조선 사대부의 좌충우돌 육아일기》. 예담.

해밀턴, 로베르타(Roberta Hamilton). 1982. 《여성해방논쟁》. 풀빛.

황정해. 2000. 〈아버지됨(fathering) 경험이 남성의 성인기 발달에 미치는 의미 탐색〉. 《한국가족관계학회지》 5(2): 43-65.

황정해 · 백경임. 2004. 〈예비 아버지의 부성경험에 관한 일 연구〉. 《아동학회지》 25(5): 59-71.

황정해 · 이정덕. 2000. 〈남성의 아버지됨 경험에 관한 연구—취학 전 자녀를 둔 아버지를 대상으로〉. 《한국가족관계학회지》 5(2): 43-65.

Brandth, Berit, and Elin Kvande, 1998, "Maxculinity and child care: the reconstruction of fathering", The Editorial Board of The Sociological Review 1988, pp.293-313.

Britten, Arthur. 1989. *Masculinity and Power*. Basil Blackwell.

Connell, R. W. 1995. *Masculinities*. Polity.

Dermott, Esther. 2008. *Intimate Fatherhood: A Sociological Analysis*. London and New York: Routledge.

Haywood, Chris, and Máritín Mac an Ghaill. 2003. *Men and Masculinities: Theory, Research and Social Practice.* Open University.

Hearn, Jeff. 1992. *The Gender of Oppression: Men · Masculinity · and the Critique of Marxism.* Wheatsheaf Books.

Hobson, Babara and David Morgan. 2002. "Introduction." In Babara Hosbon(ed.), *Making Men into Fathers.* Cambridge University Press, pp.1-24.

Lamb, Michael and Catherine S. Tamis–Lemond. 2004. "An Introduction." In Michael E. Lamb(ed.), *The Role of the Father in Child Development.* New Jersey: John Wiley & Sons. Inc., pp.1–31

LaRossa, Ralph. 1997. *The Modernization of Fatherhood: A Social and Political History.* The University of Chicago Press.

Tolson, Andrew. 1977. *The Limits of Masculinity.* London: Tavistock.

제6장

한국인의 다문화적 소수자집단과 다문화사회에 대한 인식

윤인진 · 송영호

1. 머리말

1990년대 초반 한국에 외국인 이주자가 본격적으로 유입되기 시작한 이래 20여 년의 시간이 흘렀다. 그동안 국경을 초월한 인구이동이 급증하면서 서로 다른 문화적 배경을 지닌 외국인 이주자들을 대면하는 일이 빈번해졌고 더 이상 이들과의 접촉이 특별한 것이 아니라 일상적인 환경이 되었다(황정미 · 이명진 · 최현 · 이동주, 2007; 장진숙, 2010). 2012년 출입국 외국인정책본부 통계에 따르면 한국 내 체류 외국인의 수는 2011년 12월 기준 1,395,077명으로 총인구 대비 2.3%를 차지하고 있다(출입국외국인정책본부, 2012). 이에 따라 한국인들은 외국인 이주자들을 의미 있는 존재로 인식하고 이들과 맺는 관계도 더욱 구체적으로 발전하게 되었다. 그리고 한국사회에서 발생하는 외국인 이주자 문제를 경제적, 문화적, 사회적 차원에서 우리 사회가 당면한 현실로 받아들이기 시작했다(김석호·신인철, 2011). 이러한 환경변화는 한국사회에서 다문화적 소수자집단에 대한 문화적 특수성, 사회 전반적인 문화적 다양성에 대한 관심을 불러일으키는 동시에 인권 담론을 넘어 정치사회권적 권리 부여, 노동력 수급 구조 및 산업구조의 변화 등 공존공생을 위한 다차원적인 논의를 자연스럽게 수반하게 되었다.

하지만 동시에 초기에 외국인 이주자들에 대해 가졌던 온정주의로부터 냉담주의로 한국인의 의식이 전환되어 가는 측면이 있다. 이런 변화는 일상생활에서 외국인 이주자들과의 접촉이 빈번해지면서 겪게 되는 현실적인 갈등경험뿐만 아니라 이들을 잠재적 위협요인으로 인식하는 부정적 태도가 증가한 것에 기인한 것으로 보인다(Coenders et al., 2003; 황정미 외, 2007; 윤인진·송영호, 2011). 이러한 인지된 위협(perceived threat)은 외국인 이주자들과 노동시장에서 경쟁하는 위치에 있는 사람들에게는 현실적인 위협으로 인식되고 있다.

내국인의 외국인 이주자에 대한 이중적인 태도는 이미 서구에서는 일상화된 현상이다. 다인종·다민족사회에서 다수집단은 한편으로는 소수인종 집단을 평등한 가치를 가진 사람들로 인정하면서도, 또 다른 한편으로는 자신들의 기득권을 지키기 위해 소수집단들이 주류사회의 사회경제적 기회에 접근하는 것을 제한하고 있다. 즉 다양성 속의 통일(unity in diversity)은 수사적으로는 이상적인 구호이지만 현실세계에서는 달성하기 어려운 과제이며, 오늘날 외국인 이주자를 받아들이는 모든 국가들이 고민하는 딜레마이다(Jones, 1997; 김현숙 외: 142, 재인용). 한국인의 외국인 이주자에 대한 딜레마적인 인식은 그동안 여러 차례에 걸쳐 실시된 설문조사 결과를 통해서 확인되었다(정기선, 2004·2011; 윤인진·송영호, 2007·2011; 황정미 외, 2007; 양계민, 2009·2010; 조동기, 2010; 황정미, 2010; 김석호·신인철, 2011). 이런 조사들에서 일관되게 나타난 특징은 겉으로 드러난 한국인의 태도와 인식은 관용적이고 개방적이며, 특히 다문화적 수용성은 다른 어느 나라 못지않게 상당히 높다는 것이다. 하지만 외국인 이주자에 대한 사회적 거리감과 종족 배제주의적인 태도는 출신국가와 그 사람이 처해진 법적 지위에 따라 상이하게 나타났다.

비록 여러 의식조사를 통해 밝혀진 한국인의 다문화적 수용성은 기대 이상으로 높지만 진정으로 한국인이 외국인을 수용하고 이들과 공존할 자세가 되었다고 믿기에는 어려운 불편한 진실들이 있다. 여전히 일상생활에서 일어나는 외국인 이주자와 다문화적 소수자집단에 대한 차별은 매우 심각한 수준이다. 국가인권위원회의 2011년 연간보고서에 의하면 2001년부터 2010년까지 출신국가, 출신민족, 인종, 피부색을 이유로 차별을 받았다며 제기된 진정 건수는 269건에 이르렀다. 이 중 출신국가를 이유로 한 차별이 213건으로 가장 많았고, 인종, 출신민족, 피부색을 이유로 한 차별은 각각 48건, 10건, 7건이었다. 더욱이 인종, 출신국가, 민족, 피부색, 종교 등 '다문화적 요소' 때문에 제기된 진정 건수는 2005년 32건에서 2010년 64건으로 약 2배가량 증가해서 한국인의 외국인에 대한 차별 수준은 줄기는커녕 오히려 늘었다(국가인권위원회, 2011: 149). 이런 현상은 한국인의 순혈주의와 자민족주의적 태도, 그리고 그에 기반을 둔 차별행위가 쉽게 변하지 않는 상황에서 외국인 이주자들은 고양된 인권의식으로 더 이상 차별행위를 참지 않고 법과 제도에 해결을 호소하기 때문에 발생하는 것으로 해석된다.

한국인의 외국인 이주자에 대한 차별과 배제행위는 인터넷 공간에서 더욱 심각하게 표출되고 있다. 국가인권위원회는 2010년 10월 한 달 동안 인터넷 공개 블로그, 이미지, 댓글, 동영상 등 인터넷상의 인종차별적 표현실태를 조사한 결과, 인터넷상에서 우리 사회의 많은 문제를 외국인이 일으키고 있다고 주장하면서 누리꾼의 정서적 반응에 호소하고 심지어 폭력적 행위를 하도록 선동하는 표현이 무려 210건이나 발견됐다고 발표했다. 구체적인 사례를 살펴보면 혼혈인의 증가를 막기 위해 국제결혼을 중단시켜야 한다는 등의 순혈주의를 노골적으로 드러낸 표현과 특정 국가 출신 외국인을 테러리즘과 연결해 위협적인 존재로 부각시키는 내용 등이 특히 많은 것으로 나타났다(국가인권위원회, 2011). 인터넷 공간상에서는 이미 특정 국가 출신을 비하하거나 차별적인 편견을 조장하는 데 일정 수준의 이상의 도를 넘어섰다는 지적이 일고 있다.

일례로 2011년 9월에는 부산의 한 목욕탕에서 한국으로 귀화한 지 4년이 지난 우즈베키스탄 출신 결혼이주 여성이 단지 외국인이고 피부색이 다르다는 이유만으로 목욕탕 출입을 거부당한 사건이 발생했다. 목욕탕 주인은 "외국인은 물을 더럽힌다", "에이즈 감염 위험 때문에 외국인이 들어오면 단골손님이 떨어져 나간다"며 목욕탕 출입을 거부했다. 또한 2009년 서울 성공회대 연구교수로 재직 중이던 인도인 보노짓 후세인에게 버스에 함께 타고 있던 한국인 승객이 "아랍인은 더럽다", "냄새 난다"는 인종차별적 발언을 해서 모욕죄로 기소된 사례도 있다. 그리고 2007년 5월 18일 나이지리아인 E씨는 이태원의 한 레스토랑에서 신분증을 요구받고 아프리카인은 출입이 통제된다는 직원의 말과 함께 레스토랑에서 쫓겨났다. 이런 사례들은 일상생활에서 외국인과 다른 다문화적 소수자집단에 대한 차별과 편견이 여전히 존재한다는 것을 단적으로 보여 준다.

이렇게 한국인의 의식과 실제 행동이 불일치하는 데는 대부분의 설문조사에서 응답자들이 자신들의 속내를 드러내기보다 다분히 '사회적으로 바람직하게 보이려는 선망(social desirability bias)' 때문에 실제보다 외국인 이주자들에 대해, 그리고 다문화사회로의 변화에 대해 긍정적으로 답했기 때문일 것으로 생각한다. 이런 해석을 할 수 있는 근거는 다문화 수용성과 맥을 같이한다고 볼 수 있는 '사회정의지수', '성불평등지수', '민주화지수', '자유지수', '반부패지수' 등에서 한국이 비교대상 국가들 중에서 하위권을 차지하고 있다는 점이다. 실제로 유럽연합 회원국 20개국을 대상으로 한 2008년 유로바로미터 설문조사(Eurobarometer Survey) 결과에 따르면 성차별, 인종차별, 고령자차별, 장애인차별 등은 서로 간에 높은 상관관계를 가졌다. 이런 이유에서 한국이 사회정의지수, 성불평등지수, 민주화지수, 자유지수 등에서 낮은 점수를 기록한 것은 외국인에 대한 관용성에서도 낮은 점수를 보일 것이라고 예측할 수 있다.

국제적으로 표준화된 사회지표에서 한국의 위치를 살펴보면 다음과 같다. 먼저 독일의 비영리 기구인 베텔스만재단의 '사회정의지수(Social Justice Index)'[1]에서 한국은 OECD 평균(6.67)에 못 미치는 5.89로 조사 대상국 31개국 중 25위를 기록했다. 구체적 영역별로 살펴보면 한국은 사회적 결속력과 차별에서 28위(5.28), 빈곤예방에서 26위(4.26), 세대 사이의 공평성 23위(5.72), 교육기회 19위(5.83)로 4개 항목에서 모두 OECD 평균 이하의 하위권에 속했다(경향신문, 2011.11.3). 다음으로 세계경제포럼(WEF)은 '2011 연례보고서'에서 세계성격차지수(Gender Gap Index: GGI) 결과를 발표했는데, 한국의 성별 간 불평등 수준은 135개국 중 107위로 저개발 국가들과 비슷한 세계 최하위권인 것

---

1) 사회정의지수는 베텔스만재단이 2011년 3월 발표한 '지속가능한 국정관리 지수(SGI)'를 기초로 한 양적 평가와, 70여 명의 전문가가 각국 상황을 고려해 실시한 질적 평가를 합산한 결과를 담고 있다. 조사 항목은 빈곤예방, 교육기회, 노동시장 참여도, 사회적 결속력과 차별, 건강, 세대 사이의 공평성 등 6개 분야이다.

으로 나타났다. 이 수치는 정치적 권한, 경제참여, 보건수준, 교육수준 등 4개 분야에서의 남녀 간 격차를 지수로 계산한 것인데, 한국의 성평등지수는 1점 만점에 0.6281로 107위를 기록해 지난해의 104위보다 3계단 하락했다(경향신문, 2011.11.3). 영국의 유력 조사전문기관인 '이코노미스트 인텔리전스 유닛(EIU)'이 최근 발표한 '2011 민주주의 지수'[2)]에서 한국은 10점 만점 중 8.06점을 받아 전체 167개국 중에서 22위를 차지했다. 한국은 8점 이상으로 완전 민주주의 국가에 해당하지만 완전 민주주의 국가에 해당하는 25개국 중에서는 22위로 낮은 위치를 차지했다(노컷뉴스, 2011.12.15). 한편 민간단체인 '프리덤 하우스'는 1970년대 후반부터 정치적 권리 및 시민적 권리를 측정 대상으로 하는 자유지수(freedom index)[3)]를 발표해 왔는데 한국은 2010년 67위(자유국)에서 2011년 70위(부분적 자유국)로 순위가 하락했다(http://www.freedomhouse.org). '국제투명성기구(Transparency International; TI)'에서 발표하는 국가별 부패지수(Corruption Perceptions Index; CPI)[4)]에서 한국은 2011년 183개국 중 43위를 기록했다. 한국의 부패지수는 경제협력개

---

2) EIU 민주주의지수에서 내놓는 기준은 1. 선거과정의 투명성과 다원주의 존중(Electoral process and pluralism), 2. 정부의 기능성(Electoral process and pluralism), 3. 정치참여(Political participation), 4. 정치문화(Political culture), 5. 시민자유(Civil liberties)이다. 민주주의 지수에 따라 '완전한 민주주의(8.00~10.00)' '불완전한 민주주의(Flawed Democracy. 6.00~8.00)' '권위주의와 혼합한 민주주의(Hybrid regimes. 4.0~6.0)' '권위주의 정권(Authoritarian regimes. 4.00 미만)' 등으로 분류된다.

3) 자유지수는 정치적 테러 스케일과는 달리 국가가 정치적 · 시민적 자유를 보장하는 정도를 포괄적으로 평가한다는 특징을 가지고 있다. 정치적 권리의 경우 정치 지도자 선출, 법안 표결과정 참여를 평가하고, 시민적 권리는 프라이버시 보장, 공정한 재판의 과정에 참여할 수 있는지의 여부 등이 측정 대상이다(구정우 외, 2011).

4) 세계 부패척결을 목표로 피터 아이겐 박사가 1993년에 창립한 비정부 시민사회 조직으로 1995년부터 매년 국가별 부패지수(Corruption Perceptions Index; CPI)를 발표하고 있다. 부패지수는 10점 만점 기준으로 '0'은 매우 부패, '10'은 '부패도 낮음'을 나타내며 숫자가 낮을수록 부패했음을, 높을수록 투명함을 나타낸다.

발기구(OECD) 34개 회원국 중에서는 27위이며, 아시아 주요국인 싱가포르(9.2점 5위), 홍콩(8.4점 12위), 일본(8점 14위), 대만(6.1점 32위)보다도 낮은 수준이다(공감코리아, 2011).

앞서 살펴본 바와 같이 국제적인 사회지표들에서 한국의 위치는 낮은 수준이며, 특히 사회정의지수, 성격차지수, 자유지수 등은 특히 낮다. 개인의 인권, 평등권, 자유, 정의를 존중하는 수준이 낮은 상태에서 유독 외국인 이주자와 다문화 소수자들에 대해 관대할 것이라고 기대하기는 어렵다.

따라서 이 글에서는 지금까지 여러 설문조사에서 기대 이상으로 높게 나타난 한국인의 외국인 이주자에 대한 개방성과 관용성, 그리고 다문화 수용성의 수준과 내용에 대해서 비판적인 시각을 가지면서 시기적으로 한국인의 인식과 태도에 어떠한 변화가 있어 왔는가를 경험적으로 조사하고자 한다. 그리고 앞으로 외국인 이주자가 증가하고 내국인과 현실세계에서 접촉하고, 교류하고, 때로는 갈등하는 사태가 승가할 상황에서 어떻게 원주민과 이주민이, 그리고 다수자와 소수자가 공존하고 통합할 수 있는 방안을 모색하고자 한다.

2. 자료 및 연구방법

이하의 글에서는 앞에서 제기한 문제의식에서 출발하여 한국인의 다문화적 소수자집단과 다문화사회에 대한 태도와 의식수준을 경험적인 자료를 사용해서 분석해 보고자 한다. 그동안 한국에서 다문화에 대한 관심이 증대되면서 여러 연구자들과 연구기관들이 다문화적 소수집단에 대한 수용성, 다문화사회로의 변화에 대한 태도, 외국인 및 다문화사회에서의 갈등에 대한 의식조사를 여러 차례 실시했다. 대표적으로 성균관대 서베이리서치센터의 2003년과 2010년 한국종합사회조사(KGSS), 고려대 동아시아연구원의 2005년과 2010년 한국인의 정체성 조사, 고려대 한국사회연구소·BK21갈등사회인재양성교육연구단의 2007년과 2010년 한국인의 갈등의식조사, 한국여성정책연구원의 2007년 한국인의 다민족·다문화 지향성 조사, 2008년 아시아인권센터의 외국인 이주노동자와 다문화사회에 대한 한국인 의식조사를 꼽을 수 있다.[5] 각각의 조사는 표본, 표집방법, 설문 문항, 응답 범주 등에 있어 차이가 있기 때문에 하나의 조사결과에 의존하기보다는 여러 조사결과들을 비교적인 관점에서 고찰하는 것이 일관된 경향성을 찾는 데 도움이 될 것이다. 특히 2010년 한국인의 갈등의식조사를 사용해서 외국인 이주노동자, 국제결혼 이주여성, 북한이탈주민에 대한 인지된 위협과 갈등의식 수준이 사회인구학적인 특성에 따라 각각 어떤 차이를 보이는지 분석하고자 한다.

3. 분석결과

분석은 다문화사회로의 변화에 대한 태도, 다문화적 소수자집단에 대한 수용성, 다문화적 소수자집단의 기여와 피해에 대한 의식의 순서로 진행하겠다.

---

5) 각 조사의 표집, 조사방법, 표본특성에 관해서는 정기선(2004), 황정미·김이선·이명진·최현·이동주(2007), 윤인진·송영호·김상돈·송주영(2010), 윤인진(2011), 윤인진·송영호(2011) 등을 참조하라.

1) 다문화사회로의 변화에 대한 태도

한국이 다문화사회로 변했을 때 예상되는 장점과 단점에 관한 문항들을 사용해서 다문화사회로의 변화에 대한 한국인의 태도를 조사했다. 동일한 문항들을 사용한 2007년 한국여성정책연구원 조사, 2008년 아시아인권센터 조사, 2010년 한국인의 갈등의식조사의 자료들을 비교분석했다(〈표 6-1〉 참조).

세 자료를 비교한 결과 2007년과 2010년 사이에 다문화사회로의 변화를 긍정적으로 기술하는 문항들에 동의하는 비율은 10~20%가량 감소한 반면 부정적으로 기술하는 문항들에 동의하는 비율은 문화가 풍부해진다는 문항을 제외하고 전체적으로 5% 내외 증가했다. 구체적으로 '어느 국가든 다양한 인종·종교·문화가 공존하는 것이 더 좋다'는 문항에 동의하는 비율은 2007년과 2010년 사이에 19.8% 포인트, '우리나라의 인종·종교·문화적 다양성이 확대되면 국가경쟁력에 도움이 된다'는 문항에 동의하는 비율은 15.9% 포인트, '외국인 이주자들이 늘어나면 우리나라 문화는 더욱 풍부해진다'는 문항에 대해 동의하는 비율은 12.1% 포인트 감소했다. 이런 변화는 외국인 이주자들의 존재가 가시화되고, 이들과의 접촉에 따른 사회문제와 갈등이 빈번해지면서 다문화사회로의 변화에 대해 경계심을 갖게 됐기 때문이라고 해석한다.

하지만 다문화사회에 대한 경계심이 동화주의를 강화하지는 않는 것으로 보인다. 동화를 지지하는 문항들에 대해서 동의하는 비율은 2007년과 2010년 사이에 5% 내외 감소한 반면 반대하는 비율은 큰 변화를 보이지 않았다. 구체적으로 '우리나라와 다른 인종·종교·문화를 가진 사람들을 받아들이는 데에는 한계가 있다'는 문항에 대해 동의하는 비율은 2008년에 비하여 2010년에 7.8% 포인트, '여러 민족을 국민으로 받아들이면 국가의 결속력을 해치게 될 것이다'라는 문항에 대해 동의하는 비율은 2008년에 비하여 2010년에 6.1% 포인트, '외국인 이주자들은 한국과 다른 자신들의 전통이나 생활습관을 버리고 한국의 사회문화에 동화하는 편이 좋다'는 문항에 동의하는 비율은 2008년에 비하여 2010년이 7.1% 포인트 감소했다.

표 6-1. 다문화사회로의 변화에 대한 태도(단위: %)

구분	긍정 응답			부정 응답		
	2007	2008	2010	2007	2008	2010
어느 국가든 다양한 인종 · 종교 · 문화가 공존하는 것이 더 좋다	61.3	55.4	41.5	10.7	12.2	14.1
우리나라의 인종 · 종교 · 문화적 다양성이 확대되면 국가경쟁력에 도움이 된다	55.3	50.3	39.4	11.7	12.3	14.2
외국인 이주자들이 늘어나면 우리나라 문화는 더욱 풍부해진다	40.1	29.5	28.0	23.7	24.9	22.0
우리나라와 다른 인종 · 종교 · 문화를 가진 사람들을 받아들이는 데에는 한계가 있다	48.4	51.3	43.5	12.6	10.4	11.3
여러 민족을 국민으로 받아들이면 국가의 결속력을 해치게 될 것이다	-	36.3	30.2	-	19.4	17.4
외국인 이주자들은 한국과 다른 자신들의 전통이나 생활습관을 버리고 한국의 사회문화에 동화하는 편이 좋다	-	35.8	28.1	-	16.3	16.5

* 주 1: 2007년 한국여성정책연구원 자료, 2008년 아시아인권센터 자료, 2010 한국인의 갈등의식 자료.
2: 긍정 응답은 각 항목에 대해 '매우 중요' 또는 '다소 중요'하다고 응답한 경우이고, 부정 응답은 '별로 중요하지 않음' 또는 '전혀 중요하지 않음'이라고 응답한 경우이다.

2) 다문화적 소수자집단에 대한 수용성

다문화적 소수자집단에 대한 수용성은 다문화적 소수자집단이 증가하는 것에 대한 태도, 다문화적 소수자집단에 대한 태도, 다문화적 소수자집단의 한국 국적 취득과 사회권 부여에 대한 태도를 중심으로 측정했다.

한국에서 다문화적 소수자집단이 증가하는 것에 대한 태도는 매우 반대(1점)에서 매우 찬성(5점)의 5점 척도로 측정했다. 동일한 문항들을 2007년 한국여성정책연구원 조사, 2008년 아시아인권센터 조사, 2010년 KGSS 조사에서 사용했기 때문에 세 조사자료를 비교분석했다

표 6-2. 다문화적 소수자집단의 증가에 대한 태도(단위: 5점 척도)

구분	증가에 대한 태도		
	2007	2008	2010
국제결혼 이주여성	3.21	3.01	2.85
생산기능직 이주노동자	3.33	3.17	2.91
전문기술직 이주노동자	3.49	3.24	3.28
선진국 출신 이주노동자	-	2.91	-
개발도상국 출신 이주노동자	-	2.75	-
북한이탈주민	3.22	2.84	2.97
조선족 동포	-	-	2.82
외국인 유학생	4.14	3.84	3.85
외국인 사업가, 투자자	4.14	4.17	4.06

* 주: 2007년 한국여성정책연구원 자료, 2008년 아시아인권센터 자료, 2010년 KGSS 자료.

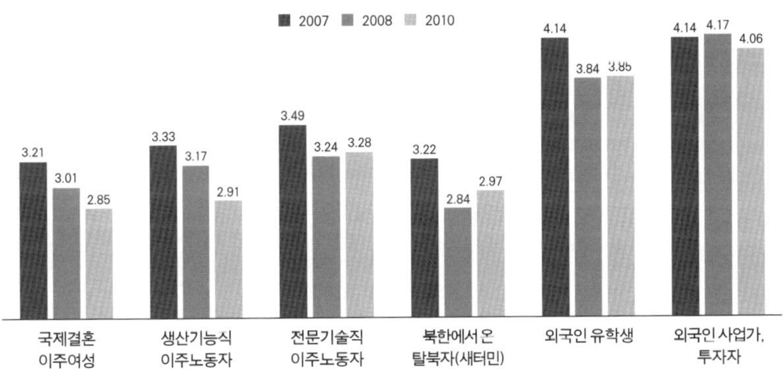

그림 6-1. 다문화적 소수자집단의 증가에 대한 태도

(〈표 6-2〉 참조). 분석결과, 이주자의 계층 특성에 따라 태도가 확연하게 달랐다. 전문기술직 이주노동자, 외국인 유학생, 외국인 사업가와 투자자가 증가하는 것에 대해서 찬성하는 비율이 국제결혼 이주여성, 생산기능직 이주노동자, 북한이탈주민이 증가하는 것에 비교해서 훨씬 높

았다. 그리고 2007년과 2010년 사이에 국제결혼 이주여성과 생산기능직 이주노동자가 증가하는 것에 찬성하는 비율이 다른 집단의 증가에 대해서보다 크게 감소했다(〈그림 6-1〉 참조). 이는 이 두 집단의 사회문제에 대해서 한국인들이 더욱 우려하기 때문인 것으로 해석된다. 결국 한국인들은 한국사회와 경제에 도움이 될 수 있는 이주자들은 환영하지만 부담이 되는 이주자들은 기피하는 것으로 볼 수 있다.

한국인의 다문화적 소수자집단에 대한 태도는 다문화주의와 동화주의의 내용을 담은 문항들을 사용해서 측정했다. 이를 위해 동일한 문항들을 사용한 2003년 KGSS 자료, 2007년 한국인의 갈등의식 조사자료, 2008년 아시아인권센터 자료를 분석했다(〈표 6-3〉 참조). 분석결과, 한국인들은 다문화적 소수자집단들을 굳이 한국의 사회문화로 동화해야 한다는 생각을 강화하지는 않았다. 구체적으로 '한국의 전통과 풍습을 같이하지 않는 사람들이 완전하게 한국인이 되는 것은 불가능하다'는 문항에 동의한 비율은 2003년의 55%에서 2008년에 45.8%로 9.2% 포

표 6-3. 다문화적 소수자집단에 대한 태도(단위: %)

구분	긍정 응답			부정 응답		
	2003	2007	2008	2003	2007	2008
한국의 전통과 풍습을 같이하지 않는 사람들이 완전하게 한국인이 되는 것은 불가능하다	55.0	30.8	45.8	23.0	32.9	19.0
소수인종집단의 전통과 풍습을 보존해 주기 위해 정부가 이들을 지원해 주어야 한다	61.6	51.6	33.1	12.5	10.7	22.8
국가를 위해 인종이나 민족집단이 그들 고유의 전통과 풍습을 유지하는 것이 좋다	43.1	46.9	31.5	47.6	9.3	19.2
소수인종집단이 한국사회문화에 동화하여 한국인과 같아지는 것이 한국사회에 더 좋다	-	39.3	35.8	-	11.7	16.3

* 주 1: 2003년 KGSS 자료, 2007년 한국인의 갈등의식조사자료, 2008년 아시아인권센터 자료.
2: 긍정 응답은 각 항목에 대해 '매우 중요' 또는 '다소 중요'하다고 응답한 경우이고, 부정 응답은 '별로 중요하지 않음' 또는 '전혀 중요하지 않음'이라고 응답한 경우이다.

인트 감소한 반면 반대한 비율은 같은 기간에 23%에서 19%로 4% 포인트 감소했다. 그리고 '국가를 위해 인종이나 민족집단이 그들 고유의 전통과 풍습을 유지하는 것이 좋다'는 문항에 동의한 비율은 2003년의 43.1%에서 2008년의 31.5%로 11.6% 포인트 감소한 반면 반대한 비율은 같은 기간에 47.6%에서 19.2%로 28.4% 포인트 감소했다. 하지만 이보다 두드러진 변화는 소수인종집단의 전통과 풍습을 보존하기 위해 정부가 지원하는 것에 대해서 찬성하는 사람들의 비율은 큰 폭으로 감소한 반면 반대한 사람들의 비율은 큰 폭으로 증가했다. 즉 한국인들은 다문화적 소수자집단들의 고유한 문화와 정체성을 굳이 한국식으로 동화할 생각은 강하지 않지만 이들의 문화권을 보존하기 위한 정부지원에 대해서는 반대하는 것이다.

다문화적 소수자집단의 권리에 관한 태도는 국적 취득의 조건, 합법 이주자의 권리, 불법 이주자에 대한 제한과 같은 문항들을 사용해서 측정했다. 이를 위해 동일한 문항들을 사용한 2003년 KGSS 조사자료와 2008년 아시아인권센터 조사자료를 분석했다. 분석결과, 두 시점에서 모두 외국인 자녀가 한국 국적을 취득하는 것에 대해서 관용적인 태도를 보였다. 그리고 한국인이 아니더라도 합법 이주자는 한국인과 동등한 권리를 갖는 것을 지지했다. 반면 불법 이주자에 대해서는 반대하는 의견이 강했다. 한편 두 시점 사이의 변화는 외국인 자녀가 한국 국적을 취득하는 것에 대해서 보다 부정적인 방향으로 태도변화가 일어났다. 예를 들어, 한국에서 태어난 외국인 아이가 한국 국적을 갖는 것을 찬성한 비율은 2003년의 70.3%에서 2008년의 60.8%로 9.5% 포인트 감소했고, 부모 중 한 사람이 한국인을 경우 자녀에게 한국 국적을 부여하는 것을 찬성한 비율은 2003년의 80.5%에서 2008년의 67.3%로 13.2% 포인트 감소했다. 또한 합법 이주자에게 한국인과 동등한 권리를 부여해야 한다고 생각하는 사람들의 비율은 2003년의 68.8%에서 2008년의 52.2%로 16.6% 포인트 감소했다. 결국 외국인들에게 한국 국적을 부여하거나 한국인과 동등한 권리를 부여하는 것에 대해서 덜 관용적인 방향으로 태도변화가 일어난 것으로 보인다.

표 6-4. 다문화적 소수자집단에 대한 권리 부여에 대한 태도(단위: %)

구분	긍정 응답		부정 응답	
	2003	2008	2003	2008
부모가 한국 국적이 아니더라도 한국에서 태어난 아이는 한국 국적을 가질 권리가 있다	70.3	60.8	15.9	13.0
다른 나라에서 태어난 아이라도 부모 중 한 사람이 한국 국적을 가졌다면 한국 국적을 가질 권리가 있다	80.5	67.3	7.5	6.8
한국 국적이 없어도 합법적으로 한국에 이주한 사람은 한국사람과 동등한 권리를 가져야 한다	68.8	52.5	14.1	11.4
한국 정부는 불법이민자가 들어오지 못하도록 좀 더 강력한 조치를 취해야 한다	62.1	54.8	15.8	11.1

* 주 1: 2003년 KGSS자료, 2008년 아시아인권센터 자료.
2: 긍정 응답은 각 항목에 대해 '매우 중요' 또는 '다소 중요'하다고 응답한 경우이고, 부정 응답은 '별로 중요하지 않음' 또는 '전혀 중요하지 않음'이라고 응답한 경우이다.

3) 다문화적 소수자집단의 기여와 피해에 대한 의식

다문화적 소수자집단은 한국사회에 기여하기도 하지만 피해를 주는 양면성을 갖고 있다. 한국인들은 이들 집단의 기여와 피해에 대해 어떻게 평가하는지를 조사하기 위해 외국인 이주노동자, 국제결혼 이주여성, 북한이탈주민의 기여와 피해에 관한 문항들을 사용해서 측정했다. 이를 위해 2003년 KGSS 조사, 2008년 아시아인권센터 조사, 2010년 한국인의 갈등의식 조사자료를 분석했다. 아쉽게도 세 조사자료들이 동일한 문항들을 사용하지 않아서 일관된 비교를 하지 못하는 점이 분석의 한계이다. 이런 제약에도 불구하고 세 시점의 조사에서 일관되게 나타나는 경향은 외국인 이주자가 경제적으로 기여하는 바가 피해를 주는 것

표 6-5. 외국인 이주노동자의 기여와 피해에 대한 의식(단위: 5점 척도)

구분	응답점수		
	2003	2008	2010
외국인 이주노동자의 취업은 노동시장의 인력난 해소에 도움이 된다	-	-	3.57
이주노동자들은 우리나라 경제에 기여하는 것보다 가져가는 것이 더 많다	2.57	2.98	-
이주노동자 때문에 우리나라 임금이 낮은 수준에 머물러 있다	-	2.81	2.99
이주노동자들은 한국인의 일자리를 빼앗아 간다	2.72	2.86	3.12
이주노동자들이 많이 사는 지역은 지저분하다	-	3.18	3.11
이주노동자들이 늘어나면 범죄율이 올라간다	2.95	3.21	3.15

* 주 1: 2003년 KGSS 자료, 2008년 아시아인권센터 자료, 2010년 한국인의 갈등의식조사자료.
2: 2003년 KGSS 자료는 이주자에 대한 질문이고, 2008년과 2010년은 이주노동자에 대한 질문이다.
3: 2008년 자료는 합법이주노동자와 불법이주노동자에 대하여 동일한 질문을 각각 물어보았다. 2008년 수치는 합법과 불법이주노동자에 대한 평균값을 사용했다.

보다 크다고 인식하고 있다. 구체적으로 2010년 조사에 따르면 외국인 이주노동자의 취업이 노동시장의 인력난 해소에 도움이 된다고 생각하는 정도는 5점 척도의 보통보다 높은 3.57점인 데 반해 이주노동자 때문에 임금이 낮은 수준에 머문다고 생각하는 정도는 2.99점에 불과했고, 이주노동자들이 한국인의 일자리를 뺏는다고 생각하는 정도는 3.12점이었다. 한편 이주노동자의 사회적 영향이라고 볼 수 있는 측면들, 예를 들어 주거지역의 청결성과 범죄율에 대해서는 보통보다 다소 부정적인 인식을 갖고 있다. 세 시점에서 공통적으로 사용한 문항들인 일자리 경쟁과 범죄율에 관해서는 더욱 부정적인 방향으로 한국인들의 인식이 바뀌는 것을 확인할 수 있다. 예를 들어, 이주노동자들이 한국인의 일자리를 뺏는다는 진술에 대해 찬성하는 정도가 2003년의 2.72점, 2008년의 2.86점, 2010년의 3.12점으로 연속적으로 증가했다(〈표 6-5〉 참조).

국제결혼 이주여성의 기여와 피해에 대한 의식은 2010년 한국인의

표 6-6. 국제결혼 이주여성의 기여와 피해에 대한 의식(단위: 5점 척도)

구분	응답점수	
	평균	표준편차
국제결혼 이주여성은 결혼하지 못하는 한국남성들에게 고마운 존재이다	3.38	.877
국제결혼 이주여성은 한국의 저출산 문제를 해결하는 데 기여한다	3.29	.817
국제결혼 이주여성은 노동력을 제공하여 경제발전에 기여한다	3.20	.781
국제결혼 이주여성은 학력과 계층이 낮아서 인구의 질을 떨어뜨린다	2.85	.795
국제결혼 이주여성 중에는 한국에 오기 위해 위장결혼을 하는 사람들이 많다	3.43	.792
국제결혼 이주여성에 대한 정부의 재정지원으로 내국인 여성에게 돌아갈 혜택이 줄어든다	2.91	.760

* 주: 2010년 한국인의 갈등의식조사자료.

갈등의식조사에서 이들의 배우자, 산모, 노동자로서의 역할, 계층배경과 위장결혼, 정부의 재정지원으로 인한 내국인 여성의 피해에 관한 문항들을 사용해서 측정했다(〈표 6-6〉 참조). 분석결과, 한국인들은 국제결혼 이주여성들이 한국남성들에게 결혼할 수 있는 기회를 제공하고, 저출산 문제를 해결하고, 경제발전에 기여한다고 생각하는 정도가 5점 척도에서 보통 이상으로 높았다. 반면 이들의 낮은 계층배경으로 한국인구의 질을 떨어뜨린다든지, 정부의 재정지원으로 내국인 여성들에게 돌아갈 혜택이 줄어든다고 생각하는 정도는 보통 이하로 낮았다. 그럼에도 불구하고 한국에 오기 위해 위장결혼을 하는 사람들이 많다고 생각하는 정도는 보통 이상으로 높았다.

북한이탈주민의 기여와 피해에 대한 의식은 2010년 한국인의 갈등의식조사에서 통일과 경제발전에의 기여에 관한 긍정적인 문항들과 세금 부담, 사회문제, 범죄율과 같은 부정적인 문항들을 사용해서 측정했다. 분석결과, 북한이탈주민이 북한사회를 이해하게끔 해 주고 통일 이후 남북한 통합에 기여하거나 노동력을 제공해 경제발전에 기여한다고

표 6-7. 북한이탈주민의 기여와 피해에 대한 의식(단위: 5점 척도)

구분	응답점수	
	평균	표준편차
북한이탈주민은 남한주민이 북한사회를 이해하고 통일 이후에 남북한 통합을 촉진하는 데 기여한다	2.92	.870
북한이탈주민은 노동력을 제공하여 경제발전에 기여한다	2.90	.807
북한이탈주민의 지속적인 증가는 국민의 세금부담을 증가시킨다	3.32	.867
북한이탈주민의 지속적인 증가는 실업, 일탈 등의 사회문제를 증가시킨다	3.16	.822
북한이탈주민들이 많이 사는 지역은 지저분하다	2.86	.789
북한이탈주민들이 늘어나면 범죄율이 올라간다	2.78	.759

* 주: 2010년 한국인의 갈등의식조사자료.

생각하는 정도는 보통 이하로 낮았다. 반면 이들이 세금부담을 증가시키거나, 실업, 일탈 등의 사회문제를 증가시키거나, 거주지역의 청결도를 떨어뜨리거나, 범죄율을 높인다고 생각하는 피해의식이 보통 이상으로 높았다. 따라서 전체적으로 북한이탈주민에 대해서는 외국인 이주노동자와 국제이주 여성과 달리 긍정적인 측면보다 부정적인 측면이 두드러지게 부각되었다.(〈표 6-7〉 참조)

앞에서 개별적으로 분석했던 외국인 이주노동자, 국제결혼 이주여성, 북한이탈주민의 기여와 피해에 대한 의식을 비교하면 외국인 이주노동자의 기여도에 대한 평가가 3.57점으로 가장 높았고, 그 다음으로 국제결혼 이주여성(3.29점), 북한이탈주민(2.91점) 순이었다. 피해의식은 외국인 이주노동자에 대해서 가장 높았고(3.18점), 그 다음으로 국제결혼 이주여성(3.06점), 북한이탈주민(3.03점) 순이었다. 각 집단에 대한 기여의식과 피해의식의 차이를 비교하면 외국인 이주노동자와 국제결혼 이주여성에 대한 평가가 보다 긍정적이었고 북한이탈주민에 대해서는 부정적인 평가가 더욱 강했다.(〈표 6-8〉 〈그림 6-2〉 참조)

한국인의 외국인 이주자의 기여와 피해에 대한 평가는 최근에 실시

표 6-8. 다문화적 소수자집단에 대한 태도 비교(단위: 5점 척도)

구분	긍정적 태도(A)	부정적 태도(B)	A-B
외국인 이주노동자	3.57	3.18	.39
국제결혼 이주여성	3.29	3.06	.23
북한이탈주민	2.91	3.03	-.12

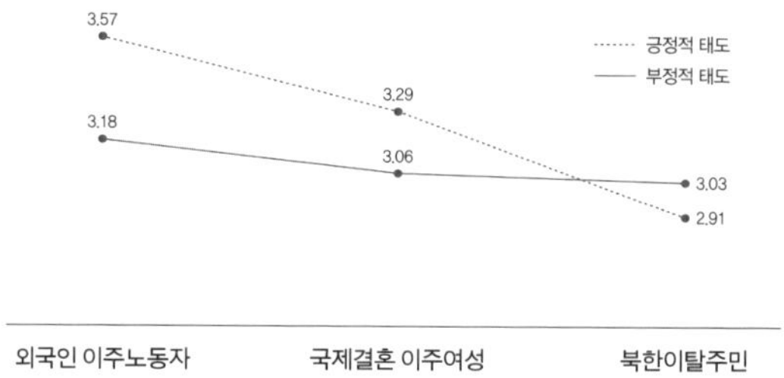

그림 6-2. 다문화적 소수자집단의 증가에 대한 태도

된 2010년 KGSS 조사에서도 재차 확인됐다(〈표 6-9〉 참조). 이 조사에서는 이주자 유입에 따른 긍·부정의 영향을 경제적, 인구학적, 사회적, 문화적 측면으로 구분하여 살펴보았다. 전체적으로 한국인의 이주자에 대한 태도는 긍정적인 측면이 부정적인 것보다 우세했다. 구체적으로 경제적 측면과 문화적 측면에서는 이주자들이 한국의 경제와 사회에 기여하는 바가 피해를 주는 것보다 크다고 생각했다. 또한 한국의 인구감소를 막기 위해서 이민자들을 받아들이는 것은 불가피하다고 생각했다. 그럼에도 불구하고 이민자들이 많아지면 사회갈등이 더욱 심해질 것이고, 이런 문제는 정부가 아무리 노력해도 불가피할 것이라고 생각했다. 이민자들의 증가는 국민의 세금부담을 증가시킬 것이라는 우려도 했다. 결국 한국인들은 한국이 다문화사회로 전환되는 것은 불가피한 현상이고, 외국인 이주자들의 증가는 사회에 기여하는 바와 피해를 주는 바가 동시에 있지만 전체적으로 긍정적인 영향을 미칠 것이라고 생각하고 있다. 또한 다문화 담론이 시작되었던 2000년대 초반에 비

표 6-9. 외국인 이민자에 대한 태도(단위: 5점 척도)

구분	평균	표준편차
이민자들은 일반적으로 한국경제에 도움을 준다	3.39	.898
이민자들은 한국인의 일자리를 빼앗아 간다	2.86	1.005
이민자들은 인력이 부족한 직종을 채워 준다	3.83	.804
일반적으로 이민자들은 부자보다는 가난한 사람에게 경제적으로 더 피해를 준다	3.11	.994
이민자들은 새로운 아이디어와 문화를 가져옴으로서 한국사회를 좋게 만든다	3.06	.895
이민자들이 늘어남에 따라 우리 고유문화와 전통에 대한 자긍심이 낮아질 것이다	2.75	1.033
이민자들이 많아지면서 사회갈등이 더욱 심해질 것이다	3.70	.871
아무리 정부가 노력한다고 해도 이민자들은 한국사회에 갈등을 증가시킬 것이다	3.42	.969
한국의 인구 감소를 막기 위해서 이민자들을 받아들이는 것은 어쩔 수 없는 선택이 될 것이다	3.10	.994
이민자들이 늘어남에 따라 그들의 복지를 위해 우리가 부담해야 할 세금이 늘어난다	3.06	1.066

* 주: 2010년 KGSS 조사 자료.

해 후반에는 다문화 현상으로 인한 사회문제와 사회갈등에 대한 우려와 경계심이 가시화되고 있다고 볼 수 있다.

4. 맺음말

이 글에서는 다문화사회로의 변화와 다문화적 소수자집단에 대해 한국인들이 갖는 인식과 태도를 여러 시점에 시행한 설문조사 자료들을 분석, 연구하였다. 전체적인 경향은 외국인 이주자들의 존재가 사회적으로 가시화되기 시작한 2000년대 초반에는 한국인들은 이들에 대해 온정적인 태도를 가졌으나 이들의 규모가 커지고 외국인 문제가 이슈화하기 시작한 2000년대 후반에는 부정적인 태도가 보다 증가하게 되었다. 이런 변화는 노동시장에서 내국인 노동자들과의 경쟁, 외국인 범죄에 대한 언론의 자극적 보도, 국제결혼 가족의 이혼, 다문화가족 자녀의 부적응 등이 부각되면서 외국인 이주자들을 사회경제적 부담과 위협으로 인식하는 경우가 늘어났기 때문인 것으로 해석된다. 이런 변화는 어찌 보면 한국사회가 다문화사회로 진입하면서 예기된 것이었다. 이에 대해 한건수(2011)는 한국인들이 다문화사회에 대한 정확한 이해 없이 다문화사회는 무조건 좋은 것이라는 오해가 막상 현실과 부닥치면서 깨지게 되었다고 설명한다. 지금까지 한국사회는 다문화사회의 운영과정에서 외국인 이주자들의 권리를 어디까지 보장해야 하는지, 그리고 새롭게 부과되는 사회적 비용은 누가 부담할 것인가에 대해 냉철하게 고민하지 않았다. 그러나 외국인 이주자들이 사회의 중요한 구성원들로 자리 잡아 가고 있고 그 과정에서 사회문제와 사회갈등의 가능성이 높아지는 상황에서 다문화주의와 다문화사회에 대한 보다 현실적이고 실천적인 해법을 찾는 것이 불가피해졌다.

한국을 포함해서 이미 다문화주의를 실천하는 서구 국가들이 현재 안고 있는 딜레마는 다문화적 소수자집단의 사회권과 문화권을 보장하면서 사회통합을 이루는 것이다. 많은 국가들이 이런 딜레마를 해결하지 못하는 근본 원인은 정부의 다문화정책이 문화 다양성을 인정하는 차원에 머물고 소수자집단에게 다수자집단과 동등한 권리와 기회를 부여하지 않기 때문이다. 따라서 소수자집단에게 행해지는 사회적 차별과 배제의 고리를 끊고 모든 개인이 출신배경과 집단소속과 상관없이 사회의 생산적이고 능동적인 구성원으로 참여할 수 있는 환경을 만드는 것이 중요하다. 그리고 각 개인이 다양한 민족, 문화집단의 구성원으로 인식하고 행동하면서도 개별 집단들을 포괄하는 사회와 국가의 구성원으로 심리적 일체감과 충성심을 가질 수 있도록 의식교육이 뒷받침되어야 한다.

이를 위해 다음과 같은 구체적인 노력들이 수반되어야 한다.

첫째, 법과 제도를 개선해서 다문화적 소수자집단들에 대한 차별과 배제를 철폐하고 모든 사람들에게 자기개발의 동등한 기회를 보장하는 것이 필요하다. 그런데 한국은 아직 보편적 차별금지법을 제정하지 못하고 있다. 많은 다문화국가들에서 성별, 인종, 국적, 문화 등의 차이로 개인을 부당하게 차별하는 것을 금지하는 것은 다문화주의를 실천하기 위한 가장 기본적인 장치이다. 따라서 정부는 가능한 빨리 차별금지기본법을 제정해서 사회적 약자와 소수자의 인권보호를 위한 제도를 마련해야 한다.

둘째, 단순히 차별을 금지하는 소극적 인권보호에서 한발 더 나아가 소수자집단의 문화권과 사회권을 보장하는 적극적 인권보호로 진전해야 한다. 다문화가족과 북한이탈주민과 같은 소수자집단들이 언어 및 문화장벽, 인적자본 및 사회문화자본의 부족, 사회적 차별 등으로 교육과 취업기회에서 낙오되는 것을 막기 위해 이들에게 대안학교와 사회적 기업을 통해 초기기회를 제공해서 정규 학교와 노동시장으로 진입할 수 있는 디딤돌을 놓는 것이 필요하다.

셋째, 다문화교육을 외국인 이주자뿐만 아니라 내국인들에게도 확장해서 다문화적 가치관과 생활양식을 일상생활에서 실천할 수 있도록 하는 것이 필요하다. 그리고 다문화교육의 목표는 단지 다문화적 지식과 가치관을 습득하는 것에 그치는 것이 아니라 인권, 민주주의, 사회정의, 평등, 환경 등과 같은 보편적 가치관을 형성하고 실천하도록 하는 것이 되어야 한다. 이를 통해 한국사회가 성숙한 민주사회가 되고 한국인이 민주시민과 세계시민으로 발전하는 계기로 삼아야 한다.

참고문헌

경향신문. 2011. 〈한국사회 정의, OECD 중 25위〉. 11월 3일.

공감코리아. 2011. 〈국가별 부패인식지수 순위 하락 원인과 대책〉. 12월 1일.

국가인권위원회. 2010. 《2010 국가인권위원회 연간보고서》.

국가인권위원회. 2011. 〈다문화 환경에서의 사회통합 위해 인터넷상 인종차별적 표현 개선 방안 필요〉. 보도자료. 2011년 5월 11일.

김석호 · 신인철. 2011. 〈한국인의 외국인에 대한 사회적 거리감〉. 《동아시아 다문화 사회의 쟁점과 미래》. 고려대학교 아세아문제연구소 · IOM 이민정책연구원 공동학술회의 자료집.

김현숙 · 최송식 · 김희재. 2011. 〈국민정체성과 다문화태도의 관계—한, 중, 일 대학생을 중심으로〉. 《국제지역연구》 15(2): 141-168.

노컷뉴스. 2011. 〈北, 올해도 민주주의 지수 '세계 최하위'〉. 12월 15일.

양계민. 2009. 〈국내 소수집단에 대한 청소년들의 태도에 영향을 미치는 요인〉. 《한국심리학회지 사회 및 성격》 23(2): 59-79.

양계민. 2010. 〈현실갈등인식과 지각된 경제수준이 이주노동자에 대한 태도에 미치는 영향: 주관적안녕감의 상호작용효과를 중심으로〉. 《한국심리학회지 사회 및 성격》 24(1): 111-128.

윤인진. 2011. 〈민족에서 국민으로—재외동포, 북한이탈주민, 외국인 이주민에 대한 인식변화〉. 《한국인, 우리는 누구인가? 여론조사를 통해 본 한국인의 정체성》(강원택 · 이내영 편). 제7장. 동아시아연구원.

윤인진 · 송영호. 2007. 〈한국인의 소수자 및 다문화 관련 태도의 비교분석〉. 2007 한국사회학회 후기사회학대회 국제이주/소수자 분과 발표논문.

윤인진 · 송영호. 2011. 〈한국인의 국민정체성에 대한 인식과 다문화 수용성〉. 《통일문제연구》 23(1): 143-152.

윤인진 · 송영호 · 김상돈 · 송주영. 2010. 《한국인의 이주노동자와 다문화사회에 대한 인식》. 2010. 한국학술정보.

장진숙. 2010. 〈다문화주의와 국민국가 통합정책 비교고찰〉. 《공법학연구》 11(3): 97-128.

정기선. 2004. 〈한국인의 국가정체성 국제비교연구—자격요건 평가를 중심으로〉. 제1차 한국종합사회조사(KGSS) 심포지움.

정기선. 2011. 〈한국인의 국민정체성 인식〉. 《동아시아 다문화 사회의 쟁점과 미래》. 고려대학교 아세아문제연구소·IOM 이민정책연구원 공동학술회의 자료집.

조동기. 2010. 〈이주자에 대한 사회적 거리와 시민권에 대한 태도〉. 《한국인구학》 33(3): 53-73.

출입국 외국인정책본부. 2012. 《2011년 4분기 국적별 체류 외국인 현황》.

황정미. 2010. 〈한국인의 다문화 수용성 분석〉. 《아세아문제연구》 142: 152-184.

황정미 · 김이선 · 이명진 · 최현 · 이동주. 2007. 《한국사회의 다민족·다문화 지향성에 대한 조사연구》. 한국여성정책연구원.

Banks, J. A. 2008. "Diversity, Group Identity, and Citizenship Education in a Global Age." *Educational Researcher* 37(3): 129-139.

Benhabib, Seyla. 2004. *The Rights of Others.* Cambridge: Cambridge Univ. Press.

Coenders, M., Lubbers, M., and Scheepers, P. 2003. "Majority Populations' Attitudes towards Migrants and Minorities-Report for the European Monitoring Centre on Racism and Xenophobia(Ref. No. 2003/04/01, Report 1~Report 4)." http://eumc.eu.int.

제7장

결론 및 정책 제언

윤인진

1. 요약

한국사회에서는 1980년대 후반 이후 민주화를 거치면서 공공영역과 시민사회영역에서 다양한 형태의 사회갈등이 분출되었고, 그 후 20년이 넘는 기간 동안 갈등당사자들은 시행착오를 줄이고 합리적인 갈등 예방과 해결능력을 길러 왔다. 실제로 여러 통계자료를 사용해서 사회갈등의 경향을 살펴보면 한국사회에서 갈등이 확산기를 지나 점감기에 접어드는 징후들이 나타난다. 공공분쟁의 건수는 1998년 이후부터 증가하기 시작해서 2004년에 정점에 도달한 후 지속적으로 감소하는 추세이다. 집회 및 시위의 경우에는 2000년부터 2007년까지 대체로 동일한 수의 인원이 참가했다가 2009년에 소폭 증가했고, 2010년에는 큰 폭으로 감소했다. 불법폭력 집회 및 시위는 2001년에 가장 많았다가 지속적으로 감소하는 추세이다. 따라서 이런 자료에 기초하여 한국사회에서의 갈등은 참여정부 초기의 확산기에서 벗어나 점감기로 접어드는 것은 아닌가 하는 조심스런 진단을 내려 본다.

2007년과 2010년의 갈등의식 조사결과를 비교하면 한국인은 전체적으로 사회갈등이 과거에 비교해 덜 심각해진 것으로 인식하고 있다. 특히 가난한 사람과 부유한 사람 간의 갈등이 더욱 심각해졌다는 응답 비율은 큰 폭으로 감소했다. 반면 여당과 야당, 진보주의자와 보수주의자, 친북세력과 반북세력, 젊은 사람과 나이 든 사람 간의 갈등은 과거와 비교해 더욱 심각해졌다고 응답하는 사람들이 늘었다. 이런 결과를 통해 한국인은 경제와 지역에 기반을 둔 이해갈등과 비교해 세대, 미국, 북한, 환경, 교육을 둘러싼 가치갈등이 최근 들어 더욱 심화된 것으로 인식하고 있다고 추론할 수 있다.

한국사회의 갈등에는 정치가 핵심요인으로 자리 잡고 있다. 한국인은 사회갈등의 주된 책임이 중앙정부와 지방정부, 여당과 야당, 대통령 등 행정부와 정치권에 있다고 생각하고 있다. 2007년과 비교해 2010년에는 사회갈등에 대해 행정부와 정치권의 책임이 더욱 큰 것으로 인식하고 있다고 조사되었다. 그리고 이들 행정부와 정치권은 갈등을 일으켜 놓고는 정작 갈등해결을 위해서 책임 있는 노력을 하지 않는 것으로 여기고 있다.

여러 종류의 사회갈등 중 경제갈등은 여전히 한국사회에서 가장 빈번하고 심각한 갈등으로 남아 있다. 단국대 분쟁해결연구센터의 공공갈등 데이터 분석에 따르면 노사갈등이 가장 빈번하고 계층갈등이 이념갈등에 이어 세 번째로 빈번한 것으로 밝혀졌다. 2010년 한국인의 갈등의식조사결과에 따르더라도 계층갈등이 가장 심각하고 그 다음으로 노사갈등이 심각한 것으로 인식되고 있다. 최근 들어서는 노사갈등과 계층갈등 외에 정규직-비정규직 갈등이 심각하게 대두되고 있다. 비정규직문제가 일시적이지 않고 고착화되고 고용상의 지위 여부에 따라 임금과 대우에서 큰 차이가 발생하면서 새로운 경제갈등의 중심축으로 부상하게 된 것이다.

한국에서 경제갈등이 심화되고 해결되지 못하는 주요한 원인은 한국의 경제성장과정이 산업, 계급 및 계층, 지역별로 발전의 기회와 혜택이 차등적으로 주어진 불균등 발전의 과정이었기 때문이다. 국가가 빠른 경제성장을 위해 특정 산업, 기업부문, 지역을 편파적으로 지원하면서 산업, 계급·계층, 지역별로 격차가 벌어졌고 이런 축을 중심으로 경제갈등이 구조화된 것이다. 이 과정에서 공정경쟁과 부의 축적에 대한 사회적 신뢰가 약해졌고, 재벌과 부유층에 대한 반감과 비판이 커진 것이다. 국가 주도의 성장우선주의에 밀려 분배와 복지를 소홀히 하고, 경제적 이익을 배분하고 이익갈등을 조정·중재할 수 있는 제도를 정착시키지 못한 것이 현 시점에서 경제갈등을 해결하기 어렵게 만든 것이다. 따라서 경제갈등의 해결책은 부의 집중과 경제적 격차가 더 이상 심화되지 않도록 하고, 경제적 약자들이 적정한 수준의 안전을 보장받을 수 있는 제도적 장치를 마련하는 것이다. 그리고 경제갈등의 주체들이 민주적이고 합리적인 의사소통의 장에서 경제적 이익의 권한과 책임을 공유할 수 있도록 해야 한다.

환경갈등은 환경피해가 광범위하고 지속적이어서 매우 다양한 피해자들이 갈등에 참여하는 특성을 가진다. 또한 개발과 보전이라는 상반된 가치가 충돌하는 가치갈등의 양상을 띠기도 한다.

한국에서 환경갈등이 계속해서 발생하는 데는 정부가 지역주민과 환경단체들의 의사를 반영하지 않고 일방적으로 국책사업을 추진하는 것에서 주된 원인을 찾을 수 있다. 과거 1960~1980년대의 권위주의 정부와 비교해 1990년대 이후의 민주적 정부에서는 대규모 국책사업을 시행하기 전에 환경영향평가와 지역주민들을 대상으로 사회조사를 실시하고, 정보를 공개하고, 갈등 주체들을 의사결정 과정에 참여할 수 있는 폭을 넓혀 왔다. 하지만 현 정부에서는 4대강사업, 제주 해군기지 건설 등과 같은 대규모 토목사업들을 상당수 국민들의 반대에도 불구하고 강력하게 추진하면서 심각한 환경갈등이 재현되었다. 이런 사태를 반영하듯 2007년과 2010년의 한국인의 갈등의식조사에서는 한국인이 환경갈등이 심각한 수준에 이른 것으로 인식하는 것으로 밝혀졌다. 특히 환경피해의 위험이 큰 국책사업이 시행된 지역의 주민들이 환경갈등을 더욱 심각하게 인식했다. 2010년에 4대강사업에 대한 국민인식을 조사한 결과 반대 40%, 찬성 20%로 부정적 의견이 많은 것으로 밝혀졌다. 하지만 한국인은 4대강사업이 녹색성장사업의 일환으로 제시되면 경제성장에 도움이 될 것이라고 인식하는 경우가 많아서 환경과 개발 간에 모순된 가치 정향을 갖는 것으로 밝혀졌다.

경제갈등과 환경갈등과 달리 가족, 직장, 이웃 등 일상생활에서의 갈등은 일차성이 강한 대면적 관계에서 유래하며, 친밀도와 접촉빈도가 높기 때문에 갈등이 발생할 가능성이 높다. 실제로 한국인은 일상생활의 영역에서 빈번한 갈등을 경험하는 것으로 나타났다. 2010년 한국인의 갈등의식조사에 따르면 지난 1년 동안 가족과 갈등을 경험한 응답자의 비율은 54%, 직장에서 갈등을 경험한 비율은 47%, 이웃과 갈등을 경험한 비율은 20%에 달하는 것으로 밝혀졌다. 이런 결과를 2007년 한국인의 갈등의식조사결과와 비교하면 3년 사이에 일상생활에서의 갈등을 경험하는 비율이 다소 감소한 것으로 나타났다. 2007년에서는 지난 1년간 갈등경험률이 가족관계에서 73%, 직장관계에서 64%, 이웃관계에서 42%였다.

일상생활영역에서의 갈등은 발생빈도뿐만 아니라 표출되는 방식에서도 차이가 나타났다. 가족갈등에서는 언어적 누적 표출형, 직장갈등에서는 겉으로 표출되지 않고 속으로 쌓아 두는 잠재형, 이웃갈등에서는 물리적 표출형과 돌발 표출형이 두드러졌다.

일상생활 갈등은 성별, 연령별로도 차이가 나타났는데, 가족갈등은 여성이, 직장갈등은 남성이 더 많이 경험하는 것으로 밝혀졌다. 남성은 40대에서 가족갈등을 가장 많이 경험하지만 그 이후에는 감소하는 경향을 보이지만 여성은 나이가 들어도 감소하지 않는 차이점을 보였다. 또한 남성은 30대에 직장갈등을 가장 많이 경험하지만 그 이후에는 감소하고, 여성은 20대에 직장갈등이 가장 심한 것으로 나타났다. 이렇게 여성과 남성이 가정갈등과 직장갈등에서 차이를 보이는 이유는 '남성=직장, 여성=가정'이라는 사회규범이 외부환경의 변화에도 불구하고 유지되기 때문인 것으로 해석된다.

남성의 '노동'과 여성의 '돌봄' 책임의 이분법적 구도는 여성의 경제활동의 증가와 같은 객관적인 조건의 변화에도 불구하고 쉽게 깨지지 않는 것으로 나타났다. 과거와 비교해 남성의 가사노동과 자녀양육을 분담하는 정도가 높아졌으나 그 증가폭은 미미한 수준이고 여전히 여성이 가사와 자녀양육을 대부분 책임지고 있다. 여성의 높아지는 기대수준과 여전히 답보상태인 가족규범 간의 괴리가 여성들로 하여금 좌절감을 갖게 하고 배우자와 그 부모·형제자매와 잦은 갈등을 경험하게 하는 것으로 보인다.

이런 맥락에서 아버지의 자녀양육을 돕기 위해 최근에 활발하게 진행되고 있는 교육활동(예: 아버지학교)들과 새롭게 출판된 양육서들은 기존의 남성성을 재현하는 데 그치고 있을 뿐 새로운 양성평등적 젠더질서를 만들어 내지는 못한 것으로 평가된다. 가족구성원들 간의 관계를 둘러싼 객관적인 환경은 급변하고 있는데 전통적인 '헤게모니적 남성성'을 내세워 배우자 간, 부모-자녀 간의 긴장과 갈등을 해결하려는 노력은 단지 헛수고일 뿐만 아니라 더 큰 폐해를 가져올 수 있다. 따라서 개인의 인권과 자율성을 존중하고 민주적인 의사소통과 합의에 기초한 가족관계를 만들어 가는 노력이 필요하다.

세계화로 인한 국제이주가 증가하면서 한국사회가 경험한 또 하나의 중요한 변화는 다인종·다민족·다문화화라고 할 수 있다. 이제 한국사회에서 외국인 이주노동자, 국제결혼 이주여성과 그 자녀, 북한이탈주민 등은 사회의 실제적인 구성원으로 자리잡아 가고 있다. 하지만 한국사회의 급격한 인구학적 변화를 한국인들이 의식적으로 문화적으로 좇아가지 못하면서 문화지체 현상이 나타나고 있다. 과거 한국사회의 통합과 연대를 가능케 했던 민족주의는 인종·민족·문화적으로 다양해진 현대 사회에서는 원주민과 이주민 간의 공존과 통합을 어렵게 만드는 장애물이 되었다.

한국인들이 다문화사회로의 변화와 다문화적 소수자집단에 대한 인식과 태도를 조사한 결과 2000년대 초반에 보였던 온정주의가 후반에 들어와서는 냉담주의로 변한 측면들이 많이 발견됐다. 그럼에도 여전히 한국인들은 외국인 이주노동자들과 국제결혼 이주여성들이 한국사회에 기여하는 바가 피해를 주는 것보다 많다고 생각하고 있다. 그런가 하면 외국인과 내국인이 일자리를 놓고 경쟁하는 경우가 증가하고 국제결혼 가족의 이혼과 외국인 범죄가 증가하면서 다문화사회에서 발생할 수 있는 현실적인 문제들에 대해 경계심을 갖게 되었다. 앞으로 외국인 정주자들과 그 후손들이 한국사회에서 내국인과 동등한 권리를 요구하게 되면 인종·민족·문화는 사회갈등의 또 다른 중요한 축으로 부상할 것이다.

2. 선진적 갈등예방과 해결방안

앞에서의 논의에 기초해서 향후 선진적인 갈등예방과 해결을 위한 방안으로 다음과 같은 정책 제언을 하고자 한다. 정책 제언은 단기적이고 구체적이고 비교적 실현 가능한 방안으로부터 시작해서 장기적이고 근본적이어서 실현하기 어렵지만 그래도 부단히 노력해야 할 과제를 제시하는 순으로 하겠다.

첫째, 선진화된 갈등예방과 해결의 제도를 정착하는 것이 시급하다. 앞서 성공적인 갈등해결의 조건들로 제시되었던 절차적 합리성, 참여적 거버넌스, 공정한 수익과 비용의 배분의 원리들을 명문화하여 구속력을 가진 법률과 제도를 정비하는 것이 중요하다. 이런 차원에서 제1장에서 제안했듯이 공공갈등의 예방과 해결에 관한 법률을 제정하는 것이 우선시 되어야 한다. 또한 현재의 사회통합위원회를 확대·발전시켜 국가인권위원회와 비슷한 위상을 가진 가칭 '국가갈등관리위원회'를 설립하는 것도 고려할 만하다.

둘째, 선진화된 법과 제도가 소기 목적대로 운영되기 위해서는 그것을 운영하는 사람들의 의식과 행동 역시 선진화되어야 한다. 사회갈등, 특히 공공갈등의 해결에 있어서 필요한 전제조건은 집단이기주의를 넘어서 공공선을 인정하고 추구하려는 공익의식이다. 이런 의식에 기초하여 민주적인 의사소통과 협상을 통해 갈등을 해결하려는 행동이 생활화되어야 한다. 이를 위해서는 교육과 매스미디어의 홍보를 통해서 일반 국민의 갈등예방과 해결능력을 제고하는 것이 필요하다. 현재 정부는 한국행정연구원과 중앙공무원교육원 등을 통해서 공무원과 공공기관 임직원을 대상으로 갈등관리역량교육을 진행해 왔다. 공무원 대상 갈등교육은 더욱 많은 지역과 사업영역으로 확대되고 내실화되어야 한다. 아울러 가정, 학교, 기업 및 조직, 지역사회 등 민간영역에서의 갈등해결 교육과 훈련은 활성화되어야 한다. 특히 학교폭력이 심각한 현 시점에서 학교폭력을 예방하고 협력적 학습환경을 마련하기 위한 학교현장에서의 갈등해결과 평화교육은 매우 시의적절하다. 이런 학교 현장교육의 하나로서 실행되고 있는 '또래조정자 훈련(또래조정반)'은 학생이 또래 학생들 간의 갈등을 조정하는 것으로 프로그램의 성과를 떠나서 학생을 민주시민으로 성장시키는 교육적 효과가 크기 때문에 더욱 많은 학교에서 도입할 가치가 크다. 정부는 민간영역에서 민간단체들이 수행하는 갈등해결교육과 훈련 프로그램을 재정적으로 지원해서 건강한 가정, 학교, 기업, 지역사회가 될 수 있도록 노력해야 한다.

셋째, 사회갈등의 근원에는 사회경제적인 불평등, 차별, 소외, 배제가 자리 잡고 있다. 이런 거시적이고 구조적인 사회문제를 해결한다는 것은 갈등연구와 정부 정책상의 범위를 넘어서는 것이지만, 이런 문제를 도외시한 채 이루어지는 갈등해결 노력은 일시적이고 부분적일 수밖에 없다. 따라서, 비록 한계를 인정한다 하더라도 사회불평등과 사회정의의 문제에 대해 갈등 연구자들과 정책시행 관련자들은 끊임없이 문제를 제기하고 이를 개선하려는 노력을 멈추지 말아야 한다. 이런 노력의 일환으로 계층, 지역, 세대, 인종 및 민족 등 다양한 사회집단 간의 불평등과 배제의 실태를 객관적이고 체계적으로 진단하고 문제의 심각성을 완화하려는 적극적 조치들을 취하는 것이 필요하다. 예를 들어 경제갈등의 원인으로 인식되는 소득양극화와 비정규직의 양산 등의 문제를 해결하기 위해 서민층을 보호할 수 있는 특단의 조치들, 예를 들어 지역상권을 보호하기 위해 기업형 슈퍼마켓의 의무휴무제라든지 중소기업을 보호하기 위해 중소기업 적합 업종을 지정하는 등의 제도들이 한시적이라도 실행될 필요가 있다.

다음은 구체적인 갈등영역별로 정책 제언을 하고자 한다.

1) 정치갈등 해결방안

한국의 사회갈등, 특히 공공갈등의 기저에는 정치권과 정부기관의 비민주적 의사결정과 소통이 자리 잡고 있다. 정부기관의 세종시 이전, 영남권 신공항 건설, LH공사 본사 이전, 제주 해군기지 건설 등을 둘러싼 갈등은 통치권자의 정치적 결단과 번복, 공권력을 통한 강제적 해결이 주요 원인이다. 실제로 1990년부터 2008년까지 발생한 공공갈등은 노사갈등을 제외하고는 대부분 정부정책의 결정이나 결정과정에 주민들과 민간단체들이 반대하여 발생한 것이다. 그리고 어느 정권과 상관없이 여당은 다수결의 원리로 밀어붙이고 야당은 물리력과 장외투쟁으로 저항하는 것을 반복하면서 갈등을 조정하기는커녕 오히려 증폭시켜 왔다. 따라서 사회갈등의 해결을 위해서는 정치 민주화가 필수요건이다. 이를 위해 과도하게 대통령에게 집중된 권력을 분산하는 것이 필요하며, 대통령이 선거공약으로 일방적으로 추진하는 국책사업에 대해 의회, 감사원, 시민사회 등이 실질적으로 평가하고, 감시하고 견제할 수 있어야 한다.

현재 사회적으로 논란이 되고 있는 많은 공공갈등이 대통령과 선출직 공무원들이 선거에서 내세운 공약을 실천하려 하거나 또는 포기했을 때 발생하고 있는 점을 감안한다면 공약의 현실성을 평가하거나, 비현실적인 공약은 차후에라도 포기할 수 있는 출구를 제도화하는 방안을 마련할 필요가 있다. 이를 위해서는 학계와 시민단체들이 선거 매니페스토(elect manifesto)운동을 활성화해야 하고 정부와 정치권은 재정 및 행정지원을 확대해야 한다. '한국매니페스토실천본부'와 같은 민간단체들이 전문적이고 독립적으로 선거공약의 현실성과 타당성, 예산확보 방안, 유권자의 의사반영 여부 등을 점검하고 당선 이후의 공약실천 여부를 주기적으로 평가하고 그 결과를 유권자들에게 제공하는 역할을 강화하는 것이 바람직하다. 그리고 유권자들은 더 이상 연고와 맹목적인 이념이 아니라 후보자의 역량과 인격, 그리고 공약의 가치에 기초해서 투표하는 성숙한 민주시민의식을 갖는 것이 요구된다.

2) 경제갈등 해결방안

현 시기 한국의 경제갈등은 구조적, 제도적, 행위적 요인이 중첩된 결과로 나타난 것이다. 경제갈등의 구조적 원인은 1998년 IMF위기 이후 신자유주의적 구조조정이 가속화하면서 나타난 불평등과 양극화의 심화에 주로 기인하고, 제도적 요인은 개발연대(開發年代) 이후 국가주도적 산업화 모델의 성장우선주의와 적하효과(trickling-down effect)신화, 그리고 그에 따른 이익갈등의 조정·완화기제의 부재와 관련되어 있다. 행위적 요인은 경제행위자들의 낮은 사회적 신뢰와 상대적 박탈감, 그리고 양보와 타협에 의한 갈등해소 경험의 부재에서 연유한다고 판단된다.

경제갈등의 원인이 다차원적이고 중첩적인 만큼 그에 대한 해결책의 모색도 다차원적인 접근이 되어야 한다. 그럼에도 불구하고 한국의 사회갈등을 다룬 최근의 연구들은 대체로 참여적 의사결정, 민주적 거버넌스, 대안적 분쟁해결, 의사소통적 신뢰·제도 구축 등과 같이 갈등당사자들 간의 절차적·소통적 합리성만을 강조하는 것이 일반적이다. 물론 이러한 해법들이 경제갈등의 해소에 반드시 필요하기는 하나 민주적인 대화·협의 채널을 구축하는 것만으로 물질적인 이익의 분배 및 재분배와 관련된 경제갈등을 직접적으로 해결하기는 어렵다. 따라서 경제갈등의 제도적 대안에는 구조적 불평등과 상대적 박탈감을 억제·완화할 수 있는 공정하고 투명한 경제구조의 모색, 그리고 민주적인 이익배분을 가능하게 해 주는 제도 개선이 수반되어야 할 것이다. 그 구체적인 내용은 다음과 같다.

첫째, 경제적 양극화와 불평등과 같은 신자유주의 경제모델의 부정적 효과를 상쇄시킬 수 있는 제도개혁이 요구된다. 이를 위해서는, 한편으로는 자산불평등과 불로소득을 억제할 수 있는 공정과세를 지향하는 조세제도의 개혁이 필요하며, 다른 한편으로는 하층민의 빈곤 및 경제적 불안정성과 직간접적인 연관성이 있는 비정규직 문제의 해결이 긴요하다고 판단된다. 특히, 비정규직의 정규직 전환문제를 단순히 '기업의 비용' 문제로 협소하게 접근하기보다는 이로 인해 창출될 수 있는 '시장구매력 확대'와 '내수활성화'라는 대승적 차원으로 바라볼 필요가 있다고 본다.

둘째, 사회적 약자의 빈곤을 해소하고 기본적인 삶의 질을 보장할 수 있는 복지제도의 구축이 요구된다. 이 책의 갈등의식조사 결과에서도 나타나듯이, 국민들은 더 이상 경제성장만 되면 불평등과 빈곤문제가 자동적으로 해결된다고 인식하고 있지 않으며, 복지정책은 부정적 효과(세금 상승)보다는 긍정적 효과(사회적 약자 보호)가 더욱 크다고 인식하고 있다. 역사적으로 복지국가는 시장메커니즘이 해결할 수 없는 불평등과 빈곤의 해소, 기본적인 삶의 질을 보장하기 위해 등장한 국가형태이다. 따라서 복지제도에 대한 현재의 상황적 필요성과 사회적 인식을 감안할 때 복지국가의 구축은 사회갈등을 완화할 수 있는 기본적 안전망으로서 역할을 담당할 것으로 전망된다.

셋째, 노사갈등과 관련해서는 보다 제도화된 협의창구가 필요하다. 사실상 유명무실화된 노사정위원회보다는 전국적인 중앙 차원의 사용자-노동자 대표기구 간(예컨대 전경련·경총-한국노총·민주노총), 또는 산별 단위의 노사교섭창구를 제도화하고, 이러한 대화채널과 조합주의적 기구가 대표성과 권한 및 책임을 가지고 이익갈등의 조정과 협의를 할 수 있도록 유도해야 할 것이다. 우리는 1987년 이래 개별 사업장 단위의 노사교섭이 얼마나 많은 소모적 갈등과 경제적 비용을 유발해 왔는지를 이미 목격해 왔다. 이를 대표성을 갖춘 노사대표조직 간의 협상으로 전환한다면 대승적 차원에서의 노사 간 상생전략의 모색도 가능하리라 판단된다.

3) 환경갈등 해결방안

현재 세계 각국은 처한 상황에 따라 다양한 환경정책을 추진하여 생태적 근대화를 이룩하고 있다. 영국의 경우 신자유주의를 근간으로 하지만 부분적으로 생태적 근대화를 추진하고 있으며, 네덜란드와 독일 등은 사회적 협의의 정치문화를 기반으로 장기적인 환경계획을 확립하고 환경정책을 체계적으로 추진하여 강력한 생태적 근대화를 이룩한 복지국가로 발전하였으며, 일본의 경우 경제관료가 중심인 보수주의적 정치문화 속에서도 생태적 근대화를 성공시켜 오고 있다. 반면 한국은 신자유주의를 바탕으로 한 환경파괴적 개발에 자원을 집중하는 개발국가 모델을 답습하고 있다.

환경정책은 민주적 제도와 절차의 확립이 반드시 선행되어야 가능하다. 환경정책이 시민과 지역주민의 지지와 참여를 바탕으로 절차적 정당성과 민주성을 확보해야 하는 이유는 환경문제의 직접적인 피해가 특히 사회적 약자에게 집중되기 때문이다. 따라서 환경정책은 절차적 합리성과 참여적 거버넌스를 통해야만 이해갈등과 피해를 최소화하고 정책에 대한 지지와 정당성을 확보할 수 있다.

오늘날 더욱 심각해지는 환경문제를 해결하기 위해서는 정치, 경제, 사회, 기술 등 다방면에서 적절한 여건을 확보하여야 할 것이다. 특히 정치적 측면에서 민주적 제도 및 절차의 확립이 전제되어야 함을 재차 강조하며 동시에 환경정보의 민주화가 수반되어야 한다. 즉 모든 수준에서의 정보를 공유한 상태에서 의사결정이 진행되어야 한다. 환경민주주의를 위해서 정부, 전문가들에 의해 왜곡되지 않은 정확한 정보제공은 물론이고 시민단체의 정보 또한 공유되어야 한다.

4) 가족갈등 해결방안

남성들의 자녀 돌봄 참여에 대한 문제는 남성과 여성이 시장노동과 돌봄노동을 공유하는 사회, 그리고 가족이 돌봄을 배타적으로 수행하는 것이 아니라 가족 내의 돌봄이 사회와 함께 공유되는 사회, 그리고 돌봄이 정치와 경제의 원리에 종속하는 하위 사안이 아니라 하나의 독립된 원리로서 가치 정향된 사회의 맥락에서 논의될 수 있다. 이런 논의의 연장선에서 남성 돌봄에 대한 정책적 수준에서의 논의는 정책 대상자인 남성의 실제 필요에 조응하는 정책을 구축하는 일이며, 돌봄 정책의 대상을 여성을 넘어 남성으로 확장하는 시도이고, 공적 영역의 운영원리가 되는 남성성의 원리가 돌봄의 원리와 양립하는 고민을 수반한다.

정책적 수준에서 남성 돌봄에 접근할 때 '아버지할당제' 도입은 남성의 자녀돌봄 참여를 독려하는 정책이라 할 수 있다. '아버지할당제'는 기존의 '육아휴직제도'가 성 중립적으로 표기되어 있어 결국은 자녀 돌봄의 책임을 여성에게 돌리는 효과를 가지고 있는 한계를 넘어서 '육아휴직제도'의 일정 부분을 아버지가 반드시 담당해야 하는 육아휴직 기간으로 설정하는 제도이다. '아버지할당제'에서 아버지에게 육아휴직 기간에 일정 부분을 할당하는 방식은 여러 방법이 존재한다. 우선 육아휴직 기간 일부를 아버지의 육아휴직 기간으로 할당하고 남성이 이용하지 않는 경우 할당기간이 없어지는 방식이 있다. 그러나 이 방식은 육아휴직이용률이 낮은 현실에서 여성이 이용할 수 있는 절대적 기간마저 줄일 위험성을 내포한다. 여기서는 노르웨이와 같이 아버지가 육아휴직을 사용할 경우 육아휴직의 전체기간을 연장해 주는 방식을 제안한다. 이 방식은 인센티브 형식으로서 남성들의 돌봄 참여를 유도할 뿐만 아니라 부모들의 돌봄 참여기간을 확장하여 '자녀를 기를 수 있는 권리'인 '부모권' 실현에도 기여할 것으로 보인다.

더 나아가 이러한 정책이 실제적인 효과를 거두기 위해서는 형식적 조건뿐만 아니라 현실적 상황도 동시에 고려될 필요가 있다. 그동안 대한민국의 법제는 남성의 자녀돌봄 참여를 지원하는 방향으로 발전해 왔다. 대한민국의 헌법은 혼인과 가족생활에서 양성평등의 원칙을 명시했고 '남녀고용평등과 일·가정 양립 지원에 관한 법률'에서는 '배우자 출산 시 유급휴가 청구', '육아휴직제도', '근로시간 단축', '연장근로의 제한', '근로시간 조정'에 대한 조항을 통해 남성들이 자녀돌봄에 참여할 수 있는 정책적 통로를 마련해 놓고 있다. 그렇지만 육아휴직자 중 남성근로자의 비율은 2% 내외에 머무는 등 실제적으로 현실적 제약들이 따르고 있다. 여성가족부의 여성관리자패널조사(2010)에 따르면, 육아휴직제도를 신청하지 않는 원인은 '규정에 있지만 조직 분위기상 신청하지 않는 것이 관례이기 때문', '규정에 있지만 상사·동료들의 눈치가 보여서', '규정에 있지만 대체 인력을 회사가 찾지 못해서'의 순으로 나타났다. 즉 육아휴직을 신청하지 않은 이유는 규정의 부재가 아니라 규정을 실현할 수 있는 조직 내 분위기와 조건이 성숙하지 못했기 때문인 것으로 나타났다.

이러한 상황을 해결하기 위해서는 기업의 입장에서는 '육아휴직제도'의 사용을 노동자의 '부모권'을 보장하는 복지증진의 차원에서 접근하는 인식전환이 필요하고 이러한 '육아휴직제도'의 현실화는 장기적으로는 노동자의 가족안정성을 증가시켜 종국적으로 노동생산성에도 기여할 것으로 예상된다. 문화적 차원에서는 남성을 공적 영역의 노동자로 위치시키고 여성을 돌봄제공자로 분리하는 근대적 성별 이분법에 근거한 가족규범의 변화가 필요하다. 구체적으로 남성을 돌봄 문화에서 배제하며 돌봄에 참여하는 남성을 남성성을 상실한 사람으로 낙인 지우는 문화의 변화가 수반되어야 한다. 이렇게 보자면, 남성의 돌봄 참여를 위해서는 정책적 수준에서의 논의와 더불어 기업문화, 가족규범과 같은 정치, 경제, 가족을 구성하는 여러 주체들이 공동목표를 위해 해법을 제공하는 다차원적인 접근이 필요할 것으로 전망된다.

5) 다문화갈등 해결방안

앞으로 한국사회는 인종, 민족, 문화면에서 다양성이 더욱 증대될 것이기 때문에 이런 다양성을 국가가 어떻게 관리해서 사회통합을 이뤄 낼 것인가가 중요한 과제가 될 것이다. 또한 외국인이 증가하게 되면 외국인 밀집지역이 슬럼화되고 외국인 범죄가 증가해서 내국인과 외국인 간의 관계가 악화될 수 있다. 따라서 한국이 다문화사회로 진입한 현 시점에서 내국인과 외국인이 공존하고 통합할 수 있는 방안을 모색하는 것이 필요하다. 구체적인 방안으로 다음과 같은 제언을 한다.

첫째, 다문화사회에서 내국인과 외국인이 서로를 인정하고 존중하는 인식과 행동을 내면화하기 위한 다문화교육을 확대하고 내실화해야 한다. 현재 한국에서는 다문화교육을 마치 이주민과 그 자녀를 대상으로 하는 사회적응교육으로 좁게 생각하는데 정작 중요한 것은 다수자인 일반 국민들이 다문화적 가치관과 생활양식을 일상생활에서 실천할 수 있도록 하는 것이다. 따라서 학교교육에서 학생들의 다문화 수용성을 증대할 수 있는 교육이 강화되어야 하고, 이들을 가르치는 교사들의 전문

교육 역량을 강화할 수 있는 교육 프로그램이 확대되어야 한다. 아울러 공무원과 일반 국민들을 대상으로 대중강연 또는 언론홍보를 통해서 다문화 관련 기초지식을 습득하고, 다문화적 가치관을 형성하고 그것을 실제 상황에 적용하는 방법을 터득케 하는 교육이 확대되어야 한다.

둘째, 외국인과 다문화적 소수자집단에 대한 사회적 차별과 배제를 금지하여 이들이 자기개발의 동등한 기회를 보장받을 수 있는 법과 제도의 마련이 필요하다. 그런데 아직까지 한국은 다문화사회의 기본 요건이라고 할 수 있는 보편적 차별금지법을 제정하지 않고 있다. 따라서 정부는 가능한 빨리 차별금지기본법을 제정하여 사회적 약자와 소수자의 인권보호를 위한 제도를 마련해야 한다.

셋째, 법적으로 불법체류자이지만 실제로 한국사회의 구성원이고 지역사회의 생활인인 미등록 외국인의 문제를 외면하지 말고 현실적인 해결방안을 적극 모색해야 할 것이다. 우리나라 국민이 아니고, 동포가 아니고, 합법 신분이 아니라는 이유로 인권보호의 사각지대에 놓인 채 교육과 의료 같은 기본적 인권을 보장받지 못하는 미등록 외국인을 점진적이고 선별적인 과정을 거쳐서 합법의 테두리로 포용할 수 있는 방안을 모색해야 할 것이다. 예를 들어, 국내에서의 거주기간, 경제적 기여도와 향후 자립도, 한국어 능력과 및 한국문화 이해도, 기타 인도적 사유들을 고려해서 선별적으로 미등록 외국인들의 신분을 합법화하는 방안을 마련하는 것이 필요하다.

넷째, 다문화적 사회환경에서 다수·주류집단과 소수·비주류집단 간의 사회연대와 공존의 새로운 논리를 개발해야 한다. 지금까지 한국인은 조선족 동포에게는 동포의 논리, 여성 결혼이민자와 국제결혼가족 자녀에게는 국민의 논리, 이주노동자에게는 인권의 논리로 각 소수자 집단에 대해 상이한 논리로 대응하고 그에 상응하는 대우를 하였다. 이러한 집단 특수적인 논리는 일관성이 없고 차별적이어서 다문화사회의 다양한 구성원들이 공존하는 원리로는 적합하지 않다. 따라서 사회의 실질적인 구성원들을 포용할 수 있는 보다 보편적이고 포괄적인 사회연대와 통합의 원리가 필요하다.

과거 인종적, 문화적 동질성이 강했던 시기에는 민족이 사회연대와 사회통합의 기반으로 작동해서 국난 극복의 원동력이 되었지만 이제 영토, 종족, 문화, 국적 간의 불일치와 균열이 일어난 상황에서는 효용성이 떨어졌다. 혈통에 기초한 민족보다 국적 취득, 한국 거주, 한국인 정체성과 같은 시민적 요인에 기반을 둔 국민은 결혼이민자, 다문화가족 자녀 등과 같은 소수자집단을 포용할 수 있는 사회 성원권이다. 그러나 이 역시 화교, 이주노동자, 유학생 등과 같이 한국사회의 실질적인 구성원들을 포용하는 데 한계가 있다.

민족과 국민 성원권이 갖는 경직성과 배타성을 극복하는 방안으로 지역사회의 '주민' 또는 '생활인' 성원권을 도입할 필요가 있다. 이런 새로운 성원권하에서는 비국민인 외국인과 이주민은 법적 신분과 상관없이 해당 지역사회에서 정치, 경제, 사회, 문화적 실체로 인정받고 상응하는 권리를 보장받을 수 있다. 실제로 행정안전부는 2006년 10월에 거주외국인에 대한 지방자치단체의 지원방안을 담은 '거주외국인 지원 표준조례안'을 마련하여 각 지자체에 전달하였다. 이 조례는 지자체가 해당 지역에 거주하는 외국인을 주민과 동일하게 대우할 수 있는 법적 근거를 마련한 것이다. 그러나 이 조례는 지원대상에서 불법체류 외국인을 제외함으로써 본래 '주민' 개념에서 외국인의 기본권을 보호하겠다는 취지에서 크게 후퇴하였고 보호와 지원이 가장 필요한 집단을 제외함으로써 인권, 평등, 사회정의의 원칙을 크게 훼손하였다. 따라서 현재의 거주외국인지원조례를 개정하거나 또는 외국인처우기본법을 개정해서 지역사회의 주민이면 누구나 인간의 기본적인 권리를 인정하고 행정지원을 받을 수 있게 하는 것이 필요하다. 만일 현 시점에서 지자체가 불법신분의 외국인을 직접 지원하는 것에 대해 국민여론이 우호적이지 않을 경우 지자체의 재정지원으로 시민사회단체 또는 종교단체가 지원하는 식의 역할분담도 가능할 것이다.

주민 성원권은 공통의 영역에 거주한다는 '동거'(cohabitation) 개념에 기초한다. 이 개념은 거주자의 인구사회학적 배경 특성, 법적 신분, 다수집단과의 관계성 등과 상관없이 동일한 지역에 거주한다는 사회학적 사실을 중시한다. 다양한 다문화적 소수자집단은 각기 특성이 다르고 한국인과의 관계성이 다를지라도 특정한 지역사회, 더 나아가서는 한국사회에 함께 거주하는 동거인이다. 또한 주민은 한국정부가 국가경쟁력강화 차원에서 추진하고 있는 해외 기업과 자본, 그리고 우수인력을 유치하는 데 적합한 지위이며 성원권이다. 외국인이 한국 국적을 취득하지 않고도 차별 없이 동등하게 대우받고, 안전하며, 자유롭게 활동을 하기 위해서는 민족이나 국민이 아닌 주민의 신분으로 인정받고 활동할 수 있어야 한다. 따라서 '주민'은 다문화사회에 적합한 보다 포괄적이고 보편적인 성원권이며, 이 보편적 권리에 맞게 한국의 교육, 문화, 법과 제도 등 사회 전반을 재설계하는 것이 선진 한국을 만들어 가는 길이다.

찾아보기

한국인의 갈등의식의 지형과 변화

초판발행 2012년 2월 29일
초판 2 쇄 2013년 8월 27일

지은이 윤인진 윤상우 이소영
김선업 조윤경 송영호

펴낸곳 고려대학교출판부
www.kupress.com
kupress@korea.ac.kr
136-701 서울특별시 성북구 안암로 145
02-3290-4230, 4232
Fax 923-6311

찍은곳 내일기획

ISBN 978-89-7641-769-5 93330

값 13,000원